财政部规划教材
全国中等职业学校财经类教材

# 店铺创业实务

彭天怀 主编

中国财政经济出版社

### 图书在版编目（CIP）数据

店铺创业实务/彭天怀主编．—北京：中国财政经济出版社，2011.2
财政部规划教材．全国中等职业学校财经类教材
ISBN 978-7-5095-2745-0

Ⅰ.①店…　Ⅱ.①彭…　Ⅲ.①商店-商业经营-高等学校：技术学校-教材　Ⅳ.①F717

中国版本图书馆 CIP 数据核字（2011）第 018301 号

责任编辑：刘瑞思　　　　责任校对：黄亚青
封面设计：陈　瑶　　　　版式设计：董生萍

中国财政经济出版社出版

URL：http://www.cfeph.cn
E-mail：cfeph@cfeph.cn
（版权所有　翻印必究）

社址：北京市海淀区阜成路甲28号　邮政编码：100142
发行处电话：88190406　财经书店电话：64033436
北京富生印刷厂印刷　各地新华书店经销
787×1092 毫米　16 开　10.25 印张　243 000 字
2011 年 3 月第 1 版　2011 年 3 月北京第 1 次印刷
定价：20.00 元
ISBN 978-7-5095-2745-0/F·2336
（图书出现印装问题，本社负责调换）
本社质量投诉电话：010-88190744

# 编写 说明

本书是财政部规划教材，由财政部教材编审委员会组织编写并审定，作为全国中等职业学校财经类教材。

《店铺创业实务》是为中等职业技术学校市场营销专业和企业管理专业学生编写的教材，可供店铺创业者参考，也可以作为创业教育的参考教材。本教材紧紧围绕职业教育培养合格劳动者的目标，坚持以提高学生整体素质为基础，以能力为本位，着力培养学生的现代创业意识、创业能力和创新能力，基本掌握现代店铺创业的操作技能，为其步入社会打下良好的基础。

本教材按照先进、精简、适用的原则选编教材内容，为学生创业提供一定的参考和指导。为此，主要根据中专学生小资本创业、小店铺创业的需要来组织本教材的内容。主要针对年轻人创业的需要，尽量针对小店铺的具体问题进行具体分析，从实际创业活动中总结店铺创业的经验和规律，提供和训练创业所需要的操作知识和技能。

本教材是一本理论与实际紧密联系的中职教材，它以创业过程为主线来安排章节。第一章，对创业的意义和店铺创业的基本阶段进行了概述；第二章到第八章，分别叙述了店铺创业的素质和资源准备、创业项目选择、开业、培育店铺生存能力、运转、向经营管理者过渡等阶段；第九章，介绍个人网上开店。教材的案例化教学程度高，注重职业技能的基本训练，并具有开放、新颖、生动和可读等特点。

本教材编写过程中采访了多位中小型店铺的创业者和经营者，请他们介绍店铺创业的经验和教训，在此谨表谢意。在编写本书过程中，参考了有关著作和资料，特别是中央电视台"赢在中国"节目马云等几位评委谈创业的书籍、赵延忱老师的《民富论》和《创业资金解决之道》等等，在此向他们谨表谢意。

本教材由云南省文山州财校高级讲师彭天怀任主编，教材共分9章，彭天怀编写一、二、三、六、七、八章，樊福生编写第四、五、九章，由彭天怀对书稿进行了总纂。

由于编者的水平所限，加之时间仓促，疏漏差错在所难免，不当之处，恳请读者批评指正。

编　者
2011年1月

# 目 录

## 第1章 店铺创业概述 ... 1
第一节 创业与店铺 ... 2
第二节 店铺创业的基本过程 ... 5

## 第2章 店铺创业者的素质准备阶段 ... 9
第一节 树立积极的创业心态 努力增强创业的本领 ... 10
第二节 努力修炼,培养创业的素质与能力 ... 12
第三节 充分发挥创业者的资源优势 ... 17

## 第3章 店铺创业者的资源准备阶段 ... 24
第一节 店铺创业者的资金准备 ... 25
第二节 店铺创业者的技术准备和关系储备 ... 33

## 第4章 店铺创业的项目选择阶段 ... 39
第一节 确定创业的行业和项目 ... 40
第二节 店铺选址的流程 ... 46

第三节 店铺的外观设计 ... 53

第四节 店铺的内貌设计 ... 56

## 第5章 店铺创业的开业阶段 ... 64

第一节 店铺创业依法登记的程序 ... 65

第二节 组建优秀的创业团队 ... 73

第三节 开业造势与促销 ... 78

## 第6章 店铺创业的培育生存能力阶段 ... 89

第一节 店铺生存能力的内容与形成要素 ... 90

第二节 培育店铺生存能力的策略和途径 ... 96

## 第7章 店铺创业的运转阶段 ... 101

第一节 运转是店铺创业的第一目标 ... 102

第二节 实现店铺运转的基本途径 ... 103

第三节 在运转中逐步解决店铺生存的关键问题 ... 106

## 第8章 店铺创业的过渡阶段 ... 117

第一节 在运转中向常规经营过渡 ... 118

第二节 在运转中向常规管理过渡 ... 125

目 录

**第9章 网上开店** ... 132

第一节 网上开店概述 ... 134

第二节 网上开店流程和规范 ... 137

**参考文献** ... 155

# 第 1 章 店铺创业概述

**学习目标**
- ☐ 掌握创业的内涵与实质
- ☐ 熟悉店铺的类型
- ☐ 掌握店铺创业的基本过程

**案例阅读**

### 企业管理专业学生自主创业

1995年9月，某校开办了一个不包分配工作的企业经营管理专业，学生从入学就知道就业是自己的事，教师在教学和管理中对学生也进行了一些初步的创业教育。学生毕业10年后的2007年，该班学生组织了一次同学聚会，聚会时作了一个粗略的统计，有一半以上的学生已经经历了一次以上创业，多数开了专卖店，如摩托车专卖店、食品专卖店、校区专卖店等。有的学生搞了独家代销，还有的学生搞了特种养殖等。有一个学生说：自己创业，可以说是自主、自由、自立、自强，如果我早两年创业，我的人生会更加富裕和有意义。

**想一想**：创业对创业者有什么好处？

投资创业是人生中最富有激情的经历之一。对于一个创业者，创业过程不但充满了艰辛，而且还需要付出不懈的努力。当然，不断的成功也将带来欢乐与幸福。

中央电视台农业频道和清华大学中国创业研究中心共同举办了2006—2007年度中国百姓创业致富调查。这次抽样调查在全国28个省、市、自治区进行。调查结果显示，26~35岁是创业者的最佳时期，这段时期创业者人数超过一半；36~45岁年龄段的创业者占24.28%；18~25岁年龄段的创业者占20.55%。创业呈现明显的年轻化趋势，充满活力的青年创业逐渐成为社会的新亮点。

(资料来源：庾泓、卫敏丽："'草根'财富传奇"，《市场营销案例》，2007年第10期)

# 第一节 创业与店铺

> **案例阅读**
>
> **刘小兰的"平价药店"**
>
> 刘小兰卫校医药专业毕业后，曾在一家药房工作，后因药房停业而下岗。药房的工作经历，让她很清楚当地药材市场经营中药的多，经营西药的少。于是，她在药材市场租了个柜台卖西药。刘小兰省吃俭用、起早贪黑，但由于竞争激烈，最初阶段经营得很困难。后来，刘小兰通过朋友介绍，联系上了几家医院，通过诚信服务、送货上门，使这几家医院成了她的固定客户。刘小兰踏踏实实地做业务，随着经营扩大，不断增加员工，不断总结经营的经验教训，逐步建立完善了各项管理制度，经营也取得了很大成绩。
>
> 刘小兰在赚钱后买了门市房和箱式货车。在总结经营经验教训的基础上，她决定采用"平价药店"的经营模式，拓展药品零售业务，吸收个体药房加盟，逐渐形成了规模。后来，她又组建了医药物流企业，与不少医院建立了业务往来。如今，她已成为当地有名的企业家。
>
> **想一想**：创业过程包括了哪些活动？有没有终点？

## 一、创业的内涵

### （一）创业的定义

创业的定义有许多种。我们认为：**创业是创业者利用各种资源，付出极大努力，创造一个新的企业（含独立经营的基本经济单位：个体户）并获得报酬的过程**。既然是"创造一个新的企业"，不可能是一蹴而就的事情，它必然是一个过程，是一个从孕育、出生到发育、成长的过程。与项目本身特点和创业者基础资本的储备等因素相联系，这个过程通常需要一两年甚至更长的时间。"创造一个新的企业"是创造一个能够与生存环境相适应的组织，是一个从"无"到"有"的创造性活动。

创业的本质是实干的过程，正是创业的这个本质，客观地规定了：从小事做起是第一重要的，一切都应该以务实为出发点，从小做起，厚积薄发。资金虽然是重要条件，但不是唯一条件。"一份耕耘，一份收获"。耕耘就得付出一定的代价，没有含辛茹苦的"耕耘"，哪能领会收获的喜悦？马云说：阿里巴巴不是计划出来的，而是"现在、立刻、马上"干出来的。创业的内涵应该包括以下五个内容：

1. 创业需要创业者利用各种资源来寻找并利用商机；
2. 创业是"创造一个新企业"的过程；
3. 创业需要贡献必要的时间，付出极大的努力；
4. 创业需要承担必然存在的财务、精神、社会领域及家庭等风险；
5. 创业的结果必然会获得报酬，包括金钱的回报、独立自主和自我实现的满足。

> **案例阅读**
>
> ### 水晶凤爪泡出钱财
>
> 　　几年前，李振东因妻子所在的厂子倒闭，他便帮妻子开了个加工副食品的小作坊。他们先后搞过"脆豆腐"、"皮筋冻"等拌菜的制作，批发给菜市场的摊贩，生意也挺兴隆。可是后来由于其他的小作坊纷纷效仿，留给李振东的市场空间愈来愈狭小了。一次，他去看望一个久未谋面的好友，席间好友聊起在北京一家饭店吃过的一道凉菜"泡凤爪"，这道菜酸辣香脆，听说是用中药材与香料泡出来的，荤菜也能素吃，这种东西自己也可开发制作。好友的一番话点醒了李振东。回到自己的小作坊，李振东结合当地人的口味，经过十余次试制，终于推出了口感独特的"水晶凤爪"。当李振东第一次加工了40斤"水晶凤爪"送到摊贩的手上时，还真没料到，当天便卖了个精光。此后，前来批发的摊贩络绎不绝。李振东迅速将水晶凤爪向各大饭店、超市推出，随后他乘胜追击，连续推出了水晶鸭爪、水晶肉皮等荤菜素吃系列产品。
>
> 　　（资料来源：张淑芳："水晶凤爪泡出钱财"，《大众商务》，2003年第3期）
>
> **讨论：** 阅读这个案例后，请思考创业有哪些含义？

### （二）创业的起点和终点

　　创业既然是一个过程，就一定有它的逻辑起点与终点，在这二者之间才是这个学科的研究对象。那创业的起点在哪里？创业的起点必然是行动，而行动又不应该是盲目的，是以特定目标为前提的。这个特定目标只能是一个具体的创业项目，而要确定一个具体的创业项目不是简单的事情，先要有一个发生和选择的过程。所以，项目的发生与选择是创业总过程的起点。

　　创业的终点在哪里？创业既然是创业者利用各种资源创造一个新的企业的过程，那么新的企业的存活即持续正常经营就应该是创业的终点，是创业目的的实现，是创业过程的完成。如果不作这样的界定，那创业就成了永无止境的事情。

　　什么是企业的存活？一个新企业不是物质资料或者各种要素的简单结合，而是创造一个发挥功能的系统，发挥系统功能的标志是运转，表现形式是运转，实现的条件也是运转。运转就是把创业进程推进到用销售收入补偿全部耗费，运转是新的企业得以存活的标志。越过这个点，是企业正常的经营活动，是以营利为目的的、持续的发展过程。

### （三）创业者的类型

　　根据创业目标不同，大致可将创业者分成三种类型：

1. **生存型创业者**。这种类型的创业者是迫于生活压力或者为使自己生活条件得以改善才决定创业的，大多为下岗工人、失去土地或因为种种原因不愿困守乡村的农民，以及刚刚毕业找不到工作的大中专学生。清华大学的调查报告说，这一类型的创业者占中国创业者总数的90%。一般创业范围均局限于商业贸易，少量从事加工业。

2. **投资型创业者**。这类创业者已有一定经济基础与实力，或拥有一定社会资源，创业只是为了获取更大的经济回报，他们往往倾向于把企业经营到一定阶段后进行出售或转让，有一定的投机性。

3. **事业型创业者**。这些人是创业者中的精英，为实现自己的人生目标，并把创办企业当做毕生的事业经营。其特点是谋定而后动，不打无准备之仗，或是掌握资源，或是拥有技术，一旦行动，成功概率通常较高。

### 二、店铺的类型

店铺，泛指商店。**商店是指在一定的建筑物内从事商品买卖的经营单位。**一般来说，商店按照在流通转让过程中所处的地位和所起的作用不同，可以划分为批发商和零售商两大类。批发商主要有五种类型：商人批发商、经纪人和代理商、制造商销售办事处、零售商采购办事处。根据国家《零售业态分类》（GB/T18106-2004）新标准按照零售店铺的结构特点，根据其经营方式、商品结构、服务功能以及选址、商圈、规模、店堂设施、目标顾客和有无固定经营场所等因素，将零售业分为17种业态。

零售业从总体上可以分为有店铺零售业态和无店铺零售业态两类。有店铺零售是有固定地进行商品陈列和销售所需要的场所和空间，并且消费者的购买行为主要在这一场所内完成的零售业态。有店铺零售业态共有12种，即食杂店、便利店、折扣店、百货店、超级市场、大型综合超市、专业店、专卖店、购物中心、仓储式会员店、家居建材商店、厂家直销中心等；无店铺零售业态共有5种，即电视购物、邮购、网上商店、自动售货亭、电话购物等。

本书所说的店铺创业除了一般的批发商和零售商创业外，还包括小餐馆创业、小作坊创业、小修理厂创业等小店铺创业。有一句流行话叫做："投资商铺是金"。许多年轻人都选择店铺作为自己创业的项目，比较适合年轻人创业项目的店铺主要有社区商铺、小型商铺、地铁商铺、商业街商铺、家居建材商店等；有些店铺业态如大型批发商和某些大型购物中心、仓储式会员店、厂家直销中心等店铺业态并不适合青年人选为创业对象，但有的也可以选择成为其中的会员店的形式来开展创业，而且以会员店或者加盟店的形式创业更容易成功。

# 第二节  店铺创业的基本过程

案例阅读

## 红桃 K 的创业设计

### 一、研究市场：推出农村消费者渴求的产品

红桃 K 集团在推出生血剂产品前，进行了认真细致的市场调研，结果表明：生血剂是农村消费者渴求的产品。理由是：（1）农村贫血群体大。我国妇女贫血比例达到47%，其中孕妇高达55%以上，青少年、婴幼儿童贫血比例高达64%。在各群体中，农村的贫血率明显高于城市贫血率。（2）因传统的习惯及现实的心理，农村消费者极为看重血。一些农民认为"血为人体之本"、"贫血将成为百病之源"。（3）可见的失血，直接刺激着农村消费者对血的需求。（4）红桃 K 补血见效快。农村消费者的消费心理及动机比城市消费者更求实，他们对产品的功效要求更迫切。结论：农村是潜力巨大的目标市场。

### 二、合理定价：确定农村消费者认可的价位

红桃 K 经过对农村市场的研究得出结论：30 元左右一盒，是可以得到农村消费者认可的价格。产品上市后的调查表明，较高比例的消费者认可和接受这一价位，认为 30 元左右一盒生血剂，价格不算高。市场调研还显示：在农村经济条件好的消费者，较多地将红桃 K 生血剂作为保健品购买，用于日常保健；经济条件一般的消费者中部分人作为保健品购买，部分人作为药品购买；经济条件较差的消费者较多的是作为药品购买，用于治疗贫血或失血后补身体。

### 三、推出农村消费者喜爱的宣传广告

基于文化背景、生活环境的特点，在广告宣传上，内容和方式也应适应农村消费者。红桃 K 公司在这方面做得很成功。

1. 为产品起个易被农村消费者接受的好名字。红桃 K 生血剂的主要成分是"卟啉铁"，卟啉铁这个名字专业，不易懂，不易记；"红桃 K"三字在民间早有相当高的知名度，在农村哪怕不识字的文盲也知道"红桃 K"这个词。用它为"生血剂"命名，提高了生血剂的知名度和传播性，在农村消费者心目中有着特殊的亲切感。

2. 策划适应于农村消费者的广告语。"呼儿嗨哟，中国出了个红桃 K"，这句广告语给人一种探求欲望，到底红桃 K 是什么？这种悬念式的广告，促使着消费者去询问，去

寻找。此后，红桃K又推出"红桃K补血快，疗效客观可测"这一功效性的广告词，直说功效，语气肯定，消除消费者心中疑问，直接告诉消费者疗效的真实性、可靠性，似乎是一种无疑的承诺。

3. 制作农村消费者喜欢的电视专题片。在早期红桃K开拓农村市场时，借用"王婆"这一历史人物的形象，很快提高产品的知名度。

4. 利用农村的特点制作墙标。农村制作墙标，宣传效果好。

**四、整合队伍：形成刺激需求及货畅其流的强大网络**

红桃K拓展农村市场时，认真地研究与建立营销渠道相关的农村市场特点：农村市场地域辽阔，人口众多，但居住相对分散；农村市场经销商多，经销终端多，但规模相对较小；农村市场消费者渴求信息，较容易相信信息，但对大媒体的接受程度低。根据这些特点，红桃K开拓农村市场，组建了深入到县乡村的营销队伍。

组织一个过硬的深入县乡村的营销队伍，关键在于：第一，要合理科学地进行层级管理，使管理层精干高效，使经营层竞争拓展，使操作层扎实细致；第二，要全员地进行专业培训，每一位员工都要达到岗位职责所要求的营销专业水平；第三，建立有效的激励机制，及时地、适度地激励员工，使员工都能保持一种可持续发展的热情。

正是红桃K成功的创业设计，使红桃K集团公司取得了年销售额数十亿元的辉煌业绩，其中，总销售额70%的份额在农村市场。

（资料来源：张光忠：《创业圣经》中国财政经济出版社2002年版，第270～272页）

**想一想**：创业设计为什么要从研究市场开始？红桃K的命名有什么根据？

投资创业也是一个枯燥无味的设计或计划，是一个通过遵循计划操作而达到富裕的过程。创业计划大致应包括以下内容：创业目标、创业机会选择、起步方式、市场动向、营销策略、财务状况及预测、融资方案、风险分析和结论等。同时，店铺创业进程有自己的先后顺序，跳过或颠倒先后顺序的创业是很难成功的。店铺创业的顺序大致为：准备→项目选择→开业→培育生存能力→运转→过渡等六个阶段。

### 一、准备阶段

创业者创业投资所需要的资格、能力是影响创业最重要的主导因素。创业者在开一个店铺前的学习实践活动以及各种历练，体力、智力和其他可借助资源的积累，都是店铺创业的资源准备。店铺创业者开始创业所需的货币资金及知识、技术、信息等资源也需要准备。

### 二、项目选择阶段

选择创业项目是创业投资的真正开始，创业时，自己究竟从事哪一行生意比较好，这是事先必须考虑清楚的。最成功的商业法则是"不熟不做"，在择业时一定要选择自己了解、熟悉的行业，找出最能发挥自己才能、实现自我人生价值的行业，找出最有发展潜力的行业。创业者在创业之前，首先要认识自己，然后根据本身具备的素质，审视自己的优势、强项、知识、积累、能力构成，同时考察社会现实和潜在的需求。选择项目的同时也是认识自己的过程。

## 三、开业阶段

在开业阶段，首先要完成对要素和资源的磨合，并在这一过程中建设动态系统，摸索运行模式。创业所需要的创造能力只能来源于实践，而创业者通常是在没有创业实践、不具备能力的情况下开始创业的，事实上面临两难的境地。解决的办法，是用实验的观念、最小的规模、试营业的办法开始。开业阶段应该组建优秀的创业团队；开业要善于抓住时机，借势发力；要借开业之机，采取多种形式进行打折促销。

## 四、培育店铺生存能力阶段

**店铺的生存能力是指决定店铺生存的内在物质要素、重要条件及其综合**。它是店铺争夺市场份额的力量，是吸引、影响、制约其他社会成员与店铺进行交换的资源。在店铺创业过程中，店铺最终能否赚到钱，影响因素很多，店铺创业者应该而且能够做到的是：先创造项目能够生存下来的条件，培育出店铺的生存能力。

## 五、店铺运转阶段

店铺运转是创建企业的第一目标。投资需要回报，企业需要赢利，可它是以运转为前提的。运转与赢利在时间上是先后关系，在逻辑上是因果关系。只要收支大体相等的运转能够持续，利润会自然产生。第一目标决定了创业者要加强运转、巩固运转、完善运转。在运转中培育人力资源的能力，学会搜集、利用市场信息，完善商品组合与服务的功能，找到适当的价格定位，完善商品促销策略。

## 六、向管理者过渡阶段

店铺运转已经实现并逐步稳定，创业者的角色定位和操控方式也要发生变化，能不能认识并完成这个变化，关系到店铺运行基础的稳固和持续发展的可能。在过渡阶段，创业者主要应该在经营运转中完成两大转变：一是从应用单一营销策略到逐步实施市场营销组合策略的转变；二是从店铺经营定位不清到市场定位清晰的转变。在过渡阶段，创业者还必须明确管理的目标，创造管理的内容与方法，明确管理重点，制定简单的制度，逐步从"因人的执行"转向"授权的执行"，增强企业的执行力和落实力，使店铺实现持续久远地经营。

## 技能训练与思考

### 一、问题与思考

1. 创业的内涵是什么？创业有什么重要意义？
2. 什么是店铺？店铺有哪些类型？
3. 店铺创业的基本过程有哪些？

## 二、实训

1. 通过本章学习，你认为有哪些收获？以"创业是最富有激情的光荣事业"为题进行演讲准备。演讲时间5~10分钟。

2. 分组讨论：如何从现在做起，培养现代创业意识？

3. 读故事，写感想：

有一则故事说，到达金字塔顶端的动物有两个，一个是雄鹰，因为它们有翅膀，这是天才；还有一个就是蜗牛，它是一步一步地爬上去的。它们在金字塔顶端看到的世界是一样的，那么它们谁会写回忆录呢？雄鹰只有一句话：我飞到了金字塔的顶端。而蜗牛就不一样了：怎么往上爬，怎么掉下来，爬到顶端是多么的感动。

【要求】 根据这个故事，写一篇与创业有关的100字左右的感想。

4. 案例分析：

### 张灿开刨冰店

张灿在大学暑假里曾与弟弟在家乡卖过刨冰和雪糕。大学毕业后没有工作的张灿有了做刨冰店的想法，她与同住的另一位朋友商量，两人一拍即合，经过一个星期找门店及在其他刨冰店的观察，她们列出了一张开支单，这又使张灿陷入了困境。

"最起码的开支有门面租金，七八平米的小店就要两千多元的租金！而且最少要付三个月租金及交一个月的押金。还要有冰柜、刨冰机等设施，还要花钱买材料，算来算去最少要两万多元。"张灿说。

经多方筹措资金，她们最终在一所中学旁找到了一家便宜点的门面，一个月一千多元，而且只要交付三个月的租金，免押金。"我们买了一个大冰柜、刨冰机，还有冰淇淋机，买了一些刨冰制作方面的书，学习了一番就开始做了。"张灿说。

张灿所租的门面有8平方米左右，粉刷一新后开业了。张灿给每款刨冰都取了清新浪漫的名字，中学生很喜欢，开业后生意很好。

"那时做了十天左右就赚了一千好几，我当时想如果到了夏天生意应该会好些。而且忙的时候比较集中，就是放学和课间时间，因为客户大部分是学生。"张灿说。

但是意想不到的事情发生了。一天，一个中年人来到店里，说她们所交的房租还有一个星期便到期了，要她快点交钱。张灿一听就呆了，因为开业还不到半个月，而且她们是交了三个月的房租的。原来，这个中年人是这个小门面真正的房东，而租房给她们的人也是个租房者，看房子快到期了就转手租给了张灿，骗了三个月的房租跑了。

所幸的是，房东同情这两个小姑娘，允许她们先交一个月的房租，不要押金，这才让张灿她们缓过劲来。

"我是被逼上创业这条路的，虽然只是一个8平方米的小店，但我是用心在经营，感觉很好。我遇到过的困难，如没钱开店，还有上当受骗，这是像我这样的毕业生都可能会遇到的问题，有些人遇到的困难也许比我还大。但是我想说，创业是一次机会，可能是改变自己一生的机会，抓住了就成就了另一个自己。"

(资料来源：周冠中："逼上了创业之路"，《市场营销案例》，2007年第4期，第22~23页)

【分析】

(1) 张灿开刨冰店的经历对你有什么启发？为什么？

(2) 店铺创业者在租房时如何避免上当受骗？

# 第2章 店铺创业者的素质准备阶段

**学习目标**
- 认识和理解创业者必备素质
- 了解创业者必备的知识、创业能力
- 认识和理解怎样在实践中培养创业能力
- 认识和掌握创业者可以用来创业的资源

## 案例阅读

### 只要不放弃肯定有办法

1999年，牛根生创立了蒙牛。创业之初，没有工厂，没有销售渠道，也没有奶源，可蒙牛不仅生存了下来，而且在激烈的市场竞争中攀升至业界领先地位。从1999年到2003年，蒙牛的收入年均增长223.2%。2003年CCTV"中国经济年度人物"这样评价牛根生："姓牛，但他喜欢速度，只用4年就从行业千名之外跨进乳业三强。"蒙牛仅在诞生第一年，就遭受了6次由同行发动的致命打击。即便到了2003年，依然受到过有计划的新闻诽谤。2005年，蒙牛遇到了投毒事件。有人用匿名恐吓的方式，在蒙牛牛奶里投毒，企图诈骗巨额钱财。当地有关部门立即发出"停止销售蒙牛牛奶"的通知，该市所有超市、大卖场将蒙牛产品全部撤柜。随后，当地政府在学校等公共场所张贴"不准喝蒙牛牛奶，不准吃蒙牛雪糕"的公告。此案引起公安部高度重视。在蒙牛被投毒那样最艰难的时候，牛根生并没有想过要放弃。牛根生说道：一个念头不能放弃，只要不放弃，可能就会有办法，我自己的亲身体会，只要不放弃，肯定有办法！截至2008年6月底，已经占据中国第一乳业品牌位置的蒙牛乳业纯利增长20.2%至5.83亿元，总收入达到137亿元，同比升36.7%。

牛根生在回忆创业往事时，用了"不堪回首"四个字，他说："企业新生时，每走一步都非常艰难"，"创业难，你不难别人都要难你！即使你兢兢业业，都有可能死掉；而你要是马马虎虎，那活着是偶然的，死掉是必然的！""做一件事，就一定要把它做到最棒"是牛根生一直坚持的原则。

（资料来源：任子龙著：《牛根生谈创业》，海天出版社2008年版）

**想一想**：创业者必须具备哪些基本的精神品质？

**店铺创业实务** DIANPUCHUANGYESHIWU

  **开店创业应具备的条件有：资源、理念、技能、知识、才智、网络、目标等七个方面**，其中，理念、技能、知识、才智、目标等都属于创业者及其团队的基本素质。然而，创业者所拥有的创业投资所需要的能力和资格才是影响创业最重要的主导因素。因此，创业者必须认识自己，树立积极的创业心态，具有良好的心理素质，想创业，敢创业，是创业成功的必要前提。创业者应该积极参加企业经营管理实践，努力增强自己的能力，练就创业的资格，为成功创业打好基础。

# 第一节　树立积极的创业心态　　　　　 努力增强创业的本领

### 案例阅读

  俞敏洪这个名字，相信当今大多数年轻人都知道。俞敏洪在当代中国知识分子的"下海"潮中，有着标志性意义。2006年，新东方在美国上市，作为新东方的创始人和校董，俞敏洪的财富陡增，成为"中国最富有的老师"。

  俞敏洪是一个草根英雄和创业偶像，从提着糨糊瓶满世界贴招生广告的穷民办教师，到在美国纽约证交所上市的亿万富豪，这个转变用了30年。俞敏洪被尊称为中国的"留学教父"。在某种意义上，对于希望创业和正在创业的年轻人而言，并不在于他身价多少，而在于贯穿了他整个创业过程中的种种难能可贵的精神：从绝望中寻找希望、忍受孤独、失败与屈辱，像树一样成长、把小事业做成大事业……

（资料来源：杨晨烁著：《俞敏洪谈创业》，海天出版社2009年版）

## 一、创业者对创业起主导作用

  创业投资的"资"是货币及其物质形态，是知识、技术、信息；资本包括这些内容，但用做创业投资的"资"，首要的、起决定作用的是赋予物质资本以生命的那种资本，我们把它称为"精神资本"。**精神资本是能使资本各要素整合为资源优势，并能创造资本生命的智能存在。**它对财富的创造与增加而言，是最具有资本性质的资本。毫无疑问，创业者的精神资本对创业起主导作用，创业者必须有足够的创业精神资本的准备。创业，最重要的事情是掌握自己的现实，激发心智的最大力量，用"越来越少"的努力，争取"越来越多"的结果。拿破仑·希尔（美国）说："幸运之神要赠给你成功的冠冕之前，往往会用逆境严峻地考验你，看看你的耐力与勇气是否足够。"

  因此，创业者应该对以下几个问题认真思考：

  1. 我为什么要创业？是否有足够的决心？愿意承担风险吗？过去的利益或可能面临的其他机会是否舍得放弃？

  2. 我是否具备创业者应有的能力与素质？是否能承受挫折？是否具有综合全面的素质

或专项技术特长？

3. 我创业成功的核心资源优势是什么？我具备的条件是：足够的资本？行业经验？客户资源？技术创新？商业运作能力？与竞争对手比我的优势是什么？

4. 是否有足够的耐心与耐力度过创业期？估计通过多长时间走过创业"瓶颈"阶段？自己有多长时间的准备？

5. 创业最大的风险是什么？最坏的结果是什么？我能否承受？

清楚地考虑了以上问题之后，再决定是否创业不迟。店铺创业者必须确保自己做好了充分的准备，既要有创业之"精神"，又要有创业之"资源"。创业之"精神"准备，主要有：诚信、信念、毅力、激情等精神品质；创业之"资源"准备，主要有：资本、知识、技能、信息、人才等各种资源。很多创业者的失败，都是与创业前准备不够、匆匆忙忙进行创业有关；假如准备不足，条件不具备，晚一点创业也不迟。

### 二、诚信是创业成功的关键

《辞海》对诚信的解释是：诚实、不欺，遵守诺言。我们的社会是一个注重诚信的社会，诚信是衡量一个人人格的标准。诚信，不但是做人的根本，同时也是企业立足的根本。创业首先要建立的就是诚信，诚信是最大的财富，是一个人的最高资产，很多企业因为讲究诚信而带来利益和发展。想做一个优秀的商人，一个优秀的企业家，必须有诚信的品质。人无信不立，做生意交朋友都要讲诚信。只有诚信，才有朋友；只有诚信，才能成功！马云曾这样说道："我觉得史玉柱能够成为中国首富，再变成中国'首负'，再回到中国首富，这是很难的……他有自己的底线，诚信的底线——还款。"

### 三、信念和顽强的毅力是创业者必备的素质

#### （一）信念是创业者必备的素质

信念是人们对某种事物、理论等所抱有的坚定不移的观念，真诚的信仰与坚决执行的态度。通常人们认为创业更需要资金、技术等实用的有形的东西，而忽视信念这种无形的东西。信念虽然只是主观性的东西，但对人却具有不容忽视的力量，它不但能左右人的思想，而且还能左右人的行为，使人身上的潜能释放出来，按着人们所预期的结果行动。对创业者来说，信心就是创业的动力，要对自己有信心，对未来有信心，要坚信成败并非命中注定，而是要靠自己努力，更要坚信自己能战胜一切。信念是成功创业的利器，它可以鼓动创业者创业的风帆，使创业者早日登上成功的顶峰。

#### （二）顽强的毅力是创业者成功的条件，坚持是创业者的基本素质

能成功创业的人都有一个共同特点，即意志刚强、坚韧执著。只要认定自己所选择的创业道路是正确的，那他就会以顽强的毅力一直走下去，哪怕前进的路上布满荆棘也会不达目标誓不罢休。马云说："今天很残酷，明天更残酷。后天很美好，但绝大多数人都死在明天晚上，只有真正的英雄才能见到后天的太阳。""在没人温暖你的时候，你要学会用左手温暖你的右手。"

坚韧顽强是成功者必备的素质，这种素质也就是人们通常所说的毅力。要创业会经历各种各样的困难，所以要在心理上准备好。缺少这种素质，即使有再美好的创业计划，有再好的创业条件，也会与成功无缘。对于创业者来说，"屡败屡战，百折不挠"是应该具备的心

理素质。在现实生活中，翻开任何一个成功创业者的事例，我们都可以看到这些成功创业者是如何凭着坚韧的毅力和不屈不挠的精神进行创业的。马云说：对所有创业者来说，永远告诉自己一句话：从创业的第一天起，你每天要面对的是困难和失败，而不是成功。创业就是面对困难。为什么马云告诫创业者最多的一句话是"坚持"，因为，韧性是一名创业者取得成功最大的保证。创业失败是常有的事，不可能一帆风顺，遇到挫折要总结、要反思，要具备"屡败屡战"的意志和百折不挠的精神。

### 四、创业者最重要的特点是富有激情

创业者可以得不到投资，但却不能一天没有激情。激情是创业路上的前进动力，这种动力能让创业者梦想成真。马云说："作为一个创业者，首先要给自己一个梦想"。创业者必须要有激情，要有一种徒手打天下的拼搏激情，一种为梦想一路狂奔的激情。牛根生说："激情，那种被事业燃烧得不知疲倦的感觉，那种为了完成使命不畏艰难的冲动，那种不达目标就坐卧不宁的心态，都是创业者所需要的"。创业的过程是痛苦的，要不断地克服一个又一个的困难，获得更大的成功，必须要有激情。

## 第二节　努力修炼，培养创业的素质与能力

### 一、创业需要较全面的知识和学习的能力

创业，特别是做大事业，仅凭勇气、毅力、信念、激情是远远不够的。要想创业成功，创业者就需要拥有较为全面的知识能力。这些知识直接关系到创业者素质的高低，甚至影响着创业者的整个创业过程。创业的目标越是远大，需要的知识就越多。事实上，经济本身已经包含着知识，特别是现在，世界已步入了以知识为基础的知识经济时代，知识已成为各种生产要素中最重要最稀缺的要素。拥有知识，就能牢牢地掌控创业的方向，控制创业的全过程。如何才能拥有知识呢？拥有知识的途径只有一个——学习。不仅是书本知识的学习，而且还必须在社会上学习，创业者最大的快乐就在于在创业过程中去学习。

俞敏洪劝告大学生："有事没事，去书店看看书，关于管理、金融、营销、人际交往、未来趋势等这些，你能获得很多。这个社会竞争太激烈了，你不学习，就会被淘汰。中国2008年底，有一百多万大学生找不到工作。竞争这么激烈，所以，一定要认识一点：大学毕业了，不是学习结束了，而是学习刚刚开始"。"书到用时方恨少"，一个人时间、精力等各方面的条件总是有限的，因此其掌握的知识也是有限的，而整个社会可供创业者使用的知识量却是无限的。大中专学生在读书期间应该为自己将来创业积累、储备足够的知识；在未来创业过程中还要根据创业的要求去研究、去学习那些不断发展变化的知识和技能。创业者需要拥有的知识大致包括八个方面（见图2-1）。

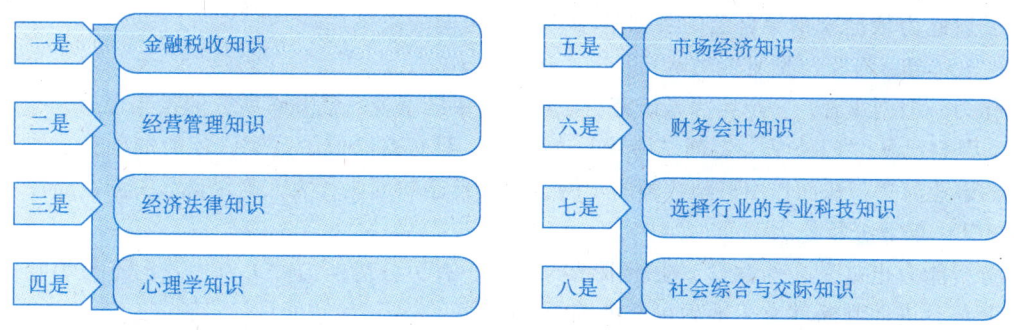

图 2-1　创业者需要拥有的知识

有一位名叫彼德·圣吉的管理学家，出版了一本风靡世界的著作《第五项修炼——学习型组织的艺术与实务》。该书在研究众多公司的成败兴衰之后，得出这样一个结论：在当今世界更息息相关、复杂多变时，学习能力显得尤为重要。只有增强学习能力，才能适应多变的时局。他还认为，对一个公司来说，唯一持久的竞争优势，或许就是要有比公司的竞争对手更强的学习能力。

德赫斯的研究结论是：一个成功的公司是能够有效学习的公司。他认为，知识就是未来的资本，学习意味着准备接受不断的变革；假如公司是一个有生命的物体，那么该生命体所作出的行为决定来自一个学习的过程。学习使人进步，显然，学习不仅是指在学校的学习，而且包括在社会上、实践中的学习。当今社会，竞争空前激烈，对每一个创业者来说他的创业道路上都布满陷阱，埋伏着危机，稍有不慎，就会掉进陷阱，被危机吞噬。那么，平安地避开陷阱，绕开危机的舟筏是什么呢？那就是通过学习拥有更全面、更广泛、更扎实的知识储备，让知识成为航向成功创业彼岸的舟筏。

## 二、创业需要培养一定的创业能力

创业者的精神资本对创业起主导作用，一个创业者能够取得多大的成功，首先取决于他具有的创业投资所需要的资格和能力。创业是创造性的实践活动，获得这种能力的唯一途径是实践的历练。这些能力是创业者通过实践积累起来，并隐藏在创业者大脑中的能量，一旦遇到合适的机会，它就能发挥出来。俞敏洪说："成功者就是胆识加魄力。曾经在火车上听人谈起过温州人的成功，说了这么三个字：'胆子大'。这其实就是胆识；而拿得起、放得下，就是魄力"。具体说来，创业者应该具有以下七方面的能力：

### （一）培养创新能力和鲜明的个性

创业既然是创造一个新企业的过程，那么创业本身就是一种创新，这就要求创业者具备一定的创新能力。没有个性，就没有创造性，个性是指人的个体的性质，其中最为重要的有独立性、好胜性、求异性、进攻性和坚韧性等五个方面。创业者应该有自己的鲜明的个性。

### （二）培养敏锐的政治鉴别能力

在创业活动中两只眼睛不能只盯着市场，还要紧紧盯着政治。政治本身具有复杂性，它的外在表现形式就更加纷繁复杂，真实的信息与虚假的信息交织在一起，让人真假难辨。创业者如果按照真实的政治信息决策，就有可能使自己的资本迅速增长。辨别出真假政治信息就是要透过政治表象，看到事物的本质，发现事物发展的最后态势，鉴别出真实的政治信息，并以此为依据来指导自己的各项行动，作出正确的决策。

### （三）培养研究与预见能力

作为一个创业者，一定要深入研究自己将要从事的事业。创业者研究的过程也就是学习的过程，是自己从"门外汉"走向"专家"的过程。只有自己成了行家，才能准确把握自己所从事的事业前景，从而作出科学合理的预测，决定自己的创业行为，确定自己的创业路径。

### （四）培养分析能力

分析能力也就是去伪存真、去粗取精的能力。有了分析能力就可以使我们不被事物的假象所蒙蔽，进而判断就有了准确可靠的前提。

### （五）培养调查能力

调研活动是我们获得第一手资讯的重要途径。要有充分利用信息的能力，学会利用信息研究社会以及事物的发展趋势。通过调查获得的资讯最为准确，可信程度高，调研是决策判断的基础，没有调查研究，我们的一切感知都无从谈起。因此，调查能力是培养敏锐触觉的必不可少的环节。

### （六）培养决策判断能力

决策判断力是一种高级的综合能力，它是在前几种能力的基础上形成和发展起来的。前面所讲的几种能力都是为决策判断做准备的。因此，更要重视养成决策判断的能力。

### （七）培养管理的能力

管理的才能包括两个方面的内容：一是建立严格赏罚、重视激励的人事制度；二是具有现代化的生产营销管理能力。

---

**案例阅读**

### 第一次赚钱的奥运会

1984年在美国洛杉矶举办的奥运会无疑是世界体育史上的一次盛会。当1984年尤伯罗斯成为举办奥运会的总老板的时候，在美国各级政府都明确表示不予资助的情况下，他认准了美国社会高度商业化的这样一个环境特点。因此，他决定充分利用这一环境特点，把奥运会这样的体育盛会变成自己的摇钱树，并根据美国社会商业化的特点和"政府不给钱"的情况，制订出了很多成功的赚钱方案，从而为自己创造了一个又一个赚钱的机会。比如，他利用奥运会这块金字招牌，抓住许多企业都想利用这次体育盛会宣传自己的产品的心理，一方面高价出售电视播放权，一方面加播广告，连火炬传递权都分段出售。仅火炬传递权一项，他就从那些想出名的人们手里赚取了4 500万美元。就是凭着这些有效的招数，尤伯罗斯及洛杉矶举办的这届奥运会非但没有花政府一分钱，反而赢得了2.5亿美元的巨额利润，从而一举扭转了1984年以前历届奥运会都亏损的历史现状。

正因为尤伯罗斯开创了奥运会也可以赚钱的局面，为此，国际奥委会为了表彰尤伯罗斯的功绩还专门为他颁发了一枚特别的金牌。尤伯罗斯真可谓名利双收，取得了非凡的成功。尤伯罗斯何以能够成功呢？他的成功在于抓住了历史的机遇，充分利用了天时地利等一切能够利用的社会资源。

（资料来源：毛丹耀著：《营销其实很简单》，金城出版社2005年版，第226～229页）

讨论：尤伯罗斯采用的营销管理方法有哪些特点？体现了他的哪些能力？

### 三、在实践中培养创业能力

#### （一）能力只能来自实践

知识不等于能力，也不等于经济。知识与经济之间至少有三个转化：一是知识到技术的转化；二是技术到产品的转化；三是产品到市场的转化。这是三个绝对不可逾越的过程，这三个过程其艰难程度往往不亚于知识本身的创造，越是尖端的技术，转化所需要的条件就越多，这个过程可能就会越长。知识可以通过读书上学获得，而能力只能通过实践来获得。知识离开实践就像美丽的花离开土壤而无以生根，知识离开实践就不会成为属于自己的能力。

#### （二）"打工"是培养创业能力的重要途径

实践是具体的，青年人如何在实践中学习投资办企业，培养创业能力？"打工"是一条重要途径。任何一家公司无论它从事什么、经营什么，都是生存在市场经济的前沿。有心创业的实践者只要以开放的、积极的心态，站在创业者、总经理的角度来观察、思考、发现、挑剔公司中的一切，体会经理的用心，判断企业的得失，他的打工就会有很强的针对性，在打工期间实现资本观念的更新，积累经验，提升本领，增强自信，培养自己的创业能力。

#### （三）小规模模拟实验，是培养创业能力的基本途径

开始创业的时候，创业者会面临着一个大矛盾。既然创业的能力只能来源于创业的实践，对创业者，尤其是初次进行实业投资的人来说，事实上面临一个两难的处境：一方面，书本知识不能给予创业投资的能力，能够给予的实践经历却并不拥有；另一方面，要获取这个能力，就只能在没有这个能力的情况下开始创业的实践。如何解决这个两难的问题呢？办法就是小规模模拟实验。

在积累了一定的工作及管理经验、基本创业资本之后，就可以尝试自己创业，小规模投资，进行实验。从市场调查、项目论证和分析入手，量力而行，慢慢起步，实践创业。这是年轻人不断探索的过程。

> **案例阅读**
>
> **仅仅是为了增加一个品种**
>
> 麦当劳的传统产品很简单。在它的早期，只有汉堡包、炸薯条和软饮料。三明治被正式引进麦当劳之前，他们先是对三明治的制作制定了严格的标准，包括烤制的时间、原料形状、厚度等，然后选择了几个连锁店，每周仅用1天的时间试着供应。之后再扩大几家、再增加天数。就这样，从小规模的尝试到正式推向市场，整整经历了10年时间。
>
> （资料来源：赵延忱著：《民富论》，机械工业出版社2007年版，第109页）

小规模投资实验的根本战略就是"小"。主要原因：一是由于刚刚整合起来的资源和要素，仅仅是一个企业的雏形，需要一个培育的过程。二是由于一个项目的单元，在其独立的状态下可能是完美的，一旦作为一个部分与其他单元融合，就会产生许多意料不到的问题；认识和解决这些问题，小是有利的条件。因此，不论是从功能健全的角度，从实验业务模式的角度，还是从抵御风险的角度，"小"都是必要的。

小资本店铺创业者，特别是大中专毕业生中的店铺创业者，应该先从一片小市场做起，这是因为可以聚焦自己的人财物等资源，把一个小市场做好，再逐渐复制，最终成为市场的

第一。

　　小到什么程度呢？假如预计年内的销售是80万元，以经营为中心的全部能力则可按照40万元来设计。如果达到了80万元，增加一个门店，规模再扩大则再加上一个店铺。在买方市场与劳动力充裕的条件下，这些是容易办到的。只要有核心技术与竞争能力，只要有对系统的模式的控制，生产经营扩大主要是资金的问题；而这个问题的前提已经在销售的拉动下解决了，生产经营规模扩大只是个操作问题。

> **案例阅读**
>
> **如果，他们能够小规模投资实验**
>
> 　　有两位合作伙伴共同开了家精品服装店。他们认为，越是高档服装，赢利就越大。于是，他们租了将近300平方米的门店，在装修上达到顶级豪华。加上进口高档服装的费用，他们前期便投入了一大笔钱。开业后，由于服装主要从国外进口，货源不稳定，加上经销商加价太高，门市租金太贵，经营举步维艰。后来他们聘请服装设计师自己设计，委托加工，但与厂家仍然有着诸如批量、单价、交货时间等的分歧。最后，由于资金及其他方面的问题无法继续经营，只好将门店低价转让了。如果他们在项目确定后，对进货渠道、门市规模、服装设计、委托加工这四个构成要素分别加以考察，并分别加以检验，对这四个方面能够了解、把握，就能够遏制对项目的迷恋心理，也能够控制在遇到困难时的慌乱心态，那么，结果就会是另一番景象。
>
> （资料来源：赵延忱著：《民富论》机械工业出版社2007年版，第99页）
>
> 　　讨论：创业期初为什么不应该把规模做得过大？

　　创业投资不是勇敢者的游戏，而是务实者的行为。创业中的务实是：一旦介入一个项目，一开始就要把注意力放在项目最核心的地方，把着眼点投向事关项目生死存亡的地方，把资金、时间积聚在这里，脚踏实地地去加以解决，把最困难的事情最先做好。

　　创业者在小规模模拟实验阶段的主要任务是：

　　1. 了解经营常识，即了解经营领域的运转特点以及相关的法律法规，了解商业运营所需要的规则和创业市场的整体情况，否则就很难正常运作。

　　2. 把握创业的经营方向，年轻人创业的经营方向应该是面向基层创业，面向基层创业是大有可为的，特别是民营经济比较发达的地区，客观上给年轻人创业提供了好的土壤，可以将课堂上学到的理论知识运用到实际中去，提高创业实践能力。

　　3. 提高创业能力，由于创业者是发现一个好的商业创意并将之转变成现实的人，创业是一项系统工程，在创业过程中能否正确、高效地整合各种资源对于创业能否成功是很关键的。实践创业中的年轻人应把握方向、坚持原则，懂得选择，学会放弃。

## 四、积极锻炼，具有良好的身体素质

　　创业是非常繁重和复杂的一个系统工程，创业者需要统筹一切，本单位的方方面面都要照顾到，因此总是非常忙。创业者对健康风险要有充分的估计，根据自己的身体状况进行积极锻炼和安排好作息，保持良好的身体状态。

# 第三节  充分发挥创业者的资源优势

> **案例阅读**
>
> **易拉罐成就的人生**
>
> 他是个穷孩子，住在郊区的一个垃圾场附近。上小学三年级的时候，有一天他在路上捡了1只易拉罐。这时，一个收破烂的正巧路过，他做了有生以来的第一笔交易，这笔交易的纯利润是一角钱。
>
> 从此，他发现满地被人弃置的东西都是金钱。于是，从小学三年级到高三，他卖了8 745公斤废纸，4 762只易拉罐，3 143只酒瓶，981公斤塑料包装袋。无论同学们如何嘲讽和挖苦，他都认为真正傻的不是自己而是那些见到易拉罐不捡的人。10年间，他没向家里要过1分钱，没有因捡破烂使学业受到丝毫的影响。相反，他因增加了阅历而使自己的成绩总是名列前茅。后来，他顺利地考入广州的一所经贸大学。
>
> 在大学里他重操旧业，不过这一次他只做了3个星期，因为某次在捡易拉罐的时候，他被站在别墅阳台上的一位外商发现，外商请求他把门前草坪上的1只易拉罐捡走。他走近别墅，外商用赞许的语言鼓励他。这时，外商惊奇地发现，这位捡垃圾的小伙子竟能听懂他讲的英语。外商异常兴奋，因为他的夫人正需要一位懂英语的草坪清洁员。
>
> 第二天，他就走进了这位外商的家庭，修剪草坪，喷洒农药，他的周薪是50美元。后来经外商介绍，他又成了另外3家外国人的草坪清洁员。
>
> 大学四年间，他利用星期天挣了4万美元。毕业时，他申请成立了广州第一家草坪保养公司。现在他的业务已从外商家庭的草坪延伸到住宅小区的草坪，经营范围也从单一的护理发展到兼营肥料、除草剂和除草机械。如今，那位捡易拉罐的小男孩已是广州的一位百万富翁。据说，现在他的办公桌上放着一只用纯金做成的易拉罐，我想它的寓意不仅仅是为了显示主人的财富。
>
> （资料来源：赵延忧著：《创业资金解决之道》，企业管理出版社2008年版，第44~45页）
>
> **讨论**：创业者自身的资源在创业活动中有哪些作用？

创业者自身的资源也是创业素质的重要组成部分，创业者必须培育并充分发挥、利用自己的资源优势。有能力和眼光培育并充分发挥、利用自己的资源优势是创业者素质高低的一个表现。创业者自身的资源虽然各人差异很大，但至少可以归为以下三类：

第一，以体力为主的本能资源；

第二，以智力为主的累积资源；

第三，以生存环境为依托的可借助资源。

## 一、以体力为主的本能资源

以年轻人为例,年轻本身就是一种资源。年轻,意味着拥有时间,时间是世间一切事物存在的条件,有了它就有了一切。年轻,意味着可以去经历、体验、感受、学习、磨炼。很多年轻人带着创业的梦想不断攀登人生的高峰,最终站在了自己向往的高度上,而更多的人还在通往梦想的道路上艰难跋涉,有的甚至面临失败。即使面临失败,因为年轻,同样可以从头再来。《民富论》中有一句话发人深省:**没有失败的人生,是人生的最大失败**。精力、体力是年轻人的财富,是创业的重要资源。

## 二、以智力为主的累积资源

人们从事各行各业,都必须凭本事。马云说:"上世纪80年代挣钱靠勇气,90年代靠关系,现在必须靠知识能力"。以智力为主的累积资源是创业者现在应有的,属于他自己的知识的、技术的、特长的、经验的、兴趣的等等资源。创业者必须对这些资源进行认识、挖掘、改造、完善、提升,形成有把握的与社会的某种需求切合的创业项目,使其充分发挥和利用。

> **案例阅读**
>
> ### 利用技能的创业者
>
> 在西畴县城,有一个卖竹藤躺椅的老板,所卖的竹藤躺椅做工精致,舒适美观,价格公道,很受欢迎。但几年前,他只是一个从西畴县坪寨乡去深圳一个家具厂打工的学徒。他在那里学到了一手做竹藤躺椅的技术,也学到了一些经营方法。通过打工有了一些本钱后,他回到家乡,利用家乡的资源和自己的手艺创业,在乡下老家加工,在西畴县城租门面,做起了竹藤躺椅的生意,据说,盈利相当可观。

## 三、以生存环境为主的可借助资源

世间一切财富归根结底源于自然。社会一切有商业价值的东西,都是源于人们对其有用性的发现。所谓"可借助资源"是与人们的家庭背景、地理条件、生存环境、人文历史等相联系的,可以转化为财富的各种资源,包括气候的、土壤的、土产的、特产的、历史的、文化的、风俗的、民情的、家传的、亲朋的、母校的等等。这些资源,有的直接就可以经营,例如采矿;有的需要转化,例如矿泉水;有的需要完善,例如农家风光游需要有配套设施;有的需要改造,例如住房改造成为商铺;有的需要挖掘,例如与历史、文化有关的食品。

> **案例阅读**
>
> ### 从生存环境中寻找创业机会的年轻人
>
> 我住的地方是一个有三栋楼的小区。这是一个本地人盖的、专门用来出租的楼房,每个房间都装了台200卡式电话。我和小区里的一个年轻人很熟,他是只身从外地来广州打工的。一天,我跟他聊起了电话卡,我对他说,你以前是做电话卡这行的,那你应

该熟悉那些200卡的进货渠道和进货价格吧？200卡进货价钱6折，外面的多卖8～9折，你自己进一批卡过来按照7折卖给我们这里的住户。一张面值30元的卡，进货价钱18元，卖出去21元，每张赚3元，我们这里一共有150户，按照每户每月用一张卡来计，如果你可以完全占领这里的市场，则每月可以赚450块。你可以利用你以前在公司上班的同事及朋友，让他们支援你，可以小批量进货，这样你就不用很多钱就可以开始这项业务了。然后你印刷一些宣传单，这里的住户你大部分认识，有很多还很熟，你的价钱又比外面便宜，你还可以送货上门，他们没理由不买你的卡吧？

有一天我和小伙子一起去逛附近的家谊超市，发现那里正在举行限时特卖活动，哈密瓜1元/斤，早熟梨0.99元/斤。我对小伙子说，你有没有注意到菜市场的哈密瓜现在卖2.5～3元/斤，早熟梨卖2～2.5元/斤，我们小区的路口经常有人弄个板车在卖水果，如果你能够把这些特价水果买回去在楼下路口按照2元和1.8元的零售价去卖（市价2.5元和2.2元），在价钱上马上可以打败其他对手，而且你还没有压货的风险，是否可以马上卖掉？你也不用付运费。周边有家谊、易初莲花、好又多3家超市，它们基本上每天都会有特卖，你收集好它们的这些讯息，到时买进就行了（超市虽然限量每人不可超过5斤，但事实上你多买些也没事），每天不是最少有10～20元钱的进账？

做这些你根本不需要很多资金，你现在也拿不出很多资金。但是加上上面那个200卡项目，你是否马上就有两个项目在手上了呢？你马上就是创业者，就是自由的老板了，而且风险不高，基本上算是白手起家，每个月就有最少1 000元的收入，不仅你现在的房租无忧，还少有赢利，把这些钱存下来，就是你的原始资本积累了。这两件事情我只是跟他说说而已，后来我就忘记了。

两个月后他打电话给我，说要一起吃饭。聊天时他告诉我，他后来真的这样做了，坚持了两个月，每个月的收入还不错。

他现在已经把200卡业务拓展到我们住的整条街道里，每天都会发些传单到那些地方。那里有很多类似的装有200卡的房屋。

现在他已经成为那条巷子里所有水果摊贩的水果供应商了。他赚了点钱后，脑袋一转，就去跑水果批发市场，因为与那些摊贩都混得很熟，他是先从摊贩们那里拿到水果的订单后再去批发市场进货，避免了压货，他自己踩三轮车在凌晨拉回来，以此节省运费。

后来他又请了个亲戚准备在菜市场开个水果档。他的档不是开在市场里面，而是在外面的一个露天地方租一块地盘，他的家乡在江西，那里盛产水果，价钱和广州相比差很多。他借了点钱加上最近赚的钱，把整车整车的柚子拉来，堆在那里以便宜的价钱搞特卖促销，卖完一车马上再用第一车卖的钱去进第二车货。他现在除了以便宜的价钱向周围的水果摊贩们批发他从家乡拉来的水果外，每天的零售利润已经让他可以进账颇多。

（资料来源：莫羡仙："一个身边的创业者"，《市场营销案例》2007年第8期，第22～23页）

**讨论**：创业者应该如何挖掘、利用自身环境提供的条件来创业？

凡属这类项目，资源本身就是财富，是带有天然性质的财富。若把它当成创业项目，项目本身应该具有的内在品质就已经具备了，项目得以成活成长的基因已经存在了。资金的作用，主要是用于经营，用于转化、挖掘、完善、改进资源等方面，这类项目通常是少量资金便可以启动。

### 四、创业者要客观评价自己及其资源

很多人在初次创业的时候，资源都十分欠缺。通常开店创业应具备的条件都不可能完全具备，但至少应具备其中一些重要条件，其他条件可以通过市场化方式来获取。创业者如有足够的财务资源，其他资源欠缺也可以弥补；如果有足够的客户资源，其他资源的欠缺也容易改变。创业者的心理抗压能力以及做好某件事情的决心，往往比技能掌握更重要。创业前客观评价自己的各项资源、有足够的准备、特别是心理准备是十分必要的。下面这个案例说明，有了足够的心理准备，资金、技术都有办法解决。

> **案例阅读**
>
> 小本起家　生财有了新招
>
> 怎样才能在资金较少的情况下创业呢？据报道，一位19岁女孩开的新鲜贩卖饮品店，就很好地解决了这个问题。据悉，情人节那天，她卖出了1 500杯饮料，那天，手捧玫瑰花的女孩子几乎人手一杯饮品，这位小老板数钱都数得手发麻。而平时的双休日卖出200杯左右不成问题，连下着雨的星期一也能卖出六七十杯。
>
> 这位女孩开店的成功之处在于具备了下列优势：
>
> 第一是"四季可行"。因为兼卖冷热饮四五十种，从春至冬都会吸引人去买，春为养颜、夏为消暑、秋为补气、冬为暖身，甚至什么也不为，光为那站在高高的吧台外看侍应生把冰块和果汁茶水摇得哐哐响，这份"声在味先"的气氛，就使购买者的脸得意得发红，迷恋所谓"欧陆风情"的女孩子，谁没喝过这东西？
>
> 第二是"薄利多销"。同样一杯台湾珍珠奶茶，在真正的红茶坊卖到10元以上，而在这家小店，因为是外卖，价廉一半。投资者也不吃亏呀！想想动辄上百平方米的红茶坊店租几何，而你才租一个五六平方米的门脸儿就开张了，谁合算？
>
> 第三，"投资小，连锁方便"。如果做得顺手，再找合适的门脸搞个"孪生店"，亦不为难，把配方、管理、员工着装都克隆一套过去就行。船小，调头也快。
>
> 第四，"时尚风景"。如果有点进取心，懂得经常从日本、港台、东南亚杂志上借鉴一些饮品的调制方法，辅以鲜花、水果、干果、异形茶等，保证小店每季推出一批"独家强力推荐款"，招徕顾客尝鲜，生意不好才怪。
>
> 据悉，投资这类店仅需投入1.2万～1.3万元左右，如果选址选在诸如电影院旁、个性店铺云集地、大学区、健身中心旁等，最保守的估计每天平均也能出售100杯，平均每天的毛利在350元左右，月利润将在6 000元左右，一个季度以内就可以收回成本，进入轻松营利的状态。
>
> （资料来源：佚名："新鲜贩卖饮料店"，《致富时代》，2006年第2期）

### 五、大中专学生创业存在的主要问题

据不完全统计,我国大中专学生创业比例还比较低,不到毕业生总数的1%;创业成功率更低,而发达国家的创业成功率一般占20%~30%。目前学生创业存在的主要问题有:

1. 项目选择盲目。目前大中专学生创业的项目选择多集中在高科技领域和服务领域,如软件开发、网络服务、网页制作、家教中介等。但学生并不了解市场,只是凭自己的兴趣和想象,甚至仅凭一时心血来潮就决定干哪一行,这样难免会遭受失败。建议:学生创业者在创业初期一定要做好市场调研。

2. 缺乏创业及经营技能。很多学生创业者既不了解相关政策法规,也没有在相关企业工作、实践的经历,缺乏能力和经验,却对创业的期望值非常高。当创业计划转变为实际操作时,才发现自己根本不具备解决问题的能力,这样的创业无异于纸上谈兵。建议:一方面,去企业打工或实习,积累相关的管理和营销经验;另一方面,积极参加创业培训,接受专业指导,提高创业成功率。

3. 融资渠道单一。资金难筹几乎是每一个学生创业者都会遇到的难题。银行贷款申请难、手续复杂,如果没有更广阔的融资渠道,创业计划只能是一纸空文。建议:选择启动资金不多、人手配备要求不高的项目,从小本经营做起。通过寻求资源整合、利用政府政策来解决资金难题。

4. 管理方法简单。

> **案例阅读**
>
> 张小军在家人的资助下,和同学在省城一家电脑城租了一个铺面,开始了自己的创业之旅。他说:"在学校时,总是把创业想得很简单,大学生创业时都怀着满腔热情,觉得创业空间很大,自己当老板,想怎么干就怎么干,但真正开始创业后才知道,光靠热情并不能解决创业中的重重困难。如今,做电脑生意的人太多了,由于我们资历浅、经验少,好长时间都没什么业务,好不容易挣了点钱,只够交租金什么的,感觉很沮丧。"

据了解,类似的问题在大中专学生创业中非常普遍。学生对创业热情有余,大多数人都是仅构思了一个模糊的创业方向,而拿不出切实可行的创业计划,真正落实到行动的更是少之又少,更多的人只是有了创业的方向和热情。但对企业运营却知之甚少,更缺乏实际操作经验,而且有很多学生认为创业当老板就是指挥员工干活,他们的世界观和思想方法方面还存在着许多谬误,导致难以正确处理一些具体事情,因而创业之路举步维艰。建议:先就业再创业;先做全能员工,再做小老板,积累经验与资金后,创业成功的概率就会大大提高。

## 技能训练与思考

### 一、问题与思考

1. 创业的本质是什么?精神资本的含义是什么?
2. 创业者需要拥有的知识主要有哪些?

3. 创业者需要拥有哪些创业能力？
4. 创业者的资源优势可以分为哪几类？

二、实训要求

1. 以"信念和顽强的毅力是创业者必备的素质"为题进行演讲准备。演讲时间 5~10 分钟。
2. 分组讨论：如何理解"诚信是一个人的最高资产"？
3. 读故事，写感想：

一天，猎人带着猎狗去打猎，一枪击中了一只兔子的后腿，受伤的兔子开始拼命奔跑。猎狗在猎人的指引下飞奔去追兔子，可是追着追着兔子就不见了，猎狗只好悻悻而回。猎人骂猎狗："没用的东西，连只受伤的兔子都追不上。"猎狗很不服气："我尽力而为了呀！"这时候，兔子已带伤跑回了洞里，它的同伴在庆幸的同时感到很惊讶："那只猎狗那么凶，跑得那么快，你还受伤了，怎么跑得过它呢？"兔子说："它是尽力而为，我是全力以赴，它没追上我最多挨一顿骂，而我要是不拼命跑最后就没命了。"

（资料来源：邓正红著：《企业生存准则》，东方出版社 2006 年版，第 164~165 页）

【要求】 根据这个小故事，写一个与精神资本有关的 100 字左右的感想。

4. 案例分析。

[案例1] 西畴县西洒英代村的一个农民工到深圳的一个玩具厂打工，学得了一手做玩具的技术，并学到了一些经营方法，通过打工有了一些本钱后，回到家乡，自己制作了生产各种新、奇、怪、小玩具的模子，买了一辆三轮车。在生产出各种新、奇、怪、小的玩具后，开着三轮车到各个乡镇集市摆地摊销售玩具。既有陈列式销售，又有激励式销售，由于玩具新、奇、怪、小，价格便宜，很受小朋友及家长们的欢迎。

【分析】 创业者的技术资源在创业中有什么重要性？为什么？

[案例2]

## 小炉馍香飘大西北

定边县为西出宁夏必经之路。1697 年康熙率领大军西征噶尔丹，从榆林出发来到边堡（今日定边）。大军宿营后，康熙扮成"脚户"私访，与当地人高善仁相聊，高送了康熙一罐炉馍，康熙脱下马褂回赠于高。时隔不久，朝廷专门请高做炉馍。消息传开，各州府县的官僚借机向朝廷进贡，各路商客炉馍生意火爆，由此炉馍扎根定边县兴旺传承。

在过去的 300 年中，每逢中秋节和春节，定边县城到处搭起加工炉馍的大棚子，家家户户都端着和好的面，拌好的陷来加工炉馍。棚子里的老板在这一交一接中收取加工费。

1995 年的中秋节，加工炉馍的棚子又热闹起来。一个名叫付翔的人看着进进出出的人群，心想：我直接把炉馍加工成产品出售，岂不是让大家省事？

他支好了棚子，做好了炉馍就等着人上门。但是人们照样端着原料走进加工棚。他好生纳闷，过去一问，原来是人们认为自己的原料不掺假。中秋节过去了，他只好自己消化自己加工的炉馍。

后春节将至，他开始印小传单，有了广告的铺垫，人们开始对他的炉馍有了点认识，购买的人逐渐多了起来。

他看着买走炉馍的人三三两两地融入人群，心想，怎么能让大家知道是在我这里买的呢？听说印包装要两万多元，那得卖多少炉馍呀！后果他想了一个办法，到批发市场弄来方便面包装，打印出"付翔炉馍"四个大字，用米糊贴在包装箱子上。那个春节他卖了6 000元。

就在他准备拆炉熄火的时候，又来人要买炉馍。这让他想到，这炉馍不单是节日的生意，应该全年都有市场。于是，他用房子抵押贷款办起了炉馍加工厂，这回做了好看的包装。从此，作为本土特色产品，定边炉馍带着乡土气息，大大方方地走向县城、走向榆林、走向省城。

（资料来源：赵延忧著：《创业资金解决之道》，企业管理出版社2008年版，第56~57页）

【分析】 创业者应该如何挖掘、利用生存环境为其创业提供可以借助资源？想一想，你的生存环境中有没有为你提供小本创业可以借助的资源？

# 第3章
# 店铺创业者的资源准备阶段

**学习目标**
- ☐ 熟悉创业资金的来源
- ☐ 掌握解决创业资金不足问题的办法
- ☐ 了解店铺创业的技术准备
- ☐ 知道储备社会关系的方法
- ☐ 学会正确处理四个关系

**案例阅读**

牛根生创业有资源

1999年,被伊利股份有限公司免去生产经营副总裁的牛根生与同时被免职的几位伊利的中层干部聚在一起,决心重新做乳业这一行。当时几个人手中都有一些伊利的原始股票,他们把这些股票卖掉,凑了一百多万元。他们花了200元租了一个单间办公室,在这里成立了内蒙古蒙牛乳业集团,牛根生兼任董事长和总裁。区区100万元创业显然不够。牛根生过去的老下属听说这个情况,纷纷投资蒙牛公司。在这些人的带动下,他们的亲戚、朋友、所有业务关系都开始把钱投给牛根生。这些人之所以敢把钱交给牛根生,是因为他们相信他的能力。

(资料来源:任子龙:《牛根生谈创业》,海天出版社2008年版)

**想一想**:有了哪些资源才可以创业?

创业必须投资,创业投资的"资"包括货币及其物质形态,包括知识、技术、信息、人才等等。以增值为目的,把货币用做投资,货币就是资本。既然把货币当做资本,不论投向哪个领域,货币都会变成与用途相关的土地、能源、材料、机器等物质形态的资本存在形式。为了创业,店铺创业者必须准备开始创业所需的货币资金及其物质形态,必须准备知识、技术、信息等资源。

人才和资金是创业中缺一不可的两个方面,人是公司的资产,"选对人做对事"是成功的首要条件。有了人还要有资金,自有资金多一些是最理想的;如果要借贷,必须量力而为，因为利息往往是创业者巨大的负担，必须审慎为宜。必须做好财务管理，降低利息费用，才能提高竞争力、有利于企业的长期发展。

# 第一节　店铺创业者的资金准备

## 一、创业资金的来源

创业资金的来源一般有自有资金、向亲朋好友借款、向银行借款、股东（或者合作伙伴）共同出资、靠商业信用赊购等方式（见图3-1），至于通过编写策划书吸引风险投资资金的想法，对店铺创业来说几乎不可能。其中，比较可靠的是自有资金，向银行借款原则上只限于抵（质）押贷款和符合国家支持创业政策有效期内的"融资担保"、"小额贷款"和"创业基金"等。

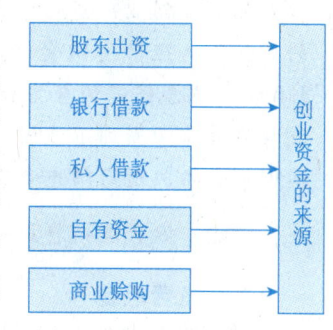

图3-1　创业资金的来源

银行是经营货币资金的企业，资金经营的本性是生息，为了生息首先要保证本金的安全，为了本金的安全，则需要抵押，需要担保，借款者首先必须有资产，而且这些资产必须是符合银行规定的具有通用价值的、容易变现的有价证券和资产。对于大多数创业者来说，有了充足的自有资金后才开始创业是不现实的；没有资金创业才需要找银行借款，然而多数创业者也没有银行规定的抵押资产。那么，解决创业资金问题的道路在哪里呢？最现实的道路是：依靠自有资源，小额资金启动。

## 二、寻求资源整合，解决资金难题

创业需要资金，但是创业项目能够吸引资金是有时机和条件的，创业项目的优势能够显现、已经能够使资金得以保存和增加的时候，外部资金才会进入创业项目。这就是许多创业者在找到创业项目的初期，不仅向银行借不到钱，而且向亲朋好友借钱也很难的原因。为了解决创业资金难题，创业者必须寻求资源整合，创造吸引资金的条件（见图3-2）。

### （一）代理销售

报刊上有大量的企业"诚征"广告寻找产品代理人。这些企业中有许多是正在急切地要把新产品推向市场，对代理商的要求和条件都不高。同意做代理的人，可以要求提供必要的支持，可以先拿货，销完后再付款；必须先付款、再拿货的，也可以根据市场情况勤进快销，小额资金启

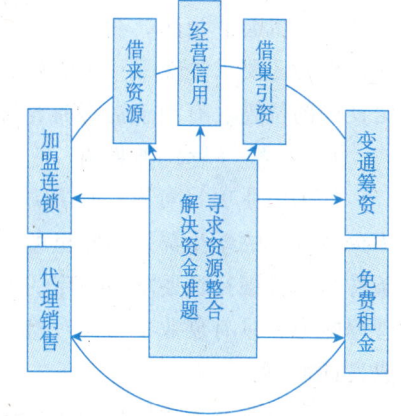

图3-2　资源整合、吸引资金的渠道

动；创业者可以逐步培养信用，有了一定信用后，就可以先拿货，销完后再付款。

做代理商，需要有公司或商场，或商店，或市场摊位。而这些，都是可以变通后达到条件的，例如，可以和有条件的商家合作。当不断地把产品销售出去，在产品变现过程中，不仅有了经验，也有了资金。

> **案例阅读**
>
> **代 理 销 售**
>
> 文山财校毕业生有不少自己开店铺创业的，其中不少人的启动资金都在万元以下。2009年文山州评选出来的十个"创业之星"之一的江华，在经历几次打工后，2004年9月开始自主创业，创业资金还不足8 000元，在民族体育馆旁边租了一间20平方米左右的商铺，从经营消闲食品起步，最初每天只能销售几十元，据说，最少的一天只卖了3.6元。凭着艰苦的努力和灵活的经营，找到了代理批发这个经营模式。2004年12月从民族体育馆旁搬到下沙坝，注册了阳顺商贸，经过几年的经营、发展，到现在已经是玉溪田螺食品、通海阳光食品等等品牌的代理批发商，月盈利最少在万元以上。
>
> 讨论：做代理销售是一种创业方式吗？为什么说它能够解决创业资金不足的难题？

### （二）免费租金

不论从事何种经营活动，房租都是一笔很大的投入，如果能够获得免费的经营场所，也相当于一笔不小的创业资金。全国到处都有新开办的各类市场，建商品市场的投资人目的是收取摊位租金。为了能够收到资金，必须有经营者进入，才能有吸引人们的商品。有了大量的商品和买商品的人，市场才能活起来，投资人才能持续地增收租金。站在投资与经营者这一方看问题，成败的关键环节是尽快尽多地吸引经营者进入。为了这个目的，投资与经营市场者往往采取免费进场的策略：有的承诺第一批进场设摊者免去几个月的租金；有的免租时间可长达一年，还有的干脆不收租金，而是从进场者的销售额中扣百分点。这正是创业者可以把握的机会。当然，在免费进场期间，市场的经营状况一般不太好，为了长期留住经营者，有的还要求先交下一年的租金。但如果从长远考虑，先进入市场者也有许多好处，如占据良好的位置、有利于提高商誉等。

### （三）抵（质）押贷款

如果创业项目可靠，而且风险又很小，就可以用"房产抵押"贷款来获得创业资金，不少想创业的学生都想用家里的住房来抵押贷款获得创业资金，但是，有抵押物只是借款的条件之一，银行还要求有稳定的、已经存在的还款来源，要求创业者必须有一定的项目经营管理能力，只有创业项目能有稳定的收入，向银行借款才会顺利，才能使筹资方式和渠道形成良性循环。

许多企业有大量库存产品。产生大量库存产品的原因是多方面的，有的是因为销售没做好，有的是被新产品替代了，也有的是因为质量问题。假若创业者与其合作，许诺适当的回报，或者与这家企业有某种关系，就可以用这批产品做质押到银行贷款。这符合银行"仓单质押"和"物品抵押"两种贷款方式的条件。但是，这种银行贷款产品一般在大、中城市和发达地区才有。

## （四）借巢引资

市场上，有的企业濒临倒闭，有的企业准备转产，有的企业正在寻求合作。在这样的企业中，有的基础设施很不错，有的设备很先进，有的还有土地、厂房等资源。只要创业者的项目与这些企业现有的基础设施、技术装备条件大体吻合，就有了与其合作的条件。

合作方式多种多样。创业者可以利用合同或协议的形式，使自己在名义上拥有或部分拥有该企业的、有法律根据的权利，至少是一定时期的使用权。这就为创业者吸引资金创造了条件：创业者是有实体的企业，是有了前期投入的企业，如果有产品，就更有说服力了。其缺点是要求创业者必须有相当强的项目经营管理能力。

## （五）经营信用

经营信用的方式有以下两种：

第一种是从创业开始就积极创造吸引资金需要的条件，把吸引资金需要的条件创造出来，并用适当的方式来发出信息。它首先要求创业者一直保持十分好的信用，赊购到期前付款，借款到期前偿还，没有任何信用污点。一旦资金不足，再次赊购商品、短期借款就不会困难。

> **案例阅读**
>
> ### "星星聪明屋"靠诚信开店
>
> 1998年，我们开了一个小卖铺。开店铺前最担心的是资金不足，没有资金进货。经过一番调查，我们决定在县第二小学校旁边开一个名为"星星聪明屋"的小卖铺。在开支了房租、店铺装修费用后，用于进货的资金只有600元。出路只有一条：靠信誉赊购商品。首先用仅有的600元分别向几家经营副食、小学生文化用品的批发商进少量畅销货，为了使货架显得丰满美观，特意买了几挂粘在纸板上的副食品和小学生用品。
>
> 在进了一两次货后，我们就向批发商提出少量赊购商品的要求，然后在用现金向其他的批发商少量进货，几次之后，又向其提出少量赊购商品的要求。由于每次赊购商品的量不多，赊购商品的要求一般都能实现。赊购商品一般都在一周内付款，付款后又再次赊购商品。由于从不拖欠货款，有的老板还主动要求赊销其商品。后来，有一家批发商铺的店主每次赊销1 000多元的商品给"星星聪明屋"。"星星聪明屋"的生意也有了迅速发展。
>
> **讨论**：信用能否成为创业的资源？

第二种就是以企业已经存在的商业信誉为核心资源，通过创造性地充分利用来实现三方共赢，取得起步资金。这样的企业应该有较长历史，产品或服务有稳定用户群，对用户也有一定的商业信用。

实施要点和操作流程是：

1. 向固定用户收取预付款。其名目的设计与产品或服务内容相对应，比如消费卡、预存费用、押金、订金等。

2. 与"预收"相对应，应该包括"优惠"成分。比如，有一定的单位产品或单项服务的让价比例，使参与者得到实惠。

3. 创业者可以用企业的名义设计方案并负责执行，收到的款项进入该企业的账户。

4. 确立预收款用做项目开发的比例，可以是对企业的借贷，还可以体现为企业对创业项目的股权。

5. 创业项目最好与这个企业的当前业务有联系，要么是它的上游或下游，要么是配套的或相关的，总之对它的发展有好处。

有创意的设计可以实现三方共赢：

对企业，是获得了拓展业务或扩大规模的资金，还有贷出款的利息或股权回报，还能够稳定老客户，吸引新客户，增加企业的竞争能力。

对消费者，则节省了必须花费的钱，比如20%的优惠。

对创业者，可以得到开发项目的资金，可能找到产品的合作伙伴。

### （六）借来资源

借资源比借现金容易，这是通过借别人的闲置资源，间接地与资金联系的思路。在创业者的家人与亲属关系网络中，如果有律师、医生、公务员、金融行业的人员，就是收入稳定的职业从业者，他们就是银行"信用贷款"的对象。在这些人中找两个担保，便可以在工行、建行、邮政储蓄银行等金融机构获得10万元以下的保证贷款。

身旁的人有合法的知识产权，比如专利权、商标权、著作权等，经过财产评估后，也可以向银行申请贷款。这种贷款通常需要有企业法人担保。

有些行业的营业执照也是资源。比如国家开始对某些行业进行限制，不再或限制继续办理该行业的营业执照，如出租车牌照，那些握着执照不营业的人手里的执照就成为"稀有资源"。可以利用它，与急切想进入这个行业的资金相结合。

与经营权类似的许多无形资产，如专利、商标、商号、品牌、专有技术、保密配方、客户渠道等，也都可以用做创业融资的条件。

---

**案例阅读**

### 租设备创业　新路子致富

伍长清从收音机的《酿造财富每一天》节目里知道了一种"租设备酿酒、先试后买"的创业模式。经过半个多月的反复考察，他确认推出"租用设备"活动是大名鼎鼎的纯粮酒业集团，这是一家研发推广酿造技术、销售酿造设备的大型企业。于是他决心试一试。最初，他只花了800元"租"了一台试产设备。用当地的粮食与水来发酵蒸馏，10月1日，伍长清蒸出第一锅酒。趁着国庆节，他宴请了亲朋好友，还买了几瓶当地五六块钱的酒现场对比。一顿饭菜下来，现场品酒的绝大多数人都认定伍长清的自酿纯粮酒更好喝。品酒的结果再一次鼓舞了伍长清的信心。

按照计划，伍长清开始在集市进行"现蒸现卖"的前期宣传。前期宣传有了效果，每到赶集之日，蒸酒现场就被围个水泄不通，消费者对这种纯粮食放心酒赞不绝口。但是，十几天过去了，伍长清发现有些不对劲：现场蒸出的酒非常受欢迎，而他存储在家里的白酒却很少有人来问津。经过深入的考察和周密分析，一个大胆的计划逐渐清晰：他决定暂时不做酒，而是卖给他们酒曲，让他们用自己的粮食发酵，再租用他的设备自己蒸"放心酒"，就赚个加工费、赚些无成本的酒糟来养殖。从这时起，伍长清便着手实现自己的计划，除了给客人现场蒸酒、销售酒曲，还传授简单的发酵蒸酒技术……10天之后，已有数个客人来向伍长清租借设备，接下来几天，设备就没回过家门，更多闻讯而来的客人也把伍长清的酒曲全部买了回去。客人越来越多，一台设备早已不够租借，伍长清又及时购买了10台设备。11月底，伍长清的11台设备全部租借出去，以半天5元的收费，他每天都有100多元的收入。不到半个月，之前搁浅的购仔猪计划也得以实现，为了赶上年终旺季，他选购10头较大的仔猪，利用赚来的无成本酒糟饲养，两个月之后出栏就正好能赶上春节市场。

除夕到来之前，伍长清已经轻松回本，仅是租借设备就获利7000元，加上10头猪出栏，每头净利润300元就净赚3000元。如今，伍长清除了拥有自己独具特色的"酒坊"、数百平方米的养殖场，还购买了3辆摩托车，请了7名工人帮忙，所经营市场也已经扩展到周边近30个村镇，每月都有数万元的收入。

(资料来源：潇湘："租设备创业，新路子致富"，《创富指南》，2006年第1期，第50页)

**讨论：**租借设备成为筹集资本的一个途径应该具备哪些条件？

### （七）加盟连锁

有一些做加盟连锁的企业，为了扩大自己的市场份额、快速增加市场覆盖面，他们主动地为加盟者提供帮助，创造一些必要的经营条件。比如，有的加盟商实行货物配给制度，也就是先拿产品或半成品，销售完了或规定时间结算付款；还有的可以向加盟者租借生产或经营的设备；还有的为加盟者提供部分资金担保等等。在这些条件中，虽然有的不是直接的资金支持，但事实上等于获得了一笔资金。

**案例阅读**

#### 李琦的致富秘诀——加盟"阳光佳美"

李琦从老家湖南永州来北京打工5年，干的都是苦力活。一次很偶然的机会，李琦看到一本杂志，其中就有阳光佳美公司的拳头产品太阳能采暖降温空调正在诚招加盟商。他知道太阳能是中国能源的发展趋势，做这个项目肯定有市场。加之打工5年手头有一些积蓄，于是决定做这个项目。他按照杂志上的电话找过去进一步了解太阳能采暖降温空调。经过了解，李琦下定决心要把握这个机会。他毅然辞去工作，交了15800元加盟费。公司总经理屈玉振了解了李琦的经济情况后，少收了李琦800多元，而且免费送他一些太阳能系列产品，"阳光佳美"人的真诚态度令李琦非常感动。

使用太阳能采暖降温空调，只需投入相当于供暖基金的初装费，此后几十年不需再投入任何费用。一间20平方米的房间，安装2~4平方米的太阳能降温空调即可，太阳能空调每平方米成本150元，2~4平方米总成本才450元，以后的几十年都是无偿使用。凭着敏锐的头脑及丰富的社会经验，李琦取得了成功。在公司鼎力相助下，李琦的太阳能超市经营顺利。随着各种能源价格的上涨，越来越多的人关注太阳能产品，他的销售额也逐日递增，增长速度非常明显。

(资料来源：周莉："李琦的致富秘诀——加盟'阳光佳美'"，《创富指南》，2006年第1期，第54页)

**讨论：**李琦加盟"阳光佳美"项目有哪些优势？创业者加盟连锁必须做哪些准备工作？

### （八）变通筹资

1. 消费贷款。如果创业项目是旅客运输或者货物运输，就可以把消费贷款用于创业。比如，办理汽车消费贷款，首付其10%～30%就拿到了汽车，开着汽车跑运输，用赚来的钱还贷款。

2. "一房三用"。如果准备买房子用做保值增值，目的并不是要创业投资。假如买个店铺房，既达到了用房产来实现货币保值增值的目的，同时将来又可以作为自己的经营场所，还可以抵押给银行获得流动资金。

3. 资产典当。可典当范围相当大，只要符合典当行规定的典当范围就可以。其优点是手续也非常简便，不需要审核信用，也没人过问典当款的用途。其缺点是利息较高。

### 三、利用政府政策，筹集创业资金

国家把通过创业解决就业作为一项大政策。与之相适应，从中央到地方政府陆续出台了支持创业的政策，设立了"小额贷款"、"创业基金"和"融资担保"。这是每个创业者解决创业资金问题的现实出路。

#### （一）小额贷款

1. 小额贷款的政策规定。小额贷款是政府注入担保基金并提供担保，由协作银行发放贷款，使有创业愿望和创业能力的人实现自主创业，带动更多的人就业。其中，有一种政策性小额贷款，是专门扶持青年创业的专项贷款，支持青年和大学生创业以及青年企业家的二次创业。以云南省的小额贷款政策为例，介绍小额贷款。2009年1月《云南省人民政府关于鼓励创业促进就业的若干意见》出台并实施。其中有以下内容：

（1）省财政每年安排1亿元创业资金，重点用于支持大学毕业生、农民工、复转军人、留学回国人员和其他有创业能力的人员自主创业。省财政安排的1亿元创业专项资金主要给予创业者一次性创业补贴、小额担保贷款贴息，用于对创业者的创业培训补贴、补充小额担保贷款担保基金、创业项目库建设及创业项目评估补贴等支出。

享受云南省扶持政策的创业人员不受户籍、地域限制，鼓励应往届大学毕业生、农村劳动者、返乡农民工、自主择业的复转军人、具有我国国藉的留学回国人员和其他有创业能力的城镇失业人员在云南省创业。

（2）提高小额担保贷款额。从事个体经营或合伙经营的创业人员，每人可申请不超过5万元的小额担保贷款；当年新招用云南省失业人员达到企业现有在职职工总数30%（超过100人的企业达15%）以上，并与其签订一年以上劳动合同期限的劳动密集型小企业，可申请最高不超过200万元的小额担保贷款。具体贷款金额根据申贷人的还贷能力，由申贷人与担保机构、经办银行约定。

创业人员申请小额担保贷款，确定担保人，填写"云南省小额担保贷款申请审批表"并提供身份证、工商登记证、担保协议等相关材料，交由户籍地或工商登记地的街道（乡镇）、社区劳动保障所（站）初审，再由县（区、市）劳动保障部门与担保机构、经办机构会审，会审合格后，由申贷人与担保机构、经办银行分别办理担保手续和借贷手续。贷款额度最高为5万元，期限最高2年。

担保人应是机关事业单位职工、企业有固定收入的中层管理人员及有稳定收入、具备还贷能力的其他人员。

劳动密集型小企业申请小额担保贷款，填写"云南省劳动密集型小企业小额担保贷款申请审批表"交工商登记地的县（区、市）劳动保障部门，经县（区、市）劳动保障部门和财政部门共同审查，报送州、市劳动保障部门协商担保机构、财政部门审批。

（3）加大小额担保贷款财政贴息力度。对以上小额担保贷款给予不超过2年的贴息，属微利项目（除国家限制行业外的所有项目）贷款的，小额担保贷款经办银行可在人民银行公布的贷款基准利率基础上，将小额担保贷款利率上浮3个百分点，由中央财政全额贴息；劳动密集型小企业吸纳云南省失业人员达到规定条件的，按照国家规定的贷款基准利率据实给予贴息（展期不贴息），贴息资金由中央、省级、州（市）、县（市、区）财政共同承担。

2. 小额贷款的内容条件。

（1）贷款对象：持有"再就业优惠证"、"就（失）业登记证"的城镇人员、复转退役军人、正规高校毕业生、从事个体经营自筹资金不足以及符合贷款条件人员组织起来合伙办企业的，均可申请小额贷款。

（2）贷款条件：年龄在60岁以内、身体健康、诚实信用、具备一定劳动技能的；具有本地户口并在户籍地常住的；经营项目的地点在本地市区的；自主创业资金不足的。

（3）合伙经营：由2名以上符合贷款条件的人员以合伙经营的形式创办企业，并经工商部门登记，有合伙协议，有公证部门的公证书，有劳动部门出具的合伙认定证明，安置符合贷款条件人员达70%以上的。

（4）小型企业：要求在新增加的岗位中，当年新招用持有"再就业优惠证"人员或城镇复转退役军人达到在职职工总数的30%以上，并与其签订一年以上期限劳动合同的企业。

（5）待业学生：持有当地户口的未就业大学生，从事个体经营或自主、合伙创办小企业自筹资金不足的，带着学历证明和本地户口，到户口或经营所在地的社保所申请即可。

（6）配套措施：通过举办项目推介等形式为下岗失业人员提供合适的创业项目；通过组建创业专家咨询团等形式为创业者提供项目选择、创业方案拟订、市场分析、经营策略等开业指导服务；通过组织下岗失业人员参加培训，提高创业理论和技能水平，增强创业信心。

3. 其他小额贷款政策。

（1）中国青年创业小额贷款项目。国家开发银行与共青团合作设立的"中国青年创业小额贷款项目"已经建立了科学、规范、标准化的合作机制和运行体系，完善了贷款管理机制和风险控制机制，通过青年创业贷款项目，实现青年创业的可持续发展。

（2）实施"再就业小额贷款"政策。财政部与劳动社会保障部联合发布《下岗失业人员小额贷款管理办法》，制定了"再就业小额贷款"的政策，支持具备劳动技能的下岗人员自主创业。

（二）融资担保

担保资金的来源，有的是政府财政拨款，有的是组建中小企业互助担保协会会员的保证金，有的是募集资金，还有的是公司投资项目的收益获取的经营利润。小额担保贷款是在有了资金之后，设立担保基金会，由经办商业银行发放贷款，目的是解决失业人员、大学毕业生、农村转移劳动力和复转军人在创业中资金不足，又难以获得银行贷款的困难。小额担保贷款由担保机构与银行共担风险，担保基金清偿贷款损失额的80%～90%，银行承担贷款损失的10%～20%。

1. 融资担保内容介绍。

（1）哪些人可以申请担保贷款？担保贷款的对象是：在法定劳动年龄内，符合下列条件之一的城市居民自主、合伙创办的小企业：

①持有本市劳动保障部门核发的"再就业优惠证"的城镇登记失业人员；

②已取得高校颁发的专科以上学历证书，尚未就业的大学毕业生；

③持有民政局复员退伍军人安置办公室统一印制的"退役士兵自谋职业证明"的复转军人；

④在乡镇社会保障事务所或村镇就业服务站进行求职登记，领取了"农村富余劳动力求职证"的农业户口居民。

（2）申请担保贷款应具备哪些条件？应持有工商行政管理部门核发的营业执照；在税务部门办理的税务登记证；在商业银行开设了账户；已用资金投入不低于贷款金额的30%；资信程度良好，有偿债能力；能够按规定提供反担保措施；经创业培训机构培训过。

（3）怎样申请小额融资担保贷款？借款人为个体工商户的，有的地区是向经营地或户口所在街道（乡镇）的社会保障事务所提出小额担保贷款书面申请，有的地区是直接向融资担保公司提出小额担保贷款书面申请。借款人为自主、合伙创办小企业的，有的地区是向登记注册地的区县劳动和社会保障局提出小额担保贷款书面申请，有的地区是直接向融资担保公司提出小额担保贷款书面申请。

（4）申请担保贷款应提交的材料。申请人应向户籍所在地或营业执照注册地的社保所或者向融资担保公司提交下列材料：

①"自主创业小额担保贷款申请书"。

②有关证件：居民身份证和户口簿，以及"再就业优惠证"、"大学毕业证"、"退役士兵自谋职业证明"。

③创业培训合格证明。申请人参加创业培训所取得的劳动和社会保障局颁发的"创业培训合格证书"，或市创业指导中心认可的创业培训合格证明。

④经创业培训机构审定合格的创业计划书或可行性分析报告。

⑤申请人的"个体工商户营业执照"副本、特殊行业的生产经营许可证。

⑥申请人经营场地的权属证明；"信用社小额担保贷款"个人承诺书；反担保措施资料。

⑦自有资金不低于贷款金额的30%的证明材料。

⑧担保公司和经办银行要求的其他材料。

2. 融资担保实施。各地创造出来的担保方式有以下几种：

（1）银行与企业联合担保。比如，国家开发银行黑龙江省分行与省经贸有限公司、哈尔滨隆华艺美包装制品有限公司等企业签订"贷款意向书"，通过多家企业联合的方式为创业者进行资金担保。

（2）民间担保公司担保。通过建立融资担保有限责任公司，为青年创业小额贷款实施担保。

（3）用担保基金作担保。通过募集的办法获取一定数额的担保基金，以此为创业者的启动资金担保。

### 四、创业需警惕融资陷阱

创业者必须预防各种各样的融资陷阱。

## （一）融资诈骗

融资，从字面上看，就是别人给钱，有的创业者就认为不会遇到骗子，因此就有了麻痹思想。其实，诈骗者远比人们想像的高明，他们利用创业者等米下锅又急于求成的心态，先是夸口公司规模、专业程度以取得创业者的信任，然后对融资项目大加赞赏，让创业者觉得遇上了"贵人"，最后借考察项目名义骗取考察费、公关费等，收费后就销声匿迹。因此，对创业者来说，除了要对投资公司的背景进行全面调查，还需要保持警惕的心态，特别是对各种付款要求多问几个为什么，必要时可用法律合同来保障自己的利益。

## （二）网络诈骗

网上购物日益成为商品销售的重要渠道之一。但是网络只是交易的一种媒介，通过网络获得商业信息后，必须进行网下的考察。特别是业务量大的订单，高利润的项目往往风险也相对较高，创业者更要小心谨慎，亲自走访非常必要，不能仅是坐在家中敲敲键盘。否则就可能由于不熟悉电子商务的运作模式和特点而上当受骗，特别要警惕不法分子利用高科技来移花接木，借用正规企业的名号行骗。

# 第二节　店铺创业者的技术准备和关系储备

### 案例阅读

**做煎饼也要讲技术**

李怀珍的煎饼店刚开张时，她的煎饼和别人的煎饼没啥两样，买的人越来越少。两个月后，有好心的顾客给李怀珍支招儿，说煎饼越薄越好吃，要是能做出全费县最薄的煎饼就好了。李怀珍便去请教几名烙了一辈子煎饼的老婆婆，人家一看，说她烙的煎饼已经够薄了。怎么才能烙出更薄的煎饼呢？一天，她望着烙煎饼的鏊子，脑海里冒出一个点子，让丈夫在鏊子底子下装了个轴承，用手一转，鏊子就可以转动，她摊上面糊试了试，出乎她的意料，在鏊子的均匀转动下，烙出的煎饼竟比过去薄了不少。李怀珍信心大增，又对鏊子做了些技术改造，烙出的煎饼竟比原来薄了一半还多。这一消息就像长了翅膀，一传十、十传百地传开了，大家都愿意到她这儿买煎饼。买的人多了，李怀珍的煎饼总是脱销，烙一天一两个小时就被抢购一空。"怎样才能提高生产效率呢？"李怀珍又动起了脑筋。她把婆婆家祖传的一台磨拉过来，找人改装成电动的，石磨上支上四盘鏊子，烙起来左右开弓，果然快了许多，原来一天可以烙200张，现在一天可以烙600张。

（资料来源：王增勤："下岗嫂子烙煎饼年赚千万"，《市场营销案例》，2006年第12期，第15页）

**想一想**：店铺创业者应该如何在行业适用技术上进行创新？

## 一、店铺创业的技术准备

### （一）店铺创业者应该了解自己行业的信息技术

现代店铺经营离不开信息做导航，连锁经营的零售企业更离不开信息的支持。

1. 供应链管理的信息技术。现代企业的竞争已经由单体企业之间的竞争演变成为供应链之间的竞争。处在商业领域同一供应链上的供应商、生产商、零售商只有相互协同作战，信息充分共享，才有可能获得竞争的优势。目前，所有的管理软件提供商都开发有供应链管理系统。

2. 零售量化数据考核常用信息技术。零售技术越来越多，使用得也越来越广，以为客户提供更好的服务。门店的管理人员可以利用零售技术获得的信息来提高门店的运营质量。图3-3介绍了几种零售量化数据考核常用技术。

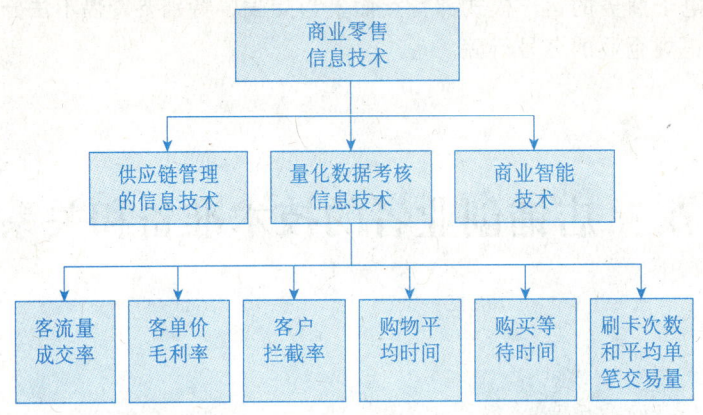

图3-3 零售量化数据考核常用技术

**数据指标一**：客流量、成交率（成交率为真正购买了商品的客户数量与进入商店的客户总数之比）。指标意义：客流量越大，成交率越高，门店绩效越好。使用技术：人流量统计设备和软件。这是一种安在门店门口的小装置，通过使用红外技术，在门店的每个门安置一个，可以直接地统计出门店在某个时段的客流量。这项统计技术虽然很小，但是相当有意义，非常实用。

**数据指标二**：客单价、毛利率。指标意义：客单价越高，毛利率越高，绩效越好。使用技术：数据相关性分析、有效的品类组合、高毛利商品和低毛利商品搭配。

**数据指标三**：客户拦截率。指标意义：顾客中受到营业员接待服务的顾客和总的进入门店的顾客数的比值。该数字对单个营业员越大，那么营业员的工作效率越高；按门店统计，该数字越大，那么销售量就会越好。使用技术：监控技术、抽样统计、交易统计。现代的交易系统一般都可以记录下某个营业员的销售量，从监控系统上可以快放抽样出在某个时段内营业员的接待人数、该柜台的流量人数，通过抽样大体上可以统计出这个数据。

**数据指标四**：购物平均时间。指标意义：购物平均时间越长，购买的倾向越大，更能够提高销量。使用技术：统计抽样（我们很难给顾客发标签做标记，只能通过监控系统抽样）。

**数据指标五**：购买等待时间（指从客户到服务台去付款到交易完成的平均等待时间）。

指标意义：等待时间是衡量客户满意的一个重要指标。经验表明，如果交易等待时间过长使客户厌烦，客户会终止交易。使用技术：如果要加快客户的交易速度，一般要采取以下的技术手段：

（1）尽可能地使收银系统操作方便快捷，加快收银的速度，POS软件要尽量便捷，多增加快捷键；

（2）做好大量的前置工作，客户采用会员卡管理，商品采用条码管理，减少收银过程中的信息输入量；

（3）弱化交易过程，尽量减少刷信用卡（要在门店里多放置一些自动取款机器）的次数，尽可能由营业员帮助顾客付款（顾客可以在这个时间里观看商品，减少其等待的感觉）；

（4）系统尽可能要做的具有可扩展性，可以在非常繁忙的时段增加收银POS机器的数目；

（5）提高收银计算机的配置（很多连锁企业一般总部用的计算机都是最高档的，门店用的计算机的配置认为不重要）；

（6）增加现场疏导，支持临时开单（肯德基、麦当劳目前在繁忙的时候就使用现场疏导）。

**数据指标六**：信用卡的刷卡次数和平均单笔交易数。指标意义：单笔交易金额越高越好，刷卡次数越少越好。使用技术：银行一般会提供信息系统，企业做好自己的系统接口，对接数据即可。

门店能够运用的零售技术远不止这些，许多零售技术，如利用监控系统来侦测客户群、防范偷盗，找到促销热点；利用温控系统来调节温度的舒适度；利用RFID进行盲检、加快交易等等一系列技术。

3. 商业智能技术。商业智能技术是以数据仓库、数据挖掘、olap软件为基础的一种解决方案。商业智能并不是不需要人力的干预，而是可以减少目前数据集成的劳动量，增强自动分析的功能，为战术决策和战略决策提供所需的信息。因此，自动分析是商业智能的灵魂。智能化管理技术要解决的是各种重复性的逻辑推理、分析判断等决策性问题，这些问题是决定企业效率、效益和生死的重大问题，是企业管理者、决策者的智力和脑力劳动。

（二）学习掌握行业适用技术。

每个行业的店铺都有一定的适用技术。做餐饮要有本店的当家菜，大厨师必须有做当家菜的技术；开食疗餐馆要有中医和营养学的知识，而且必须对员工进行适当的培训，才能提供专业服务。餐饮店的创业者自己一定要能当大厨，当大厨不干时，创业者还可以救场，尤其在创业初期。开珠宝首饰专卖店必须学会珠宝首饰品质的鉴定技术；开音像专卖店最少应学会音像播放技术；开鲜花专卖店最少应懂得各种鲜花的保养技术和喻义。创业者一旦选定了将某种店铺作为创业对象，就应该学习掌握该行业的适用技术，为自己创业做好技术准备。

## 二、储备好社会关系

（一）构建创业的人际关系网络

明智的创业者在创业之前，如果已有意从事某个行业，他就会尽自己的所能去结识这个行业里的知名人士，虚心向这些知名人士或成功人士请教，聆听他们的教诲，讨要他们的名片，把这些作为重要的资源储备起来，以便在将来发挥作用。

（二）储备社会关系的方法

储存社会关系的方法各种各样，并且因人而异，但基本方法与原则却是人人适用的。

1. 多团结人，不可轻易树敌。在与人的交往中可能会碰到各种类型的人，肯定有喜欢的，也有不喜欢的。对于喜欢的人，交往亲近起来非常容易，团结这些人并不难。问题的关键是和自己不喜欢的人建立良好关系则比较困难。对待这种人，即使实在无法与他交往，也要学会喜怒不形于色，做到不当面指责或指出他的毛病，不和他争吵，不发生正面冲突。这样做就不至于使这些人成为敌人，避免给创业制造很多不必要的麻烦。

2. 注重交往的礼节。不管和什么样的人交往都要注意礼节，这也是储备人际关系时必须遵循的原则。和有身份的人交往这一点可能很容易就做到，因为对方的权力、地位、实力足以使人为之敬畏，不由得注重了礼节。朋友关系也是一种人际关系，而任何人际关系之所以能够存续下去的前提就是相互尊重，容不得半点强求。礼节和客套虽然繁琐，却是相互尊重的一种重要的形式，离开了这种形式，朋友之间的的关系也就难以存续。

每个人都希望拥有自己的一片天地，不讲礼节客套就可能侵入朋友的禁区，干扰朋友的生活。这种情况出现得多了，就会伤害到朋友的情感，再好的人际关系也会因此而终结。因此，从这个意义上讲，"礼多人不怪"的确是前人总结出来的生活真理，可以有效地防范创业者出现交往错误，影响创业者的创业。

3. 多结交成功的人，远离失败者。创业者之所以要结交成功人士，就是因为这些成功的人比我们优秀，或者比我们先走一步，可以从他们身上学到很多有益的东西，他们成功的事例能不断激励创业者在创业中前行。如果创业者与这些成功者关系非常好的话，这些人还会在关键的时候伸出友谊之手拉我们一把。因此，与优秀的人和成功者交往是储备人际关系的一个重要原则。

（三）正确处理四个关系

1. 正确处理与同行的关系。从创业进入市场开始，创业者就必须要与同行竞争，商场上搞垮对手不见得是最终胜利，赢得双赢甚至多赢才是真正的成功。与竞争对手有时也需要联合，需要互相帮助。因此，面对激烈的市场竞争，创业者必须尽最大努力与对手建立联系，争取成为朋友。与同行竞争者处理好关系有以下好处：一是借助同行朋友的力量弥补自己的不足；二是在必要时联合起来，形成统一战线，共同对付别的更大的竞争者，以保持自己有限的市场份额；三是互通信息，抵制关联行业的欺压行为；四是互相借鉴同行的经营管理经验。

2. 正确处理与社区的关系。企业要广结良缘，在社会公众中创造良好的企业形象和社会声誉，就要进行公关活动。商店要提升人气，不仅要扩大知名度，还要拥有美誉度，就要开展公共活动。通过与客户的交流沟通、舆论宣传，创造出"人和"的气氛。社区公众是小超市的首要消费者，是商店赖以生存的基础。社会公众是有限的，要留住有限的顾客就必须采取有效的措施，经常与到超市的常客进行交流沟通。店铺与邻里、社区之间，无论是店员、老板与街坊群众的人际关系，还是与社区内各种组织（如社区管委会、派出所等）的关系，既密切，也很微妙。大家彼此低头不见抬头见，有事相互关照，相互谅解，就容易建立良好的关系。社区居民之间要在日常见面时保持沟通，店铺的存在要为社区的居民造福，为改进人们的社会文化生活提供服务;通过美化店铺内部和周边环境,给社区的居民以视觉上的享受。

3. 正确处理与新闻媒介的关系。一般来说,刚创业的店铺都很少与新闻界打交道,一般只在两种情况下与媒体打交道:一是希望通过媒体提升知名度、美誉度的店铺;二是做错了事,发生了危机,有可能被媒体渲染的时候。在第一种情况下,店主要根据广告的目的、媒体费用和店铺的特色,选择传播媒体。在第二种情况下,店主应该按以下准则与媒体打交道:

(1) 向员工及时公布公司危机,不要等到传媒大加披露后再作说明。在员工从报刊上读到或从电视上知道公司危机的消息之前,就让他们了解情况。如果他们了解了事实,会把事实告诉顾客和朋友。良好的内部沟通比公共关系部门的官方回应更有效果。

(2) 不要推测。如果不知道问题的答案,不妨这样说:"我还不知道这个情况,但是我会去弄清楚是怎么一回事,明天上午我打电话告诉你。"

(3) 努力用公众的目光去看待局势,并且相应地作出反应,你首先应当考虑他们的担忧。

(4) 对于重要的问题,不要让公关部去应付传媒。发言人一定要由公司最高领导人担任,这会使发言增加可信性并提高公司的声誉,公众通常对公关人员的话抱怀疑的态度。

(5) "无可奉告"的回答是展开全面调查时的一种最好的周旋策略。

(6) 关注传媒动态,尽快公布真相。

(7) 与顾客长期友好的相处比公司短期付出代价更重要。如果你要公布差错或把疵品从市场上撤回,就应尽快这么做。诚实的解释会增强你的信誉。

4. 正确处理与政府机构的关系。创业者与有关政府机构必然要发生管理与被管理的关系。创业者在与有关政府机构打交道时,一要摆正关系,有全局观念,依据实际情况去做;二要遵规守法,政府许多的政策、法律已经为店铺经营活动指明了大方向,企业必须严格遵规守法;三要要求合理,店铺经营过程中合理合法的利益与政府某个机构发生冲突时,要争取主动,要有理有节,使政府机构感觉到正确而且应该;四要富有耐心,如果自己企业的要求合理且正当,那么要相信问题一定会得到圆满的解决,因为问题的解决往往需要一个过程。

我们生活在一个发展迅速、坚持改革开放的大国之中,我们所处的政府环境也一直处于变化之中。创业者必须时刻注意关心国家与本企业有关的政策法规的变化;主动靠近政府,主动完成政府有关机构要求办理的各项任务,加强与政府有关机构的相互信任,与政府有关机构建立经常、密切的联系与沟通;善于取得关键领导的支持。

## 技能训练与思考

### 一、问题与思考

1. 创业资金的来源主要有哪些?创业者为什么不能只把希望寄托在银行贷款方面?
2. 通过寻求资源整合来解决资金难题的途径主要有哪些?

3. 店铺创业需要了解和掌握哪些信息技术?
4. 储备社会关系的方法主要有哪些?
5. 怎样正确处理与同行的关系?
6. 创业者如何正确处理与新闻媒介的关系?

## 二、实训

1. 以"白手起家才是真正意义上的创业"为题进行演讲准备。演讲时间 5~10 分钟。
2. 分组讨论:如何正确处理与政府机构的关系?
3. 读故事,写感想:

蒙牛的文化手册中有这样一则故事:

有一个荷花池,第一天的时候池中只有 1 片荷叶,但是荷叶的数量每天成倍数增长,第二天 2 片,第三天 4 片……假设在第 30 天时整个池塘全部被荷叶盖满,请问:在哪一天时,荷叶只有一半?答案是:第 29 天。

根据这个小故事,写一个与筹集创业资金有关的 100 字左右的感想。

4. 案例分析:

**[案例1]** 深圳有一个从农村来的没什么文化的妇女,起初给人当保姆,后来在街头摆小摊,卖一个胶卷赚一毛钱。她认死理,一卷永远只赚一毛钱,但生意却越做越大。现在又开了一家摄影器材店,还是一个胶卷赚一毛钱。市场上柯达胶卷23元,她卖16.10元,批发量大得惊人。在当地,搞摄影的没有不知道她的。外地人的钱包丢在那儿了,她花了很多长途电话费找到失主;有时候算错账多收人家的钱,她也火烧火燎找到人家还钱。这个半文盲妇女,既没有什么高深复杂的经济理论,也没什么高招,就是凭着诚信的人生理念经营自己的一片天地,在深圳这块人精成堆的地方打败了各式各样的复杂人物。

(资料来源:邓正红著:《企业生存准则》,东方出版社 2006 年版,第 358~359 页)

**【分析】** 这个妇女经营成功的主要原因是什么?为什么?

**[案例2]** 段妮妮从长春税务学院毕业后,想闯出一片自己的小天地,但苦于身无分文,难有作为。就在这个时候,共青团长春市市委向她伸出了援助之手,资助她开办了天天超市。超市开业之后,南湖社区团委、街道团委的工作人员曾先后多次来到店里,现场帮她解决实际困难,指导超市的经营。有了团组织的热心帮助,段妮妮觉得创业路上不再孤单。她的超市讲信誉,重质量,货真价实,并推出了免费送货、免费充气、兑换零钱等便民服务,生意也越来越兴旺,销售额节节攀高。

(资料来源:毕玮琳:"三个小老板的创业经",《市场营销案例》,2007 年第 1 期,第 20 页)

**【分析】** 段妮妮开办超市的资金来源能否成为一种普遍模式?为什么?

# 第4章
# 店铺创业的项目选择阶段

**学习目标**
- [ ] 知道选择创业行业与项目的程序
- [ ] 了解确定创业行业与项目的方法
- [ ] 掌握店铺选址的基本步骤和技巧
- [ ] 了解店铺的招牌、出入口、橱窗设计
- [ ] 知道店铺的通道、收银台与存包处、照明与色彩、声音与气味的设计

## 案例阅读

### 日本7-11便利店选址

7-11便利店是日本著名零售企业伊藤洋华堂创办的大型连锁便利店,其连锁方式既有直营连锁,也有特许连锁。7-11并不是收到加盟申请就立即建店,而是根据地区发展规划,在审查申请者资历并与申请者本人充分沟通后再作决定。7-11在审核加盟条件时十分严格,主要从地理位置、店主素质、财务状况三方面进行。当然,地理位置很重要。因为店址选择的失误,将直接导致店铺运营的低效率和投资损失。在店址选择上,7-11考虑的一个基本点是便捷,就是要在目标顾客经常活动的地方开店,其参考标准有以下几个:

(1) 视界性:从远处就可以看见。
(2) 接近性:路况好,便于顾客接近,如附近有很大的停车场。
(3) 动线性:面对人来车往的大街,客流量大。

此外还要了解选址附近有无学校;有无红绿灯;往来车辆数目和往来人数;有无竞争店铺,有的话相距多远;附近居民的购买力等。为了精确选址,7-11提出了300个审查项目。

7-11很关注竞争对手的选址情况,即使在竞争对手云集之地,也要经过细微的对比(如门面朝向、建筑物类型、地势等),寻求最优的开店地点。7-11管理者明白,在地理位置上比对手多一点优势,经营业绩往往就能大大超越对手。

> 在决定店铺位置时,7-11特别避免在下列地点开店:没有停车场或者停车场小的地方、店铺太小的地方、车流量大不易进入的地方、道路狭窄的地方等。
>
> 在保障店铺设立的正确性和及时性方面,7-11采取了一些战略性措施。比如,看店铺的设立是否符合母公司伊藤洋华堂的发展战略,在伊藤洋华堂进入的地区,由于商业环境和商业关系都比较完善,7-11店可立即进入。在进入新的地区接受地方零售商的请求从事店址考察时,7-11会努力探讨有无集中设店的可能性。因为集中设店可以降低成本,有利于店铺的经营,且便于高效管理,因此,集中设店成为7-11在店铺建立管理中的主要目标。
>
> (资料来源:于富荣、赵彦:《草根创业:零售业创业路线图》,中国经济出版社2010年版,第154页)
>
> **想一想**:7-11便利店选址有什么特点?创业者应该如何确定创业的行业与项目?

## 第一节 确定创业的行业和项目

创业者怎样进行项目选择呢?首先,要为创业设定一个目标;其次,要找到适合自己的行业;最后,要选择最合适的创业项目。在我们的身边,很多看起来似乎并无天赋、技能甚至资金实力的人,却能在自己所处的领域或岗位取得非凡的成就。这些人都有一个共同点:默默地始终如一朝着自己心中确定的目标行进。对于创业者而言,这种明确专一的目标是他们成功的关键。

### 一、为创业设定一个目标

创业目标是指创业者在创业过程中努力争取达到的预期结果。创业目标一般包括干什么、怎么干、干的结果是什么三个方面的内容。

#### (一)干什么

干什么是创业的具体目标。创业者确定创业目标要明势:明大势、赶中势、合小势。明大势,就是一定要关心科技产业发展的潮流,要跟对形势,研究政策。顺大势有利于确定并实现创业发展的长远目标,顺势而为,事半功倍;逆势而动则事倍功半。赶中势,就是识别和把握市场需求与机会,关心和研究市场流行色与顾客偏好,辨明创业的方向。合小势,就是创业者在选择创业项目时,一定要找那些适合自己的能力、契合自己的兴趣、可以发挥自己特长的项目,这样才有利于持久性的全身心的投入。

创业目标可以定大一点。为什么呢?因为如果目标太小、离得太近的话,就不会在精神、思想,甚至身体方面去积极准备,创业者的潜能就不能释放出来,走不了多远就会松懈。但是,如果创业者的目标比较大,那么在制定了目标之后就会积极地进行心理、精神、思想,同时也包括身体等方面的准备。这样,创业者的心态就变得异常活跃、异常积极,潜能就会大量地释放出来,从而向更远的目的地进发。只有确立了远大的目标,人才有可能走得更远一些。

美国哈佛大学曾经作过一个跟踪调查，在人群中，目标高远且清晰的人占3%，最终他们成为精英和各行各业的领袖；短暂目标清晰的占12%，他们是各行各业的成功人士；目标模糊的占60%，他们生活在社会底层，事业平平；根本没有目标的占27%，最终其生活很不如意。在现实生活中，许多创业者一开始是一抓住短期机会就开展业务，但是，成功的创业者却能通过整合资源、调整或修改策略，很快实现从短期清晰目标向长期清晰且高远目标的转变。

### （二）怎么干

怎么干是实现创业目标的具体途径。创业者要对自身的资源及实现创业目标的措施、方法和步骤统筹兼顾，综合考虑。只有创业目标合适、执行得力、方法科学、步骤合理，创业才有可能成功。一旦确定了目标，就必须尽最大努力来实现它。创业者要善于将创业终极大目标分为一个个具体的小目标，这样更容易取得成功。

有了创业目标以后，要分阶段地去实现。俞敏洪对年轻人说："给自己定一个五年的目标，然后，把它分解成一年的、半年的、三个月的、一个月的。这样，你才能找到自己的目标和方向。"将大目标分解为多个易于达到的小目标，每达到一个小目标都能体验到"成功的感觉"，而这种"感觉"强化了创业者的自信心，并推动他稳步发掘潜能去冲击下一个目标，最终实现大目标。

### （三）干的结果是什么

干的结果怎样是创业实践的归宿点。在对创业结果进行预测时，应将各种可能出现的创业结果考虑周全，同时，要有全面的心理准备和相应的对策，既要向最好处努力，也要作最坏的打算。

## 二、选择最合适的行业

创业者如何才能找到一种适合自己的行业，并取得创业的成功呢？

### （一）找出自己最熟悉的行业

不同的行业都有自己一套自身的规则。不熟悉者贸然进入，就如同盲人骑瞎马，不辨南北，失去了方向。例如，前几年保健品市场热火朝天。天津的一位房地产老板看得眼热，以为保健品是谁做谁赚、早做早赚。他用大量的资金购买专利，建造厂房，购置设备和原料，把很大一部分资金用于广告制作和播放。对于产品上市策略、渠道建设、终端设计、人员管理、招商政策和技巧等方面的知识一窍不通，他以为产品加广告轰炸就会日进斗金。可是严酷的事实、惨烈的市场竞争给了他当头一棒。几千万元的资金投进去了，广告投放了5个月，产品却销声匿迹了。

创业者选择行业应"做熟不做生"。问题是怎样才算熟？熟到什么程度？拥有某行业长期从业经验或熟悉某行业的制作技能，或熟悉其销售渠道或销售市场，自然算"熟"。如果对某行业不熟，但具有相关行业从业经验，多做一些市场调研，或"偷"师学艺，或请人加盟。但对于既无经验又无资源的下岗再就业人员或刚刚毕业的学生，最好先就业，再创业，也可从一些简单的商业贸易或服务行业起步，边做边学，多请教前辈，多倾听顾客的意见，积极寻找改善的办法。

### (二) 找出最能发挥自己才能，实现自我人生价值的行业

选择行业，应该以从事一个理想的事业为标准。如果按照这一标准来衡量，除了成功创业能赚到更多的钱、通过创业实现人生梦想之外，还应充分实现人生的价值。因此在择业时，还应找出最能发挥自己才能、实现自我人生价值的行业。尽管创业者年龄、性别、知识、能力、背景及其拥有的资源各不相同，但"尺有所短，寸有所长"，每个人都有自己的长处或优势。有些人心灵手巧，适合走技能型创业；有些人善解人意、能说会道，适合坐店经商。

女性大多责任心较强，治家节俭，对大笔支出较谨慎。若缺乏创业经验，适合选择家政、小饰品店等加盟店作为创业起步。女性心细手巧，容易与人沟通，亲和力比较强，因此也可以做手工制品、办幼儿园、宠物店等。

年轻人实现自我价值的欲望强烈，易于接受新鲜事物，胆子大，敏感度高，创业多青睐科技含量较高、讲求创意的行业，如个性DIY、游戏动漫、家居礼品等。在城市中流行的真人玩具、摄影工作室等创业项目绝大多数是二三十岁的年轻人所为。

40~50岁的中年人在社会上打拼多年，有一定的人际关系、行业和物质资源，但风险承受力、精力、体力等在走下坡路，创业面临的家庭压力更大。创业前要和家人商量好，选择有稳定发展空间的行业，如连锁餐饮、教育培训、社区服务等。

### (三) 找出最有发展潜力的行业

创业者只有把握住市场潮流的变化趋势，认准行业的发展前景，才能提升创业成功的机率。哪个是最具"钱"景的创业行业？统计结果显示，最具"钱"途的创业方向前五名依序为：平价概念、健康概念、个性化概念、教育概念与女性概念；其中，最具赚钱潜力的行业前十名依次为：儿童文教、健康医疗、成人补教、健康食品、个性化商品、早餐店、瘦身美容、电子商务、休闲饮品与中式小吃。有心创业者不妨先行了解再行动，才能少走冤枉路。

对创业者而言，加入市场潜力大、发展前景广阔的行业，就能享受到"蛋糕不断做大，所分的蛋糕也越大"的好处；另一方面，有些行业，因其小往往被人忽视，反而成为市场的空白点，如果专心致志于这一行业，也会有意想不到的发展前景。最典型的有20世纪70年代末80年代初闻名一时的年广久的"傻子瓜子"，当别人以"万元户"为自豪时，年广久已进入"百万富翁"行列；还有到现在仍很成功的王旭宁九阳豆浆机、梁伯强的"小器之王"圣雅伦指甲钳等，都在小行业里有了大作为。

## 三、选择最合适的创业项目

开店创业需要机会，在茫茫的市场经济大潮中寻找合适的赚钱机会，一般称之为"寻找商机"。所谓商机，通俗地讲，就是赚钱的门道。当商机真正来临时，会理解、能识别，需要创业者有一双慧眼，否则机会将与你擦肩而过。创业商机无处不在，就看您是否有发现商机的眼光。成功的创业者都是善于抓住市场商机的"机会主义者"，同时也是勇于投资和行动的实践者。财富来源的捷径其实很简单——独具慧眼，认准了路就全力以赴地走下去。要获得成功，就要作出改变，改变你的思维、行动、领导、激励创新和竞争方式。独特，是《福布斯》榜上的优胜者们一贯追求的目标，他们总是保持这样的理念——做生意是一种创新，如果总是步别人的后尘，踩着别人的脚印走路，赚钱是非常困难的。要想创业，就应该

独辟路径，以奇制胜，用自己独到的眼光去发现别人未做过的事业。

1. 从客户的需求中识别自己身边的商机。对于创业者来说，无论提供的是一个产品还是一项服务，需要了解的第一个问题都是这项产品和服务的对象问题。只有了解服务对象是谁，通过分析他们的消费习惯和消费心理，才能提供适合他们需要的产品和服务。但是，市场上的顾客需求多种多样，很多初次创业者往往束手无策。对寻找机会的创业者来说，把握目标客户的需求非常关键。其实，如果对这些客户进行有效的分类，就会发现：某一类顾客有相似的基本需求。首次创业者，没有必要把目光集中在所有的顾客身上，而是要有目标、有重点的把目光集中在某一类顾客的需求上，能够满足他们中某一类人的需求，都会是一个很大的市场。具体地说，可以从以下两个方面来识别与把握商机：

（1）在现实需求中识别并把握商机。市场中蕴藏着无限的商机，一些商机蕴藏在现实的需求之中，抓住现实需求，就能在其中发现获取财富的商机。例如，人生在世，离不开衣食住行，这些现实的需求自古以来就为无数商人提供了源源不断的商机，而且时代在变，衣食住行的观念也不断在变，开店创业就是满足顾客不断变化的需求。很多发家致富的人都是在现实需求之中发现了宝贵的商机。例如，武汉一家工厂的余某在上下班时就发现，沿途企业众多，可是为企业职工提供休闲娱乐的场所很少。余某看准了这一现实需求之中隐藏的商机，凑了一笔钱开了一个音乐茶座，为企业职工在空闲时聚一聚、放松精神提供了一个场所。可想而知，余某的音乐茶座生意有多火爆。

（2）从潜在需求中挖掘商机。有些市场需求没有明确的显现，可能刚刚露出苗头，这就需要深入事物的本质，排除各种假象后上升到规律性的认识，有时消费者自己可能也意识不到。只有创业者保持着极强的敏感性，才能发现商机。例如，有一年北方天气升温很快，海尔公司提前到北京气象台进行咨询，气象台告知："今年夏天北京将会很热。"于是，海尔公司就从全国调集了300多名安装人员做好准备。果然，进入夏季后北京天气热得很快，空调十分畅销。购买了其他品牌空调的顾客纷纷退货，因为缺少安装人员，买空调要一个月以后才能安装。而买了海尔的空调马上就能安装，海尔空调出现供不应求的局面。另一家生产"古桥"牌空调的北京企业，它离北京气象台并不远，却没有抓住家门口的生意，现在"古桥"牌空调已被市场淘汰。

2. 识别商机的十五个方法。

（1）短缺商机。短缺是市场经济牟利的第一动因。空气不短缺，但在高原或在密封的空间里，空气也会是商机。一切有用而短缺的东西都可以是商机，如高新技术、新产品、新知识等资源。

（2）时间商机。"远水解不了近渴"。在需求表现为时间短缺时，时间就是商机。飞机比火车快，所以先行一步进入民航运输业，应有利可图。王均金是国内最早开展包机业务的人，也是国内第一批获准成立的民营航空公司——吉祥航空的创始人，还是奥凯航空的实际控制人，亦是鹰联航空的第二大股东。

（3）价格与成本商机。在需求的满足上，能用更低成本满足时，低价替代物的出现也是商机，如手机行业从洋品牌到国产品牌。

（4）方便性商机。"江山易改，懒性难移"。花钱买个方便，所以"超市"与"小店"并存。前几年开始盛行的U盘、MP3、MP4等因其小巧方便很快占领了市场，让经营者们感受到卖大的电脑、电视还不如卖小的U盘、MP3、MP4等有利。

（5）通用需求商机。"周而复始，永续不完"。人们的生存需求如吃、穿、住、行每天都在循环，有人的地方，就有这种商机。

（6）价值发现性商机。"天生某物必有用"。一旦司空见惯的东西出现了新用途一定会身价大增。一次"非典"事件，人们传言板蓝根能防"非典"，醋能消毒，板蓝根、醋的价格马上就涨！

（7）商机中的商机。"螳螂捕蝉，黄雀在后"。人们总是急功近利，盯住最终端，不择手段。比如挖金矿时，不会计较买水的价格，结果黄金没挖着，肥了卖水的。这提示我们，什么行业赚钱，一定有更多的人和资本介入，一个小本创业者根本不是他们的对手，不妨做一些为他们服务的业务或为他们提供一些他们必要的产品，同时也可以考虑专为大企业或成功的企业提供某个方面的服务，和成功的企业一起发展。

（8）基础性商机。"引起所有商机的商机"。对长期的投资者来说，这很重要，如社会制度、基础建设、商业规则等，西部大开发、振兴东北老工业基地等建设和发展将重现一系列商机。十二五规划的新农村建设，将衍生出一系列农业项目。

（9）战略商机。目前我国中部崛起，城市化进程的加快，未来一段时间必然出现重大商机。

（10）关联性商机。"一荣俱荣，一损俱损"，由需求的互补性、继承性、选择性决定，要看到地区间、行业间、商品间的关联商机情况。如北方曾有用梨树木代替杨树木做擀面棍，很受市场欢迎，很多生产擀面棍的厂家都开始效仿。有一个老板从中看到了商机，开始大量收购梨树木，甚至和梨园的老板签订协议，梨树长大后他收购。很快，梨树木的价格飞涨，他获取了大量的收入。这个老板就是运用了关联性商机的原理，抢先占领了上游的资源，垄断做擀面棍的原材料来创造财富。

（11）系统性商机。是指发源于某一独立价值链上的纵向商机。如电信繁荣，IT需求旺盛，IT厂商赢利，众多配套商增加，增值服务商出现，电信消费大众化，未来将会通过手机传递更多的信息，带来了大量的商机。

（12）文化与习惯性商机。是由生活方式决定的一些商机。比如，各种节日用品、喜庆用品、生活与"朝拜"的用品都将成为一些很好的创业项目。有的创业者专开喜庆铺子连锁店，可以沿着这个思路去发现新的商机。

（13）回归性商机。人们追随时尚一段时期之后，过去的东西又会成为日下时尚的物品，目前解放鞋、绿军挎都成为时尚的商品。

（14）灾难性商机。是由重大的突发危机事件引起的商机。因战争、海啸、地震、禽流感、"非典"等事件的发生都会引发一系列的物质紧缺和紧迫需求，这个时候将衍生大量的商机，甚至会出现"井喷"的市场效应。

（15）城市变迁的商机。我国近几年城市圈的发展很快，今后几年将更快，只要用心去观察，就有很多的商机。

## 案例阅读

### 种植香草发大财

高凤芝是下岗工人。2001年,高凤芝从所订的农技报刊上获悉:香草作为天然香料极为受宠,已俏销国外市场,人们用香草来香化居室、衣料,还用它来填充睡枕,因其枝叶常年溢香,被人们称为四季飘香的"天然香水瓶"。文中还提到随着香味植物的进一步开发和人们保健意识的增强,这个市场商机无限。

高凤芝意识到这是一个很好的机遇,于是很快从外地购进一些中华香草、法国香草、七里香、香兰等品种在自家的园子里试种。通过精心管理,果真换来丰厚的回报。33平方米的香草园,香草和种子共收入3 600元。推算下来,种香草亩产可收入7万多元。

尝到甜头后,2002年高凤芝扩大了种植面积,光香草苗就培育了半亩地。除种大田外,还剩余约5 000株香草苗。高凤芝记起一本农技书刊上的文章介绍,一个草莓种植户把草莓苗移栽到花盆里拿去卖,结果赚了5 000多元,比卖草莓赚得省心。高凤芝心里有了底。于是她从市场以每个8角钱的价格买来200个塑料花盆,将15厘米高的香草苗移栽到盆中,苗活之后,运到县城花卉市场,扑鼻的香气很快就吸引了许多顾客,一时之间,200盆香草不到2小时就售完,净赚现金1 000元。接下来,高凤芝又批发了大量花盆,把所有的香草苗全部移栽到花盆中,再陆续运往花卉市场。也许是试销带来的效应,不仅购买者众多,而且还吸引了一批专业的花卉商贩批量采购。仅10天时间,500盆香草便被一抢而空,她赚了2万余元。不起眼的草在高凤芝手里变成了宝。

(资料来源:陈国清:"香草留香更招财",《大众商务》2003年第3期)

**讨论**:高凤芝选择的"香草种植"属于哪种商机?怎样才能从各种环境中寻找到创业机会?

### 四、选择最合适的经销产品

小本店铺创业者做市场一定要注意节奏,要有条不紊地推进新产品与市场建设,选产品要谨慎,只有结合了自己的实际,才能有效规避市场风险。

1. 选择最熟悉行业的产品。因为熟悉,意味着风险可以降到最低。任何行业,不论成熟度如何,都有机会做强做大。例如,白酒行业中金六福的老板吴向东就从白酒市场的千军万马中,通过周密的市场分析找到市场的空档,即"价格期间缺位"这一现实,推出星级白酒,不同的星级,瞄准不同的顾客群,获得了较好的收益,成为中国第一卖酒商。

2. 选择最容易消费的小产品。快速消费品,特别是吃、喝、用的小产品,虽然利润不高,但销售量大,门槛低,创业者可以在实践中摸索市场操作经验,稳扎稳打做市场。温州商人经商的一个突出特点是"经商不厌小",因此,他们能够把打火机、牙签、小饰品等小产品做成大市场。

3. 选择中小厂家的产品。中小厂家由于品牌力、号召力不强,因此,在经销商选择条件方面相对宽松,找到了跟自己门当户对或者层次差别不大的厂家,才能彼此携手、互相借力,从而积累经验和资金,滚动发展,不断做强做大。

## 第二节　店铺选址的流程

如果有人问店铺经营什么最重要，业内很多人都会毫不犹豫地告诉他三句话：第一是店址，第二是店址，第三还是店址。因为零售商可以短时间地改变价格、商品分类甚至服务水平，却无法在短时间内选择好的店址。在零售业竞争日趋激烈的今天，好的店址更是一种稀缺资源。店铺选址是费时费力，具有很强技术性的工作。一般来说，店铺选址有以下三个步骤：

### 一、店铺市场区域调查

首先必须把握"客流"就是"钱流"的原则。在人流熙攘的热闹地段开店，成功的几率比普通地段高出许多，因为川流不息的人潮就是"潜在客源"，只要你所销售的商品或者提供的服务能够满足消费者的需求，就一定会有良好的业绩。

宽度为25米左右的一条街道最容易形成区域。因为这种街道只有车道和人行道之分，车辆穿梭其中，视野容易扫描到两边的铺面情况，而行人在其间行走，感觉也比较舒服，有亲和力。那么，哪些区域才是好的店铺经营区域呢？

1. 商业区。比如闹市区，商业活动极为频繁，设在这类地区的商店营业额也会很高。这样的店址就是所谓"寸金之地"。

2. 住宅区。居民聚居、人口集中的住宅区是适宜开设商店的地方。该区域户数多，有的小区还独立成片。只要能尽力揣摩人们的心思，满足顾客的需要，就会有做不完的生意；而且住宅区的消费习性为消费者群稳定、便利性、亲切感、家庭用品购买率高等，可以保证稳定收入。住宅区商铺主要是面向居民生活需求的，除了用做超市需要较大的空间外，便利店、洗衣店、花店、美发店、小饭店等都不需要很大的"腹地"。一般要求住宅区商铺应有方方正正的店面，门面宽一点，进深不用太深，7~8米为宜，面积为50~150平方米的适用性最强。

3. 文教区。文教区附近有大、中、小学校等，如很多大城市兴建的大学城等。文教区的消费习性为消费群以学生居多、消费金额普遍不高、休闲食品、文教用品购买率高等。

4. 办公区。办公区办公大楼林立，其消费习性为便利性、外出就餐人较多、消费水准较高等。

5. 混合区。如住商混合、住教混合。混合区具备各种单一商圈形态的消费特色，属多元化的消费习性。

此外以下区域也是开店的好地方：（1）客流量多的街道。商店处在客流量多的街道上，受客流量和通行速度影响最大，可使多数人就近买到所需的商品。（2）交通便利的地区。旅客上下车最多的车站，可以在顾客步行不超过20分钟的路程内的街道设店。（3）人们聚集的场所。如电影院、公园、广场等娱乐场所附近，或者大工厂、机关附近，一般人烟稠密的地方是商店街。（4）同类商店聚集的街区。

**讨论**：商业区、住宅区、文教区、办公区等分别适应销售什么类型的商品？开办什么类型的店铺？

## 二、商圈分析

一般商圈可分为三个层次，即中心商圈、次级商圈和边缘商圈。中心商业圈占店铺顾客总数的55%~70%。这是最靠近店铺的区域，顾客在人口中所占的密度最高，每个顾客的平均购货额也最大，很少同其他商圈发生重叠。次级商业圈占店铺顾客总数的15%~25%。这是位于中心商业圈外围的商圈，顾客较为分散，一般日常用品对这一商圈的顾客缺少吸引力。边缘商业圈包含了剩余部分的顾客，他们最分散，如便利店对他们就不具有吸引力，只有一些特殊品、选购品才会吸引他们的到来。

商圈的大小也受一些因素的影响：首先，天然障碍（如河流和山丘等）和人工障碍（如铁轨和高速公路）往往阻碍了商圈的可接近性。位于高速公路一旁的超市，如果没有其他桥梁或通道相连，很难吸引路对面的顾客来购物。其次，店铺的类型也影响商圈的大小，一家便利店可使附近的居民快速便捷地买到牛奶和面包之类的商品，如果希望顾客很远驱车来便利店购物就不现实了，但如果是家用电器或服装之类的专业商店，即使购物路途要花费较长时间，顾客也还是乐意的。另外，对于特定商店而言，竞争激烈的程度也同样影响商圈的大小，如果两家提供食品的便利店挨得太近，各自商圈都会缩小，因为他们卖的商品都是一样的。然而，服装一条街、建材、粮油、水果等批发市场，店铺一家挨着一家，却能让买家慕名而来，商圈范围也随之扩大。

## 三、店址分析

### （一）人口数和购买力分析

店铺进行市场区域和商圈分析的目的，就是要了解店址所在地的人口的数量和购买能力。一个选址优良的店铺必然拥有一批稳定的目标顾客，这就要求在其商圈范围内拥有足够多的常住居民或工作人口。许多店铺设在有较强购买力、人口密度大的住宅小区里或几个小区接壤的地方，就是为了保证店铺有持续旺盛的购买力。有些店铺选址在办公楼集中、工作人口较多的地方，也是不错的选择。

在大城市，店铺商圈的流动人口也不可忽视，因为多数流动人口为青壮年，不仅为城市提供了丰富的劳动力，而且有一定的购买力，将店铺选址在流动人口较多的地方，经济效益同样可观。

> **案例阅读**
>
> 选址于上海南京路、淮海路等黄金地段的零售商业企业，其销售量的一半来自外来流动人口。一般到南京路购物的有三类人群：(1) 市中心人口，就近购物；(2) 市中心以外的人口，有去南京路、淮海路购物的爱好；(3) 外地流动人口，慕名而来，到上海一定要去南京路逛逛。以上三类人口的不同比例，对于设址于南京路上的零售商业企业的销售量产生着重大影响，尤其是第三类人群，他们来南京路购物目的明确，购物量也大。
>
> （资料来源：万振琴："影响零售商业选址决策的人口因素分析"，《市场与人口分析》，1997年第4期）

### （二）交通状况和客流规律

店铺附近交通顺畅，才能给消费者提供方便，吸引更多的顾客。从店铺经营的角度来看，对交通状况和客流规律的评估应包括以下几个方面：

1. 顾客进出是否方便。店铺设在居民小区进出口附近，购物方便；店铺附近每天大量车流经过，又不堵塞交通，顾客进出店铺也很容易。当然，也不是车流越繁忙、顾客越多就越好。实际上，顾客购物对拥挤程度有一个适应范围，如果过于拥挤，顾客就会感到不适，也会降低顾客购物欲望，这也是一些大型超市很少选址在人流涌动的汽车站或火车站的原因。

2. 车辆进出是否方便。店铺进出的车辆有两类：店铺运货车和顾客乘车，都涉及停车场的问题。如果停车场位置不够或离店铺太远，顾客就会感到不方便。但停车场空位太多，也会让人以为店铺顾客稀少，不受欢迎。因此，必须综合考虑车流量、停车位与顾客购物时间的关系，统筹安排。

3. 利用街道特点与客流规律。交叉路口客流集中、能见度高，是店铺选址的理想地点，特别是拐角处，可以开两个店门通往不同街道，更有利于顾客的出入。同一条街道，因交通条件、背靠居住区和工作场所的差异等因素影响，两边客流也不同。例如，上海永安百货公司1918年在上海南京路选址时，当时商界都不清楚南京路上是路南人流大还是路北人流大，也无人关心人流与商业的关系。永安的总经理郭乐派了两个人站在南京路的两边，从早到晚用取豆的方法计算过往的人流，结果发现路南人流更多，而且南京路以南是富人集居地，他们购物总要先逛路南，于是将店铺选址路南。永安百货开业前，其库房中存有预期为3个月准备的货物，但开业后20天内，存货的一大半就卖光了。

4. 要注意城市规划对交通设施的影响。如街道开发计划、道路拓宽计划、地铁、轻轨、高速、高架公路建设计划、区域开发规划等等，都对未来的交通条件产生影响，从而影响该店铺的顾客群。一些城市正在进行拆迁改造，而投资者并不知道看中的门面商铺属于拆迁让路之列，这些会给沿街商铺的经营者带来负面影响。投资者应尽可能通过各种渠道了解相关政策和规划，防患于未然。

### （三）店铺和谐性分析

很多著名商业街尽管销售同一类型的商品，却细分为很多不同的市场，分别满足不同目标顾客的需要，如服装一条街，有的卖男装，有的卖女装，还有卖童装的等；而且有的价格适中，面向普通消费者，有的走高档路线，以质优价高取胜，各有千秋，为消费者提供了多样的、个性化的选择。

### （四）竞争分析

在店铺选址时还必须考虑商圈内下列因素：现有商店的数量、现有商店的规模分布、新店开张率、所有商店的优势与弱点、短期和长期变动以及饱和情况等。任何一个商圈都可能会处于商店过少、过多和饱和的情况。商店过少，商圈内消费者现在和潜在需求均未得到满足，为新入驻店铺提供了良好商机；商圈内店铺过多，如果店铺间差异性又不明显，激烈的竞争不可避免，结果每家店铺均得不到合理的投资回报，一个饱和的商圈商店数目恰好满足商圈内人口对特定产品与服务的需要，能获得合理利润。

**相关链接**

## 不同类型的店铺的选址比较

表 4-1

| 店铺类型 | 营业面积 | 营业时间 | 目标顾客 | 商品类型 | 选址地点 |
| --- | --- | --- | --- | --- | --- |
| 便利店 | 100平方米左右，营业面积利用率高。 | 一般为16小时，有些为24小时。 | 居民购物徒步5分钟可到达，80%顾客为有目的的购物。 | 以速成食品、小包装商品、文具杂志为主，有即时消费、量少、应急性等特点。 | 选址在居民住宅区、主干线公路旁以及车站、医院、娱乐场所、机关团体、企事业单位所在地。 |
| 食品超市 | 营业面积在500~1 000平方米。 | 不低于16小时。 | 以居民为消费对象，10分钟左右可到达。 | 商品结构：以购买频率高的商品为主。 | 选址在居民住宅区、交通要道、商业区。 |
| 仓储超市 | 营业面积大，一般为1万平方米以上。 | 不低于16小时。 | 以中小零售商、餐饮业、集团购买和有交通工具的消费者为主，批零兼营，廉价销售。 | 主要以食品（含生鲜食品）、家用品、服装衣料、文具、家用电器、汽车用品、室内用品等商品为主，重点是商品的种类要多。 | 选址在城乡结合部，但交通便利性强，并有大型停车场。 |
| 综合超市 | 营业面积在2 500平方米以上。 | 不低于16小时。 | 满足消费者中比率最大的中等收入阶层的消费需求。 | 生鲜食品、衣食用品齐全，重点在商品的深度（指同一商品的规格、等级、品种的多少）。 | 选址在住宅区、城乡结合部或商业密集区。 |

### 四、商铺投资创业注意事项

#### （一）小本店铺创业者选择店址时应该从一个小市场做起

小资本店铺创业者，特别是大中专毕业生中的店铺创业者，一开始不要过于想获得较大的地盘，如果资金、经验等实力不济，还可以先做一段分销商。之所以先从一个小市场做起，是因为可以聚焦自己的人、财、物等资源，先把一个小市场，比如一个乡、一个县等做好，再逐渐复制，最终成为市场的第一。如果不顾自己的实力，想一口吃个胖子，一下子运作多个销售区域，就容易分散精力、浪费资源。

#### （二）租赁还是购买商铺

创业者在获取商铺信息、选择商铺地址后，还要决策是租赁还是购买商铺。商铺是一种具有特殊价值的不动产形式，拥有土地、物业、经营三重价值，既可以作为投资对象，也可以自主经营。一般认为，作为商铺自用者，如果以银行按揭形式购买一个铺位，每月月供与租金差不多，与租铺位不同的只是多付一个首期款，而日后商铺是自己的，经营成本会大大降低。

对于创业者，最好是先租后买。从表面上看，买店铺一来可以降低成本；二来如果经营不成功，店铺可以升值。但是，创业不是投资，创业主要是以提高自身经营业绩为首要目标，而不能一开始就在心态上留好退路。站在经营为先的角度，应该先租后买店铺。同时，创业者大多没有很强的经济实力，如果开始创业就买店铺，必然会增大店铺的固定资产投资，增大创业的筹资成本，增加店铺运转的难度，对于任何经营业态来说，流动资金都非常重要，买店铺会对创业者的流动资金产生巨大影响。因此，比较保险的方法是先租后买。因为想象和实际总是存在差距，实际操作中总会发现许多问题，租赁店铺即使失算了，损失不会太大，否则一旦店铺经营陷入困境，则会血本无归。

### （三）签订租赁商铺合同注意事项

一旦决定租赁商铺创业，就要签署商铺租赁合同。签署商铺租赁合同时，首先，要查证商业用房资料，煤气、水、电的容量是否符合要求。其次，要事先仔细研读租赁合同内容。比如，租赁期间租押金与收取日；租约终止转租限制；租期中途解约应如何处理，要提前多久告知；店面照片存档并注明使用材质，作为日后原状归还的证明；每年租金的调幅要事先约定于契约当中，或何种条件下可调整房租；房子整修时，费用由谁来负担；租约到期之后，店面是否应恢复原状，如租约到期后承租人继续承租，要提前多久告知，等等。特别要牢记的是，租赁合同签订后 30 日内要到区、县房地产管理部门登记备案。

> **相关链接**
>
> ### 商铺租赁合同范本
>
> 出租方（以下称甲方）：　　　　　　　　承租方（以下称乙方）：
> 法定代表人及身份证号：　　　　　　　　法定代表人及身份证号：
> 营业执照号：　　　　　　　　　　　　　营业执照号：
> 注册或居住地址：　　　　　　　　　　　注册或居住地址：
> 邮编：　　　　　　　　　　　　　　　　邮编：
> 电话：　　　　　　　　　　　　　　　　电话：
>
> 甲方愿意将产权属于自己的房屋出租给乙方。双方根据国家相关规定，经协商，订立本合同：
>
> 第一条　甲方出租的商铺坐落地址_____，建筑面积_____平方米（使用面积_____平方米）。
>
> 第二条　租期_____年，自____年____月____日至____年____月____日。
>
> 第三条　租金和租金缴纳期及条件。
>
> 1. 每月租金为人民币_____元，乙方每____个月缴纳一次租金。乙方可以支票或现金形式支付租金。
>
> 甲方开户银行：
> 收款人名称：
> 账号：
>
> 2. 本合同一经签署，乙方即应缴纳相当于____个月租金的押金。合同终止，乙方交

清租金及水电、煤气、电话等相关费用后,甲方即可退还乙方押金。若乙方提前解除合同,视为违约,押金不予退还。若乙方在承租期间给甲方房屋和相关设备造成损害,甲方有权从乙方押金中扣除维修和赔偿费用。

第四条 水电费、管理费、电话费、清洁费和维修费的交费办法。

1. 管理费:甲方每月自行向有关部门交纳。
2. 水电费、煤气费:乙方每月自行向有关部门交纳。
3. 电话费:乙方自行向有关部门交纳。
4. 维修费:租赁期间,乙方引致租赁屋内与房屋质量有关的设施损毁,维修费由乙方负责;租赁的家具、家电设备损毁,维修费由乙方负责,但正常磨损除外。

第五条 出租方与承租方的变更。

1. 租赁期间,甲方如将房产所有权转移给第三方,应符合国家有关房产转让规定,不必征得乙方同意。但甲方应提前两个月书面通知乙方,房产所有权转移给第三方后,该第三方即成为本合同的当然甲方,享有原甲方的权利,承担原甲方的义务。
2. 租赁期间,乙方如欲将租赁房屋转租给第三方使用,必须事先征得甲方的书面同意。取得使用权的第三方即成为本合同的当然乙方,享有原乙方的权利,承担原乙方的义务。

第六条 乙方的职责。

1. 乙方必须依约缴纳租金及其他费用,如有无故拖欠,甲方有权向乙方加收滞纳金,滞纳金为实欠租_____%。如拖欠租金____天,视为违约,甲方有权收回房屋,并不退还乙方押金。
2. 甲、乙双方在合同终止前,须提前一个月书面通知对方是否终止合同。
3. 乙方在租赁期间,必须以合理防范措施保护租赁期内设备和设施完好无损(自然折旧除外),乙方不得擅自改变租赁房屋的结构及用途,如确需要变更用途,需经甲方同意后方可进行。乙方造成租赁房屋及其设备的毁损,应负责恢复原状。如乙方在租赁期满不负责恢复原状,甲方有权自行恢复原状,费用从乙方押金中扣除。
4. 乙方如在租赁房屋内安装超过电表负荷的任何设备、仪器或机械,须征得甲方同意,并由甲方协助乙方办理相关手续,费用由乙方自理。未经甲方同意和因未办理相关手续而产生的事故或罚款,由乙方自理。
5. 乙方不得在租赁房屋外面附加任何物件或涂刷任何涂料,或作出任何更改。
6. 租赁期满或合同解除,乙方必须按时将租赁房屋内的全部无损坏设备、设施在适宜使用的清洁、良好状况下(自然折旧除外)交给甲方。
7. 租赁期满或合同解除后,乙方逾期不搬迁,甲方有权从已经解除租赁关系的房屋中将乙方的物品搬出,不承担保管义务。甲方有权要求乙方赔偿因此而产生的费用,并有权诉之法律。
8. 乙方保证承租甲方的房屋作为商业用房使用,遵守中华人民共和国法规和政府相关规定,合法经营。因乙方违法经营而给甲方造成的连带损失,由乙方负责赔偿。
9. 甲方向乙方出示出租房屋的相关资料原件并给乙方与原件一致的复印件,包括出租房屋的产权证、房屋所有权人的身份证和出租许可证等。如果任何第三方对出租房屋主张权利,使乙方无法使用租赁房屋,甲方应赔偿乙方所蒙受的一切损失。

甲方在租赁期内：
(1) 对本合同约定期内设施进行维修保养，包括_____；
(2) 对本出租房所属的大厦或小区的安全和管理负责；
(3) 负责租赁房屋的结构性维修；
(4) 甲方保证乙方在本合同期内合法经营不受干扰。

第七条 合同期满，如甲方的租赁房屋需继续出租，在甲方向第三方提出的同一条件下，乙方享有优先权（但租金可随社会物价指数变动而适当调整）。

第八条 租赁期间，若乙方因不可抗力的自然灾害导致不能使用租赁房屋，乙方需立即书面通知甲方。若双方同意租赁房屋因不可抗力的自然灾害导致损毁无法修复使用，本合同可自然终止，互不承担责任，甲方须将所有押金及预付租金无息退还乙方。

第九条 甲方配备的室内电器、家具的数量、型号和装修的标准以附件确认为准。

第十条 本合同如有不尽事宜，须经双方协商补充规定，补充规定与合同具有同等效力。

本合同执行中如发生纠纷，应通过甲乙双方协商解决，协商不成，可提请当地工商管理部门或人民法院裁决。

本合同经过双方代表签章后生效。本合同正本一式两份，甲、乙双方各执一份。

出租方：　　　　　　　　　　　　承租方：
法定代表人盖章：　　　　　　　　法定代表人盖章：
　年　月　日　　　　　　　　　　　年　月　日

## 商铺出租合同附件

甲方为乙方提供家具和电器如下：

**电器类：**

空调机____台（型号：_____）。

冰箱____台（型号：_____）。

彩色电视机____台（型号：_____）。

洗衣机____台（型号：_____）。

电热水器____台（型号：_____）。

抽油烟机____台（型号：_____）。

煤气炉____台（型号：_____）。

**家具类：**

床____张（其中，双人床____张；单人床____张；上下床____张）。

书桌____张（具体状态：_____）。

沙发____套____张（具体状态：_____）。

茶几____张（具体状态：_____）。

餐桌____张（具体状态：_____）。

餐椅____张（具体状态：_____）。

双方签字确认：

　　甲方法定代表：　　　　　　　乙方法定代表：
　　　年　月　日　　　　　　　　　年　月　日

# 第三节　店铺的外观设计

店铺的外观是店铺的脸面，英俊漂亮的外表总会引人注目。顾客入店的行为完全是随意的，几乎所有的人都会凭店面外观给人的感觉来决定是否进店。如果店面让顾客感受到轻松、亲切或耳目一新，适合顾客的口味，就会吸引消费者的眼光，有助于消费者光临。对店铺的外观进行精心设计是店铺成功的重要步骤。一般来说，店铺外观设计包括店铺的招牌、出入口、橱窗等设计。

## 一、店铺的招牌设计

店铺招牌设计是店铺外观设计的核心，主要包括店名和店标。店名是用来区分其他店铺、招揽消费者最重要的文字符号。店标大多由简单几何图形构成，是零售商企业精神的形象标志。

### （一）店铺的名称设计

投资开店，首先要考虑为店铺起个好名。起名本身是一种定位。格调高雅的店名，不仅意味着经营者良好的文化品位，也是对消费者名副其实的承诺，给消费者以积极的心理暗示。

> **案例阅读**
>
> 苏州博物馆由于改换名字，带来了100万元的票房收入。原来，苏州博物馆藏品丰富，管理人员苦心经营，活动不断，如举办千扇展、千印展、百炉展、百佛展、百宝展，可谓精品荟萃，但市场反应冷淡。经专家多方考证，最后的结论意想不到：店名有问题。苏州博物馆是太平天国时李秀成的忠王府所在地，深厚的历史文化底蕴没有挖掘，良好的题材没有利用。发现问题后，博物馆向有关部门提交报告，重修了忠王府的进士书房、状元轩、古戏台、戏厅、卧虬堂、归来轩等，拆除多年前搭建的违章建筑，恢复了忠王府原建筑上的彩绘，在仓库里翻出了堆放多年的红木家具陈列于各厅堂供观众参观休息，还将康熙书"古园真意"、乾隆书"天与胜揽"等匾额挂于轿厅和大殿之上。最值得一提的是，他们将洪秀全手书的"忠王府"三字匾额高悬于博物馆大门之上。同一座博物馆，挂上"忠王府"的匾额便产生了市场号召力，带来了百万元的门票收入。
>
> （资料来源：曹炜芳："从'太平天国忠王府'文物旅游开发看博物馆走市场经济之路"，《东南文化》，2002年第5期）
>
> 讨论：苏州博物馆改名前后为什么票房收入差别这么大？

1. 店铺命名的要求。开店经营，重要的是寻找卖点，实际上店名也可成为卖点。因为好的店名本身就是一笔无形资产、一个无声的导购。那么店铺命名有什么要求呢？

（1）言简意赅。我国的很多零售店店名不仅简洁明快，而且将企业的个性特点与精神风貌寓意其中，如"国美"、"物美"、"步步高"等。

（2）名副其实。店铺命名要反映店铺的经营商品属性和经营特色等，便于消费者选购商品。如我国著名的老字号"同仁堂"、"长春堂"等，其中的"堂"是中药店约定俗成的识别标志。

（3）清新不俗。在我国老字号店铺中，有很多清新雅致、别具一格的店名，如北京的"六必居"、"都一处"等。然而，某一店成名后，不少商家竞相仿效，导致店铺重名非常严重。这种现象不仅给顾客选购商品带来麻烦，而且给名牌企业造成了伤害。如何使店铺名称富有个性，突出自己的特点，是吸引顾客注意的关键所在。

（4）朗朗上口。好的店名，用字通俗，朗朗上口，让人过目不忘。如便利店的"喜士多"（C-store）、百货商店中的"铜锣湾"、超市中的"步步高"等。

（5）寓意美好。店铺取名，往往承载企业自身的希望或对消费者的美好祝愿。如永乐生活电器公司的"永乐"有事事顺心、永远快乐之意，而百佳、万佳等超市中"百"、"万"均为约数，同样有心想事成、万事如意的愿景；"万客隆"寓意万客进店，生意兴隆；"物美"让人产生价廉物美的联想，等等。

2. 店铺取名的方法。一个好的店铺名称往往涉及店铺所属的行业、经营理念、发展方向，还要个性独特、寓意深远、给予顾客美好印象并能突出店铺自身形象等诸多内容。那么取名有什么方法呢？

（1）借地名为店名。如苏宁电器，苏宁分别为江苏、南京的简称，代表企业是以江苏为基地逐步发展的家用电器专业连锁店。

（2）巧用数字。巧妙的数字组合读起来朗朗上口、干净利索、过目不忘。我国有很多以数字命名的企业，如百联集团、四通、三九集团、505集团等，还有便利店中的大哥大——7-11便利店。

（3）以传说或名人命名。如东坡酒楼、毛家饭店等。

（4）迎合顾客的怀旧心理。读过鲁迅小说《孔乙己》的人，无不对那位贫困潦倒的文人光临咸亨酒店的情景印象深刻。现在精明的绍兴人按小说中所描述的情景布置，重新开了一家咸亨酒店，一时间喜欢鲁迅作品的人们从四面八方来到绍兴，品味当年孔乙己下酒的"茴香豆"。

（5）求"吉"心理。人们都有求吉利的心理，开店铺时抓住消费者喜欢的人或事来命名是取悦消费者的有效方法。例如，日本福冈县有一家小酒厂生意一直不景气，老板十分着急。一天，老板忽然想到"当选"这个商标名称并马上注册，接着在日本国会、县全民选举时机隆重向市场推出"当选酒"，效果极好。因为选举之际，候选人为讨个吉利要买此酒，支持某派的选民也买这种酒，当选之后的庆贺更是非他莫属。

**想一想**：在我们生活中还有哪些店铺命名的方法，并举例说明。

店名书写也很有讲究，通常有印刷体、美术体、书写体三类。如餐饮行业的老字号店名招牌大多为书法名家题写，白底黑字，或是隶楷行各体，或为柳孟赵各派，上写店名，下署落款，还盖上红印，简朴雅致，别具一格，体现了悠久的历史和深厚的文化底蕴。还有不同行业店铺所用店名字体在实践中也有一些约定俗成、适合行业特点的规则。如化妆品店，其店名字体多用纤细、秀丽的字体，以彰显女性柔美秀气；经营五金的店铺，店名则多用方头、粗健的字体，以显示金属坚韧结实；经营工艺品、古玩字画等店铺，店名以古典字体见长；经营IT产品、时装等店铺的店名则以现代感字体为多。

### （二）店铺的店标

店标是一种视觉语言，它通过一定的文字、图案传递店铺信息，塑造店铺形象。一般来说，零售店铺店标按其构成分为三类：

1. 文字店标。它是由不同的文字、字母构成。这类店标简洁清新，易读易记，印象深刻。如麦当劳餐厅外墙上巨大的红色背景中金黄色"M"形双拱门。

2. 图案店标。它无任何文字，只有图形。这类店标构图新颖，形象生动。例如：上海三马路（汉口路）有一家酒店，老板姓马，是位绍兴师爷。马老板很会做生意，他在酒店的招牌上画了一只猴子，骑在马背上。"猴""侯"同音，画的意思就是"马上封侯"，成为招徕顾客的绝妙广告。

3. 组合店标。它是利用文字、图形、字母等符号组合而成。这类店标集合了文字店标和图案店标的优点，图文并茂，引人注目，更容易为消费者所接受。例如，著名的法国家乐福超市，其店标由法文"Carrfour"和船锚图案组合而成。整个招牌以蓝色为主色调，巧妙使用红、蓝两种颜色构成极富个性化的店标。

店标应该符合以下要求：名实相符，创意新颖，精美耐看，富有生命力。

在为店铺取好名、设计好店标之后，店铺就应该制作醒目、独特的店铺招牌。店铺招牌材料的选择目前已不仅限于木质和水泥，而是开始广泛采用薄片大理石、花岗岩、金属不锈钢、薄型涂色铝合金板等。一般来说，石质门面显得厚实、稳重、高贵、庄严；金属材料门面显得明亮、典雅、豪华、富有时代感等。但石质与金属材料成本贵，安装要求也高，因此要根据店铺经营商品的种类等实际情况选择。

## 二、店铺的出入口设计

如果店铺的招牌仅是吸引顾客的目光的话，那么入口则是引导顾客进店购物行动的起点。让消费者既方便地进店，又顺利、满意离开，是店铺出入口的基本要求。

### （一）店铺出入口类型选择

店铺出入口按其开放程度的大小，可分为开放型、半开放型、封闭型三类。

1. 开放型出入口是将店铺临街的一面全开放的类型，如自由市场的露天店、蔬菜水果店、家庭杂货店、廉价商品店等。顾客从街上就能很轻易地看见店内布局及商品，顾客出入无任何障碍。这种设计方便顾客出入，并有利于充分展示店铺内的商品，从而促进商品销售。同时，店铺内自然采光，有利于减少照明的费用，但出入口有受外界环境气候干扰大等不足之处。

2. 封闭型出入口是指面向大街的一面用橱窗或有色玻璃作装饰，出入口较小，让顾客在橱窗前品评陈列商品后再入店参观选购，如销售珠宝首饰以及其他高级贵重商品的商店。这种店门能隔绝噪音，阻挡寒气暑热和灰尘，为顾客提供一个较为舒适的购物环境，尊重顾客购物隐私，延长顾客在店内逗留的时间。但这种门不易出入，可能让顾客产生距离感，而且安装玻璃推拉门、旋转门等费用较为昂贵。

3. 半开放型出入口介于开放型与封闭型之间，出入口适中，玻璃透明，消费者能从大街上看清店内，会不知不觉被吸引到店内。

### (二) 店铺出入口的设计技巧

1. 出入容易。大多数小店铺的入口即出口，两者合二为一，这是因为出入店铺顾客数量有限所致。较大的零售店铺，如超市、百货商店等，最好出口与入口分开，引导顾客从入口进入，准备购物车、递上购物指南，沿着购物线路，从收银台处出口。

出入口分开后，要根据店铺的营业面积、客流量的大小决定出入口的数量和位置。小超市考虑出入口各设一个，大型店铺需要多个出入口，出入口应选择在行人经过最多或最易接近的地方，以便顾客出入。商店如果希望吸引步行与驾车两类顾客，还应在不同地方开设出入口，至少有两个：一个在店前便于步行者出入，另一个应紧挨着停车场。

此外，出入口处要避免台阶，因为台阶会给人以阻碍感，特别是给老人或残疾人带来极大的不便，所以入口与路面有高低差时，要尽量利用斜坡过渡。如果店铺选在二楼，要设平缓的自动电梯。为保持店铺安静和适宜的温度，出入口的门要选用轻型玻璃自动门，便于消费者推购物车自由出入。

2. 设计匹配适宜，有信赖感。出入口设计与店铺定位相匹配，如果是超市，出入口的设计要注重大众化，不宜太豪华，否则会将顾客拒之门外；如果是专卖店和百货商店，出入口则需庄重、雅致，使消费者购物产生真材实料、物有所值之感。

# 第四节　店铺的内貌设计

如果将店铺比做剧场的话，店铺经营的场地代表舞台，照明、固定设施和视觉传递的信息构成场景，而所有的商品就是一场戏。就像剧场一样，商店及其灯光、色彩、音乐等所有组成部分都应和谐地衬托出商品的展示。

### 一、店铺的通道设计

零售店铺的通道是指顾客在卖场内购物行走的路线。顾客购买的商品中，有70%属于冲动性购物，在店铺设计中如果能让顾客逛遍店铺的每个角落，看到陈列的所有商品，就会大大增加顾客冲动性购物的机会。因此，通道的设计十分关键。

一般来说，大中型店铺通道设计有主通道与副通道之分。主通道是顾客在店铺内移动的主要线路，而副通道是顾客在店内移动的支线（见图4-1）。通道设计有以下基本原则：

#### （一）足够的宽度

所谓足够的宽度，是指保证顾客提着购物篮或推着购物车，能与同行的顾客并肩而行或顺利地擦肩而过。不同规模卖场通道宽度基本设计值如表4-2所示。

主通道是店铺内最宽的通路，能引导顾客到店内最深处，很多大型店铺将购买率最高、最能吸引顾客的生鲜食品、日配商品等区域放在最深处或主要通道上，以便吸引顾客光顾整个店铺。如家乐福、易初莲花等超市，通常店铺分上下两层，进入店内往往顺楼梯先上二楼，购物后再下一楼付款，不能在二楼直接买单，其目的是延长顾客在店铺内的逗留时间，增加顾客购物的机会。

表4-2 不同规模的店铺对通道的宽度的基本设定值

| 单层卖场面积（平方米） | 主通道宽度（米） | 副通道宽度（米） |
| --- | --- | --- |
| 300 | 1.8 | 1.3 |
| 1 000 | 2.1 | 1.4 |
| 1 500 | 2.7 | 1.5 |
| 2 000 | 3.0 | 1.6 |

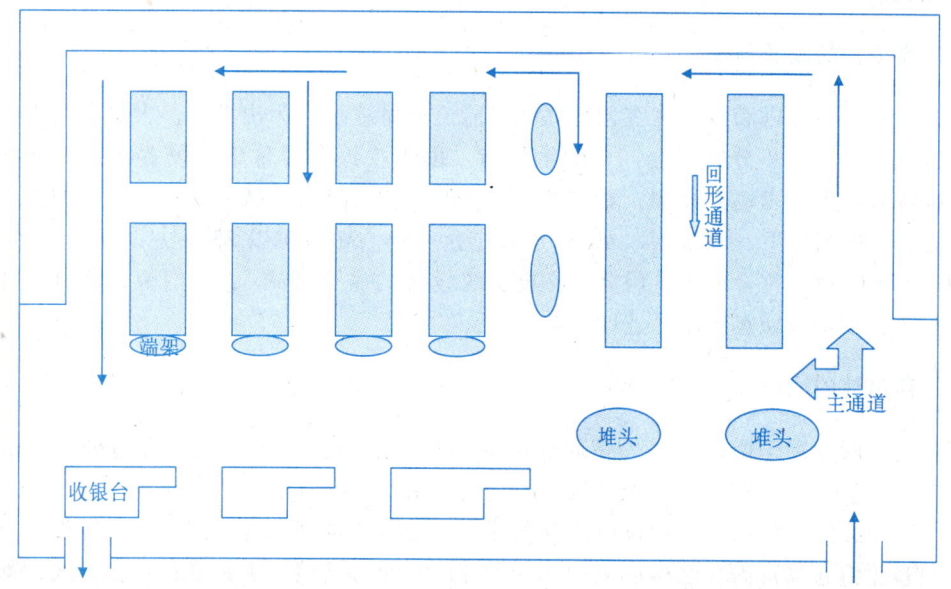

图4-1 店铺的通道设计

主通道通常比副通道宽，但一些大型店铺里，副通道不一定非要比主通道窄，因为主通道事前设计了足够的宽度，通常顾客能有序流动，而一些商品销量大、购买频率高的柜头或货架上的副通道因顾客长时间停下来精心挑选，经常人头攒动、拥挤不堪。因此，副通道宽度的大小要根据客流量、购买频率等因素变化进行相应调整，不可墨守成规。

（二）多直线，少迂回

店铺中通道从形状来看，有直线式和回形式两类。直线式通道也被称为"单向通道"。它是以店铺的入口为起点，店铺的收银台为终点，顾客依照货架排列的方向单向购物，以商品陈列的不重复、顾客不回头为设计特点，使顾客在最短的时间内完成商品的购买行为。由于中小店铺营业面积不太，经营商品种类有限，站在主通道上就能看清所有商品，适宜采用直线式。

大型店铺营业面积大，客流量大，商品无论数量还是种类均很丰富，只有客流分散在不同通道上才能避免拥挤，走近相应区域的通道才能看清选购的商品，所以大多采用回形式通道设计。回形通道又称为环型通道，通道布局以流畅的圆形或椭圆形按从左到右的方向环绕店铺的整个卖场，使顾客依次浏览商品、购买商品。在实际运用中，回形通道又分大回形（如8字形）和小回形（如小口字）两种线路模型。

回形通道设计意味通道路线增加，顾客被疏散到各个区域，缓解主通道的客流压力，有效地避免拥挤现象；而且回形通道使顾客移动路线随意，选购商品自由，能精心地挑选自己感兴趣的商品，不受打扰，从而增加消费者在店铺逗留的时间，有利于商品销售。当然回形通道也不能过于频繁，适合即可。

### （三）清路障，去"死角"

通道是顾客浏览、寻找、挑选商品的购物场所，如果通道上有废弃的纸箱、包装袋、暂时不用的货架或者因其他原因而出现障碍物，均应及时清理，以免阻断通道，影响顾客购物，损害店铺形象。

## 二、收银台的配置与设计

收银台的数量应以满足顾客在购物高峰时能迅速付款结算为出发点。大量调查表明，顾客等待付款结算超过8分钟就会产生烦恼情绪。由于收银台通常集中设置在出口处某一位置，当顾客流量大、卖场人数多，看见成群结队的消费者排着长队，无形中又增加了顾客的心理压力。一般情况下，收银台以40平方米配置一台，高峰时以25平方米配置一台为宜。我国的店铺大多数不符合要求。因此，必要时可设置"黄金通道"，专门为不超过3件单品的顾客服务，以加速顾客缴款的速度。

## 三、存包处的设计

存包处一般设置于店铺入口，是店铺防损的重要措施。如果是人工存包处，一般配置2~3个工作人员。顾客进店时，先存包取牌，完成购物后凭牌取包。现在有些大型零售店铺配有顾客自助式的存包处，包括投币式自助存包、密码式自动存包、红外线指纹识别存包等形式，顾客凭钥匙或密码自己存取包，减少了等待时间。当然，无论哪种存包方式，都应该是免费的，否则就会引起顾客的反感，直接影响店铺销售业绩。

## 四、店铺的照明设计

店铺的适当照明设计有利于展示店容，招徕顾客，宣传商品，便利选购。合理设计照明，使店铺布局层次分明和照明效果明暗有度，陈列的商品产生极大视觉魅力。科学配置、调节店铺照明度也是一种较为经济的促销手段。

### （一）照明设计的三种形态

1. 基本照明。基本照明是为店铺顺利开展工作和方便顾客选购商品提供照明条件。它以天花板配置日光灯为主，灯管的排列应与货架走向保持一致，而灯光的强弱一般视店铺布局的不同位置和销售的不同商品与购物对象而定。

店铺的照明顺序从入口到最深处分为三个层次：店铺的招牌、出入口及其外观灯光在附近街区最明亮，以吸引人们的注意力；为诱导顾客走入店铺内部购物，店铺最内部陈列区平均亮度是店内最高；店中央陈列区亮度第三。如果将整个店内平均照明设为1，那么装饰柜、展示室、陈列橱窗为2~4倍，入口附近为1~2倍，两侧商品陈列区和中央部为1.5~2倍，店铺最内部陈列区为2~3倍。

销售的商品不同,照明的亮度应有区别。如女性用品、结婚用品及贵重商品等,顾客往往需精挑细拣,光度要强一些;日常消费数量多、购物频率高的商品,如日用杂货、日化商品等,光度可弱一些。购物对象不同,光度也要随之变化,老年人用品区,光度要强一些;销售对象为年轻人,光度可弱一些。

2. 重点照明也称"商品照明",是为了突出商品的特性,增强商品的吸引力而设置的照明。一般采用聚光灯、探照灯以及悬挂的白炽灯等进行定向照明,根据商品种类、形状、性能采用不同照明角度,亮度为基本平均照明的4~5倍。

3. 装饰照明。装饰照明是店铺为求得装饰效果或强调重点销售区域而设置的照明。常见的装饰照明有彩灯、壁灯、吊灯、挂灯、霓虹灯、弧形灯以及连续性的闪烁灯等等。

（二）照明设计的技巧

店铺照明的基本目的是将商品的真实面貌展现在消费者面前,使消费者对商品质地不会产生疑虑。要做到这一点,照明光度必须在亮度和色调上接近自然光泽,如具有日光色调的灯光能令照明的商品看上去既自然又不会改变质地和色彩,所以陈列照明宜采用灯丝型白炽聚光灯。日光灯照射会影响商品的质地,改变原来的色彩,但经济高效,适用基本照明。有些商品在强光照射下会失去光泽,功率大的照明还会使商品褪色。因此,必须经常观察,在商品陈列时作适当处理。

### 五、店铺的色彩设计

视觉是支配人类情感最重要的感觉,而色彩是顾客购物的指路明灯,因此,设计能强烈吸引顾客的色彩,是店铺人气旺盛的捷径。

不同的色彩能引起人们不同的联想,产生不同的心理感受。在我国人们的日常习俗中,黑色是严肃、悲哀的象征,也能给人典雅、庄重之感;白色象征纯真、洁净,也让人产生恐怖、神秘的感受;绿色意味着青春、生命,也带给人以恬静、新鲜之感;紫色象征高贵、威严,也能给人以神秘、轻佻的印象;红色是热情、喜庆的象征,也能给人提供焦躁、危险的信号;蓝色意味着智慧、安静,也给人清凉、冷淡的感觉。只有巧妙运用店铺色彩设计,才会有理想的效果。

运用色彩要与楼层、部位结合,创造出不同的气氛。如商场一层营业厅,入口处顾客流量多,应以暖色装饰,形成热烈的迎宾气氛;也可以采用冷色调装饰,缓解顾客紧张、忙乱的心理。店铺空间狭小,地下营业厅沉闷、阴暗,易使人产生压抑的心理感觉,用浅色调装饰地面、天花板,能给人带来赏心悦目的清新感受。

店内商品色彩要与货架、柜台、陈列用具协调配置,起到衬托商品、吸引顾客的作用。如销售化妆品、时装、玩具等应用淡雅、浅色调的陈列用具,以免喧宾夺主,掩盖商品的美丽色彩;销售电器、珠宝首饰、工艺品等可配用色彩浓艳、对比强烈的色调来显示其工艺精良等。

色彩应随季节和地区而变化。年有四时变化,地有南北之分,根据不同季节和地区调配色彩,对商品的销售有较大的影响。

### 六、店铺的声音与音响设计

良好的声音与音响设计是创造商场气氛的一项有效途径,会对消费者的情绪和营业员的工作态度产生积极的影响。适当运用声音与音响，可以吸引顾客对商品的注意，如电视、影碟、收录机播放的声音，也能向顾客传递商品展销或优惠的信息，有助于商品销售和顾客的选购。

如果店铺的入口处经常传出悦耳的音乐，能吸引顾客心情愉快地进店。据一项调查显示，在美国有70%的人喜欢在播放音乐的零售店购物，如果店内播放轻柔的音乐，会使销售额增加40%，而快节奏的音乐会缩短顾客在店铺逗留的时间，减少商品的购买。每天店铺快打烊时，店内就会播放快节奏的音乐，顾客会不知不觉加快脚步，早点离开。在正常营业时间里，希望顾客慢慢浏览、细心选购，播放的音乐以舒缓为主。

但店铺内有的声音并不都会对营业环境产生积极影响，也会有一些噪音，如柜台前的嘈杂声、机械的声响，都可能使顾客感到厌烦，必要时可采用消音、隔音设备，以排除不利声音的干扰。即使播放音乐，也要适时更新，也不能强度和密度过大，否则同样会使人不愉快。

### 七、店铺的气味设计

一般来说，气味中的香味有四类：一是花香，可以是天然鲜花散发的香气，也可能是含香物质提炼而成的香水、香料，这些都是人们最喜爱的气味。二是醇香，如酒类物质散发的气味，许多水果也有这种气味，如香蕉、苹果、葡萄等。三是芳香，是化学物质发出的令人愉悦的气味，如烹饪时一阵香喷喷的香味。四是人工香气，是指人工合成的某种气味，常见的有化妆品和洗涤用品等。

店铺气味设计对营造良好的卖场氛围至关重要。正常气味有利于保持顾客购物的好心情，异常的气味不但不能吸引顾客，反而会赶走顾客。因此，在店铺气味设计上要注意以下两点：

1. 要让店铺展示商品散发自然、正常气味。鲜花店花卉的花香，茶馆或茶座中茶叶的清香，化妆品的芳香，面包店的饼干、糖果味，零售店礼品部散发的蜡烛味，皮革部的皮革味，烟草专卖店或柜台的烟草味等，都是商品天然、正常的气味，对需要购买这类商品是有吸引力的。例如，美国国际香料公司采用高科技人工合成了许多令人垂涎的香味，包括巧克力饼干、热苹果派、新鲜的比萨饼、烤火腿的香味，甚至还有不油腻的薯条香味等。美国国际香料公司将各种香料装在精美的罐子中用来销售。根据定时设置，香料罐子每隔一段时间会将香味喷洒在店内，引诱顾客上门，效果奇佳。

2. 抑制不良气味，营造良好的店铺气味情境。

（1）消除不良气味。不良的气味会破坏店铺的氛围，赶走顾客。不良气味包括烟味、霉味、油漆味、染料味、汽油味、臭味等。要通过良好的通风设计、空气的过滤设备和频繁的检查来清除。

（2）防止不同香味的产品互相混合。不同香味的产品混合在一起不一定还是香味。

（3）定期释放适合店铺情境的气味，确保店铺的气味与消费者的嗅觉限度相适应。

### 八、通风调温

店铺内顾客流量大，空气容易污浊，为了保证空气清新，应注意通风设施的建设。营业场所的温度对顾客和商品保管都有影响，店铺也应考虑空调设施的建设。一般而言，空调本身只有通风和调节温度功能，但有的空调设备还有空气净化、灭菌功能，选用适当的空调来改善营业场所环境质量，可为顾客提供一个舒适、清新的购物环境。

店铺的空调应遵循舒适性原则，冬季应使温度达到暖和而不燥热，夏季应达到凉爽而不骤冷，否则会对顾客和售货人员产生不利影响。如冬天暖气太足，温度高，顾客从外面进店都穿着厚厚的棉衣、羽绒服等，在店铺内呆不了几分钟就会感到燥热难耐，急于离店。夏季空调冷气太强，顾客从炎热的街上进入店内受到冷风刺激不适应，抵抗力弱的顾客还会伤风感冒。

选择使用空调机组时，最好选择那些能够根据楼层不同分别调节温度的设备。否则，就会出现用一个温度，一楼适宜、二楼以上就会感到太热；二楼以上合适、一楼就会感到太冷。这也是目前有些商场空调机组使用的通病，如果解决不好，会带来长期的负面影响。

总之，店铺的形象是通过店铺布局、商品陈列及其标志、图案、颜色、音乐、香味等氛围设计因素表现出来的。

## 技能训练与思考

### 一、问题与思考

1. 创业者应该如何选择创业目标，一般有哪几个步骤？
2. 创业者如何才能找到适合自己的行业？
3. 创业者如何选择最合适的创业项目？
4. 店铺命名有什么要求？
5. 店铺的出入口设计有哪些技巧？
6. 店铺的通道设计应该遵守哪些原则？
7. 店铺的店内设计主要包括哪些内容？

### 二、能力训练

1. 阅读下列材料并思考和回答问题。

**创业点子集：千姿百态的赚钱新行当**

我国都市出现了许多小本经营的赚钱新行当，这些行当赚的几乎都是"点子"钱。在此，将此类独辟蹊径满足社会新需求的赚钱"招数"汇编成文，供大家投资参考。

**福建：牛粪公司供不应求**

牛粪在农业上的用途广泛，它既是生产蘑菇的主要原料，也是瓜果蔬菜的优质肥料。福建长泰3位农民看准了这一行业，联合开办了一家牛粪公司，产品推向市场后供不应求。如今，该公司每天加工牛粪5 000吨，依然是求大于供。

**武汉："房屋诊所"前景看好**

据媒体报道，武汉首家"房屋诊所"——翠微社区住房维修急修服务中心开张3个月，接活300余笔，赢利9 000元。

### 北京:"宠物裁缝"生意红火

原本只有男女装之分的裁缝如今也有了"职务细分":特体、孕妇服装都有各自的特色裁缝,在北京甚至出现了专门给小猫、小狗做服装的"宠物裁缝"。这些"宠物裁缝"为宠物量颈围、腰围和臀围同样认真,量完还要细细询问宠物主人对服装款式、颜色等的要求,将宠物们打扮得时髦摩登。据说,为宠物"量体裁衣"的收入不少于替人做衣服的裁缝们。

### 鞍山:"现代奶妈"月薪2 000元

鞍山市出现了一个特殊"职业"——"现代奶妈",为不愿给孩子喂奶的新女性们哺乳婴儿。"奶妈"不仅每个月能拿到2 000元工资,雇主还包吃包住,并负责"奶妈"给孩子哺乳期间的"营养费"。

### 上海:"女性文秘短工族"收入颇丰

在上海滩,一群特殊的"女性文秘短工族"悄然出现。她们年龄大约在20~30岁之间,秀外慧中,大多未婚,有较高的文化水准,其谋职的理念既时尚又实惠:能干则干,不干则走。公司聘请一位女性"短工"担任文秘,支出可减少。而"女性文秘短工族"则往往"蜻蜓点水"好几处,收入也肯定比"吊在一棵树上"要多得多。

### 苏州:"破烂王"垄断经营垃圾

37岁的"破烂王"洪宝华与江苏省苏州东港花园物业管理处签下垃圾分拣协议。按协议规定,洪宝华每月向管理处缴纳1 000元承包费后,有权对小区内所有生活垃圾实行分拣,并全权处理垃圾中的可回收物资。

### 成都:"月嫂"服务部走俏市场

一个专门护理产妇和婴儿的"月嫂服务部"在四川成都青羊区街道办事处正式挂牌营业。据介绍,目前成都每天大约有100名婴儿出生,找到一个既懂母婴护理知识、又有责任心的人来护理母婴成为许多产妇和家庭的愿望。如今,"月嫂"已走出成都,在北京、广州、上海、南京等城市走俏。

### 厦门:"应召司机"随叫随到

厦门的王先生开自己的汽车去赴朋友的宴会,高兴之余多喝了几杯酒,醉倒了。他只打了一个电话,半个小时不到就来了一个司机。此人接过王先生递过来的汽车钥匙,搀扶着他坐上了汽车后排,然后自己再坐到驾驶座位上,将汽车开回王先生家里。王先生所享受的服务是厦门某家政公司率先推出的钟点工服务——应召司机。

### 南京:写作事务所"按字论价"

南京东郊一位杨姓老中医来到升州路一家写作事务所,要求给自己配个助手,专门写病历,以解年老眼花无法捉笔之苦。该事务所的老板是两位"下海"文人,按字论价,专给企事业单位及市民撰写法律、经贸、广告、婚恋等方面的文章。上门找他们代笔的顾客络绎不绝。

### 长沙:"钟点助手"受青睐

湖南省玖玖公司推出"钟点助手"就业中介。"钟点助手"就业中介服务主要是针对具备较高素质并有一定专业特长的人才开设的。这种就业渠道适应性强,见效快,一旦被聘用,只要干上几个小时便可马上获得报酬,因此,很受年轻人的青睐。

(资料来源:"创业点子集:千姿百态的赚钱新行当",华夏礼品网,2006年12月8日)

**【要求】**

(1) 以小组为单位,通过网络、报刊、电视等多种媒介搜集下列资料:①新出现的工作岗位(需说明出现的背景、工作内容或特点、发展的前景分析)。②围绕城镇化、人口老龄化、独生子女家庭普及与对环保健康要求日益提高的社会现实,寻找其中蕴藏着的商机与创业项目。

(2) 组织同学到学校及附近进行市场调查,了解学校及其附近开一个什么样的店铺最赚钱?以小组为单位,写一份简要的调查报告,需具体说明:①如果你想开店,准备在学校及附近开一家什么店?②说明开店的商机有哪些?最好有调查统计资料与数据为证。③选址在什么地方?说明你选址的理由。④如果你有启动资金5万元,打算如何布置你店铺的外观和内貌。

2. 阅读下列案例,思考选择创业项目有什么诀窍?

[案例1]

## 骨头店引来生财路

据《经营者》杂志报道,一名叫张云的下岗工人在县城开了一家小饮食店,红火了一阵后,生意日渐萧条,她不得不动起了心思。一天,几个附近单位来吃饭的人提醒了她。其中一个人说到小时候啃肉骨头,"咬一口,满嘴流油……哎呀,那个解馋呀……"。说者无意,听者有心。张云是从农村出来的,小时候最难忘的事情也莫过于挨饿和啃肉骨头了。可几十年前解馋的肉骨头如今还有市场吗?对于如何煮好肉骨头,她没有招数,现有的书本上也难以学到。她只好去走访那些有经验的老人。但老人们的经验都是自己摸索出来的,有的互相重复,有的互相排斥,需要下工夫整理、实验。于是张云从市场买来肉骨头,一种方法一种方法地尝试。短短的一个星期时间,她就融汇众家之长,摸索出了较为成熟的肉骨头煮制方法。当"闻香骨头居"的牌子挂出来的时候,"闻香骨头"一炮打响,三三两两的人结伙前来吃肉骨头,张云忙得不亦乐乎。有好心的顾客源源不断地提供各种煮制偏方,张云也都一一采纳,逐步完善自己的煮制方法。张云的小店总是客人爆满,全是来吃肉骨头的。"闻香骨头"给她的小店带来了名气,而名气就是看得见的财富。

(资料来源:"骨头店引来生财路",《老年生活报》2007年9月7日)。

[案例2]

## 免费替人寄信也赚钱

据《现代营销》杂志报道,近年来,上海一些小公司纷纷委托社会上的可靠人员免收服务费为本公司邮寄信函,由此也出现了一些小型服务类公司,上门代为邮寄信函。这些免费的劳务支出绝非义务劳动,但它的赢利点在何处?据悉,其中的诀窍就在于邮票本身所产生的面值差价:他们用的邮票是从邮市上买来的跌价票,与邮票本身的面值有较大的差价。如果承揽的业务量较大,收益还挺不错呢。

据悉,时下80分面值的邮票仅卖0.55元,280分的邮票则便宜至1元。如果以每月邮寄2 000封平信和400封挂号信计算,一个人每天下午只要花3个小时,一个月就能够赚取1 300元的利润。当前的业务渠道比较充足,一些邮购公司、外贸公司、大型商场、证券公司等都是业务来源。只要具备良好的责任心和服务态度,备足邮票(要2 000元左右的流动资金),准备一辆自行车与粘贴邮票的胶水等简单的工具,就能够胜任这种代理业务。

# 第 5 章
# 店铺创业的开业阶段

**学习目标**
- ☐ 知道店铺组织形式的选择
- ☐ 熟悉个人或公司制注册登记流程和规范
- ☐ 能够组建创业团队
- ☐ 熟悉店员的招聘与管理
- ☐ 熟悉开业庆典活动组织的流程与规范、开业促销的组织与形式

## 案例阅读

### 王政娟办医疗器械公司

2003 年一次偶然的机会，王政娟曾经服务的一家药厂要改制，于是她决定个人买下股份，并将该药厂改为医疗器械公司。几番周折，王政娟又开始了她人生的第二次创业。虽然王政娟不懂医药，但她了解这个企业生产的是目前国内唯一能够治好弱视和近视的产品，同时，她也对视力市场进行了市场调查。她了解到，中国平均 60%的学生患有弱视和近视，该产品的巨大市场，给了她无穷的力量。但是，因为经营医疗器械的法律规定很多，由于手续的原因，一切从头开始，王政娟重新组建专业人员研发产品、申请专利、做产品临床试验、申请许可证、注册等，整整一年半的时间都在办手续。手续不全就意味着不能上市销售，意味着公司没有收入，而且，每天都要有大量的投入。在最困难的时候，资金缺乏导致企业举步维艰，但必须要往前走。王政娟说："那段经历是一笔财富，为我的成功做了很好的铺垫。"

（资料来源：刘世英、谢文辉著：《在路上：笑傲江湖》中国民主法制出版社 2007 年版，第 130 页）

**想一想**：办理许可证和注册登记手续有什么重要性？

创业者确定了创业的行业和项目以后，必须选择店铺的组织形式，依法做好各项许可证申请和注册登记手续，取得应该有的各项许可证和办好注册登记手续后，企业的经营才是合法的，这是创业成功和避免风险的基本条件。处于开业阶段的创业者必须清楚办理许可证和注册登记的基本程序，并选择合伙人、组建创业团队、招聘员工、做好开业庆典和开业促销。

# 第一节　店铺创业依法登记的程序

选择什么样的组织形式开店：自己单独开店？与亲友合伙？入主加盟体系，由总部提供开店资源？公司制形式？这是每个创业者在注册之前必须考虑的问题。

## 一、店铺组织形式的选择

创业辅导专家建议，若所开设的店面与过去工作经验有关，并曾担任经营管理职务，可考虑独立开店。但若无经验，则选择合适的加盟体系，从中学习管理技巧，也不失为降低经营风险的好方法。此外，合伙投资开店，日后须有面对股东意见分歧与权责划分的勇气。合伙最好避免2人组合，最多不超过5人。此外选择组织形式还要考虑综合成本与收益，一般营业额3万元以下宜选用个体或独资企业；营业额在5万元~10万元可以采用合伙企业；营业额在10万元~50万元，可以选择合伙企业、非公司制企业法人和有限责任公司。一般来说，不同的店铺组织形式各有利弊。

### （一）个人独资企业

个人独资企业是由个人全资拥有，投资人对企业任何事务具有绝对决策权。《个人独资企业法》第二条规定"本法所称个人独资企业，是指依照本法在中国境内设立，由一个自然人投资，财产为投资人个人所有，投资人以其个人财产对企业债务承担无限责任的经营实体"。即允许成为个人独资企业的投资主体的，只能是自然人个人。它不是法人，需要承担无限责任。《个人独资企业登记管理办法》规定，个人独资企业的名称中不得使用"有限"、"有限责任"和"公司"字样。这就提醒投资人，虽然个人独资企业设立起来不难，但所负的经营责任重大。个人独资企业中承担民事责任的主体为投资者个人或其家庭成员。如果企业出现经营不善，资不抵债，那么后果就不仅仅是企业破产，可能还会导致家庭"破财"。这就要求投资人做好充分准备，把握市场规律，防范风险，慎重经营。

**个人独资企业的优势：**

1. 注册手续简单、费用低。个人独资企业的注册手续简单，获取相关的注册文件比较容易，费用比较低。

2. 决策自由。企业所有事务由投资人说了算，不用开会研究，也不用向董事会和股东大会作出说明，所谓"船小好调头"，老板可以根据市场变化情况随时调整经营方向。

3. 税收负担较轻。由于企业为个人所有，企业所得即个人所得，因此只征收企业所得税而免征个人所得税。

4. 注册资金随意。《个人独资企业法》对注册资金没有规定，极端的说法就是1元钱就可以当老板。

**个人独资企业的劣势：**

1. 信贷信誉低，融资困难。由于注册资金少，企业抗风险能力差，不容易取得银行信贷，同时面向个人的信贷也不容易。

2. 无限责任。一旦经营亏损，除了企业本身的财产要清偿债务外，个人财产也不能幸免，加大了投资风险。

3. 财务和企业管理缺乏有效监督。

### （二）非公司制企业法人与有限责任公司

非公司制企业法人指拥有法人资格而与公司有别的企业。非公司企业法人，一般指合伙性质法人以及个体工商户。私营企业一般就是指个人或者几个人合伙组建的企业。非公司制企业法人与有限责任公司的主要区别是：非公司制企业法人承担的责任是办企业人的所有财产，而有限责任公司承担的责任是股东仅以自己的出资为限。因此，有限责任公司相比非公司制企业法人有明显优势。

**有限责任公司的优势：**

1. 有限责任。由于拥有法人资格，一切责任由法人承担，股东个人承担的责任仅以所出的股本为限，其他个人资产不受牵连，降低了个人投资风险。

2. 运行稳定。注册有限责任公司时，要求拥有完善的管理和财务制度，同时股东入股后不得抽回资金，这就在法律上保证了充裕的资金和健全的运行机制，不会因为个别股东的变故而使企业生产经营动荡。

**有限责任公司的劣势：**

1. 注册手续复杂、费用高。注册有限责任公司必须经过严格审查，费用比较高，主要是获取相关的注册文件和验资费用。

2. 税收较高。一方面要缴纳企业所得税，另一方面还要缴纳个人所得税。

3. 不能随便撤回资金，转让困难，但股东之间可以相互转让其全部或者部分股权。

### （三）私营合伙企业

合伙企业是指合伙人之间以合同关系为基础的企业组织形式，为了共同的目的，相互约定共同出资、共同经营、共同收益和共担风险。合伙企业是以个人资产承担无限连带责任，而有限责任公司是以所投资总额为债务限额。

**合伙企业的优势：**

1. 注册手续简单，费用低。注册方式与独资企业类似，关键在于合伙人之间的共同协议，合伙企业运行的法律依据就是他们之间的协议。

2. 税收较低。和独资企业一样，只需要缴纳企业所得税，不用缴纳个人所得税。

**合伙企业的劣势：**

1. 无限合伙形式的无限责任。合伙企业最大的风险就是无限责任，同时还是连带责任。一旦合伙人中某一个人经营失误，则所有合伙人都要被连累。因此，合伙人的选择和合伙协议的拟订就相当重要。有人认为连带责任可以在协议中用相应的条款规定分担比例，减少个人风险，但我国的法律规定合伙人之间的分担比例对债权人没有约束力，债权人可以根据自己的清偿权益，请求合伙人的一个或几个人承担全部清偿责任。

2. 易内耗。公司的经营管理是按出资人出资的多少来决定，而合伙企业中各合伙人平均享有权利，这是它的优点，但也会带来问题。合伙人一旦关系有变化，企业决策就难达成一致意见。业务开展困难。如果合伙人品质有问题，则后患无穷。

3. 合伙人财产转让困难。由于合伙人的财产转让影响合伙企业和合伙人的切身利益，因此法律对此要求严格。向外转让必须经过全体合伙人同意，而不是采取少数服从多数的原则。退伙也存在这个问题，除非在拟订合伙协议时有明确规定，否则很难抽身而退。

提示：根据《公司法》和《企业法》的相关规定，我们建议，创办一个企业或店铺时，创业者有2人以上，3万元以上启动资金的，建议注册为有限责任公司；低于3万元启动资金的，注册为非公司制企业法人；1个人创办企业，有10万元以上启动资金的，注册为一人有限责任公司，低于10万元启动资金的，注册为个体工商户或者个人独资企业。

二、个体工商户开店注册的具体步骤、所需材料

在签订了店铺承租合同之后，就应该一边装修店铺，一边着手办理开店必备的各种手续。虽然办手续不是一件难事，但是如果不了解基本流程，不知道需要什么材料，就免不了要跑很多冤枉路。以下介绍的知识仅供参考，具体操作时，最好到当地工商等部门详细咨询一下。

(一) 个体工商户注册登记条件

1. 人员应具备的条件：有经营活动行为能力、能够独自承担相应的法律责任的自然人。
2. 开展经营的场所条件：
(1) 申请开业的经营场所应在所管辖的地区（如北京什刹海街道范围内）。
(2) 经营场所房屋（住宅性质的楼房不予办理工商注册）：
①平房：（单位房屋或私房）：提交由产权单位盖章或产权人签字并按手印的房屋所有权证复印件；
②楼房：房屋所有权证中的房屋用途标注为"商住"、"综合"、"配套"等未明确为"住宅"类的其他用途的，提交由产权单位盖章或产权人签字并按手印的房屋所有权证复印件。

提示：
● 使用住宅楼底层规划为商业用途的房屋申请登记从事餐饮服务、歌舞娱乐、提供互联网上网服务场所、生产加工、制造、住宿的，不予登记注册。
● 持有再就业优惠证的失业人员，实现自谋职业（自主创业）的，允许其利用自己名字的产权楼房住宅办理登记注册，经营活动仅限从事科技开发、咨询服务、市场调研、企业形象策划、打字、复印、图文设计、动画制作和广告经营。此类经营者不得申请变更其他经营范围，但其经营场所变更为非住宅类的，登记机关可予核准其经营范围的变更。

(二) 办理注册登记的程序、所需材料、时限

1. 个体工商户注册登记的程序（见图5-1）。
2. 查名。个体工商户开店，应先办理名称预先核准登记（市场内经营的个体工商注册不用办理名称预先核准登记，特殊要求的除外）。
(1) 名称的构成。

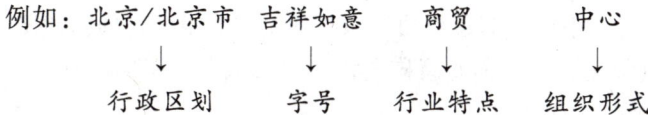

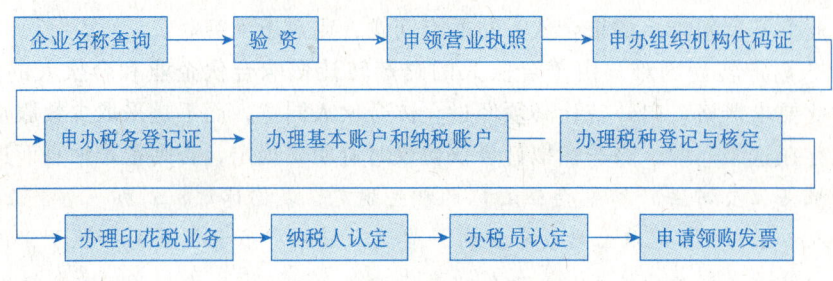

图 5-1 注册登记的程序

①行政区划：可使用"北京"或"北京市"。

②字号：申请人为企业取名时，建议至少取3个以上的备用名称，同时在取名称字号时取3或4个汉字，以避免重名，因为企业较多，很容易重名。

- 取名首先必须使用规范汉字，并由两个字以上的汉字组成，不得使用外国文字、汉语拼音、阿拉伯数字。
- 县级以上行政区划的地名不得作为字号，县级以下的可以作字号，比如地安门、黄寺平安里等，如果"地名"和其他字一起作字号时，地名应放在前面，如：北京地安门环艺咨询部。
- 使用自然人作字号的必须是照主本人，如遇有和国家领导人或老一辈革命家的姓名相同的不得使用，还有与著名人士相同的也不得使用。
- 不得乱用谐音，比如："蓝天白云"不能为"兰天白云"。
- 外文音译成中文名称的，要提交外文单词和翻译成中文的意思的说明，上报名称时在备注栏中注明。
- 带有殖民文化色彩，有损于民族尊严和伤害人民感情的不予注册，比如：大东亚、大和、关东军等。
- 带有封建文化糟粕的，不予注册。如"鬼都"、"皇家"、"皇林"、"帝王"、"贵族"、"富豪"等。
- 带有消极政治影响的不予注册。如："黑太阳"、"大地主"等。
- 格调低级，庸俗甚至含有色情内容或色彩的不予批准。
- 容易引起社会公众不良心理反应或误解的不予核准，如：丑八怪美容院。
- 凡申请名称中有：佛、道、禅等宗教词语的，或有易经类的，一律不予核准。如：河洛易象、星命、象数、周易、太和禅等。
- 还有一些根据国家工商总局的文件规定，对以"联邦"、"邦联"、"中直"、"康德"、"希望工程"、"中南海"、"中银"、"华银"、"人银"等与中国人民银行相近似的字号不予核定。
- 使用驰名商标、著明商标作字号的，应提交商标注册人的授权书、商标注册人法人执照复印件、商标注册证复印件。
- 使用著名企业的字号作为字号或字号的一部分的，应当提交对方的同意函。例如：申请名称字号为"华润"的应提交"中国华润总公司"或华润集团有限公司的同意函。
- 字号中使用高等院校，科研院所的通称或简称的，如"北大""清华"或"清华建阳"等都需提交对方单位的同意函。

以上授权书、同意函都要打印，材料归档。授权书一定载明同意××在名称中使用×××作为字号，使用期限××年。

个体工商户加盟企业连锁时，可采用该企业商号作为个体名称的一部分，如北京黄寺大街荣昌洗衣店。

③行业特点。名称中的行业特点应与个体工商户所申请从事的经营范围中的主营业务相一致。

④组织形式。个体工商户名称的组织形式一般有：中心、部、馆、店、工作室、院、厅。比如百货店、美发中心、美容院、餐馆或餐厅、图文设计工作室、酒吧等。

（2）名称预先核准的保留期及延期。名称预先核准保留期为6个月，待保留期届满前10个工作日，申办人可以持名称核准通知书和本人身份证向登记机关提出名称延期申请，延长期最长不得超过6个月，期满后不再延长。

（3）名称撤销。名称如果在保留期届满未办理工商注册的，企业名称预先核准通知书或名称变更核准通知书将自动失效。同时申请人也可以主动向登记机关申请撤销原预先核准的名称，在办理撤销时交回预先核准通知书。

3. 个体工商户申领营业执照须提交的文件、证件。

（1）居民身份证复印件；

（2）职业证明（退、离休证明，退职证明，下岗职工证明复印件，失业人员出具社区管委会证明）；

（3）生产经营场所使用证明（属公有产权的出具产权单位证明，私有房产出具私有产权证〈复印件〉，出租的出具双方租赁协议书及出租产权证〈复印件〉）；

（4）个人合伙经营的，出具合伙协议书；

（5）有关技术行业证件：①计量器具制造、修理；②机动车维修；③家用电器修理；④照相业；⑤生活美容、医疗美容、按摩业；⑥餐饮业（厨师）；⑦服装加工；⑧室内装饰装修；⑨兽医诊所。

（6）主要行业前置审批证件：

①食品生产、销售，生活美容、美发、理发，旅店等行业，须首先取得卫生行政部门发放的从业人员身体健康合格证；食品生产、销售应首先取得食品生产许可证、食品流通许可证；食品生产者在办理食品生产许可证时，要带企业名称预先核准通知书、环境评价登记表、从业人员身体健康合格证等证件；

②从事清真食品生产经营，先经民族工作部门审批；

③从事刻字、印刷业的，须经公安部门批准，并且取得刻字业安全许可证、特种行业许可证；

④公共（文化）场所：饮食、文化娱乐、旅馆业，除归口的行业审批外，还需公安消防环保部门审批，由公安部门核发公共场所安全许可证；

⑤从事烟草制品经营，由烟草专卖主管部门批准，并取得烟草专卖零售许可证；

⑥从事科技业的，须经县以上科委批准；

⑦劳动就业证明（外来人口）；

⑧暂住证（外来人口）。

4. 受理、审查和准予登记（注册流程见图5-2）。

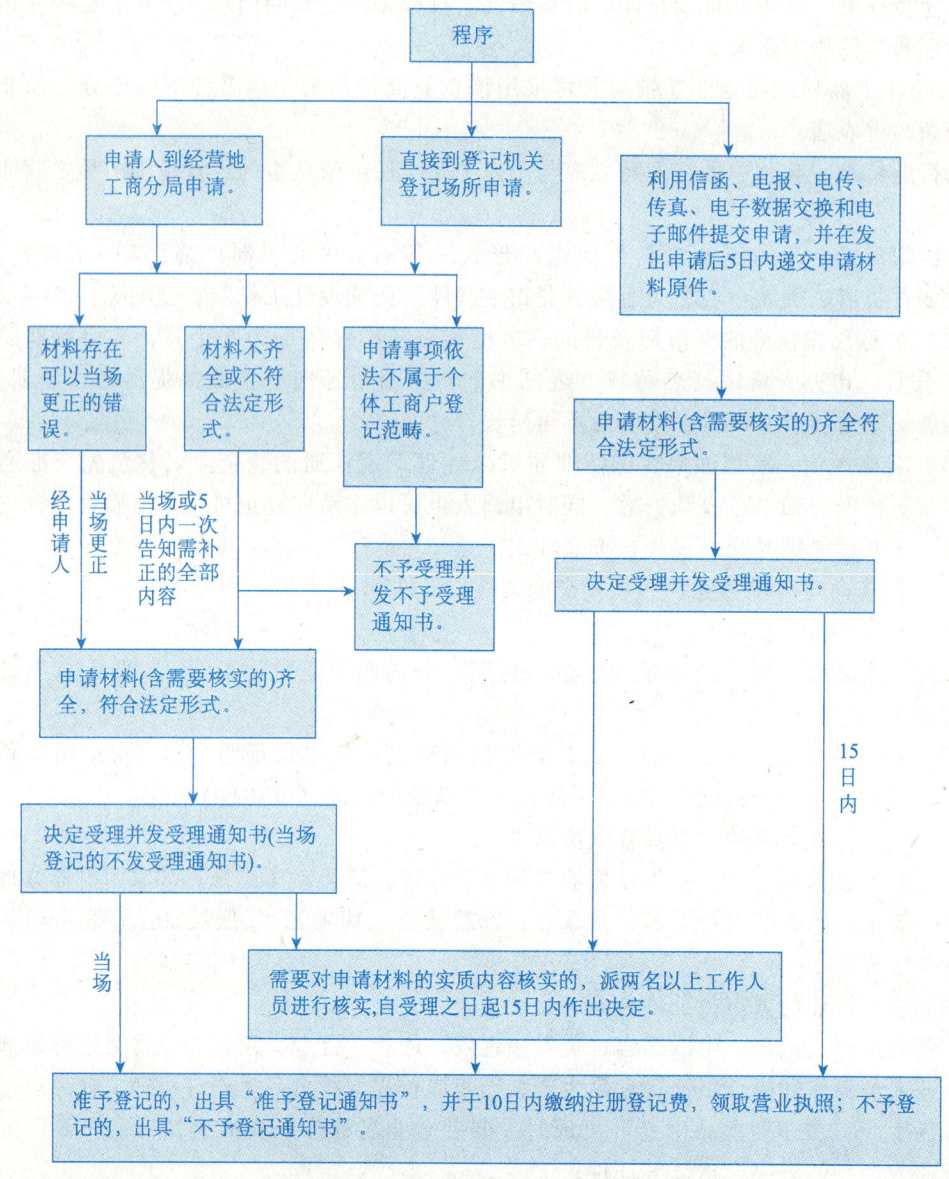

图5-2 个体工商户注册设立登记流程图

（1）工商分局收到申请人提交的登记申请后，对于申请材料齐全符合法定形式的，应当受理。申请材料存在可以当场更正的错误的，应当允许申请人当场更正。

申请材料不全或者符合法定形式，应当当场或5日内一次告知申请人需要补正的全部内容，申请人按照要求提交全部补正申请材料的，登记机关应当受理。

（2）工商分局受理登记申请，应当发给申请人受理通知书。对于不符合受理条件的登记申请，工商分局不予受理，并发给不予受理通知书；申请事项依法不属于个体工商业户登记范畴的，登记机关应当即时决定不予受理，并向申请人说明理由。根据法定条件和程序，需要对申请人材料的实质性内容进行核实的，分局应当指派两名工作人员进行核实并填写申请材料核查报告。

5. 发照。工商分局把受理发照的申请材料报登记发照机关。登记发照机关作出准予登记的，应当作出准予登记，发给申请人准予个体工商户登记通知书，并在10日内向申请人颁发、送达个体工商户营业执照；不予登记，应当发给申请人不予个体工商业户登记通知书。

6. 开具营业税发票。持营业执照到税务局办理税务登记并领取发票即可。此外，整个注册流程需准备以下几个方面的事宜：

（1）个体工商注册一般应由经营者本人办理有关手续。

（2）本人不能办理工商注册的，可以委托有资格的登记注册代理机构代理工商注册，应提交加盖该代理机构公章的代理机构营业执照复印件、《指派函》、《委托书》、代理人员资格证明及身份证明。

（3）使用附件传送、快递或其他方式提供创业者和投资人的身份证复印件，说明公司注册资金的额度及全体投资人的投资额度，准备好至少3~5个公司预先名称。

（4）选择就近银行进行注资手续。

（5）携带身份证前往工商所签字验证。

（6）所有证件办理完毕后选择就近银行办理基本账户和纳税账户。

（7）其他所有手续由相关部门完成。

### 三、有限责任公司的注册与登记

普通的有限责任公司，最低注册资金3万元，需要2个（或以上）股东（参看新《公司法》第二章第一节第二十六条）；从2006年1月起新的《公司法》规定，允许1个股东注册有限责任公司，这种特殊的有限责任公司又称"一人有限公司"（但公司名称中不会有"一人"字样，执照上会注明"自然人独资"），最低注册资金10万元（参看新《公司法》第二章第三节第五十九条）；此规定基本适用绝大多数公司。如果创业者和朋友、家人合伙投资创业，可选择普通的有限公司；如果只有1个人作为股东，则选择一人有限公司。

#### （一）有限责任公司注册的步骤

有限责任公司注册步骤如图5-3所示。

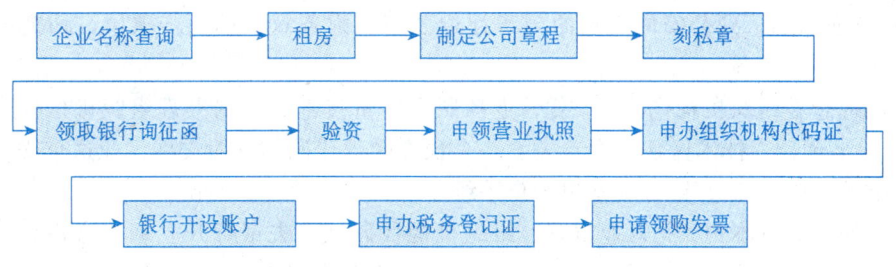

图5-3 有限责任公司注册步骤

1. 核名。到工商局领取一张"企业（字号）名称预先核准申请表"，填写准备取的公司名称，由工商局上网（工商局内部网）检索是否有重名，如果没有重名，就可以使用这个名称，核发一张"企业（字号）名称预先核准通知书"（可以检索5个名字，很多名字重复，所以一般常见的名字就不用试了，免得花冤枉钱）。

2. 租房。去专门的写字楼租一间办公室，如果自己有厂房或者办公室也可以，有的地方不允许在居民楼里办公。

租房后要签订租房合同，并让房东提供房产证的复印件。

签订好租房合同后，还要到税务局去买印花税，按年租金的1‰的税率购买，例如每年房租是1万元，那就要买10元钱的印花税，贴在房租合同的首页，后面凡是需要用到房租合同的地方，都需要贴了印花税的合同复印件。

3. 编写"公司章程"。可以在工商局网站下载"公司章程"的样本，修改一下就可以了。章程的最后由所有股东签名。

4. 刻私章。

5. 到会计师事务所领取"银行询征函"。联系一家会计师事务所，领取一张"银行询征函"（必须是原件，由会计师事务所盖公章）。

6. 去银行开立公司验资户。所有股东带上自己入股的那一部分钱到银行，带上公司章程、工商局发的核名通知、法人代表的私章、身份证、用于验资的费用、空白询征函表格，到银行去开立公司账户，须告诉银行是开验资户。开立好公司账户后，各个股东按自己出资额向公司账户中存入相应的钱。银行会发给每个股东缴款单，并在询征函上盖银行的章。

提示：公司法规定，注册公司时，投资人（股东）必须缴纳足额的资本，可以以货币形式（也就是人民币）出资，也可以以实物（如汽车）、房产、知识产权等出资。到银行办的只是货币出资这一部分，如果有实物、房产等作为出资的，需要到会计师事务所鉴定其价值后再以其实际价值出资，比较麻烦，因此建议直接拿钱来出资。

7. 办理验资报告。拿着银行出具的股东缴款单、银行盖章后的询征函，以及公司章程、核名通知、房租合同、房产证复印件，到会计师事务所办理验资报告。

8. 注册公司。到工商局领取公司设立登记的各种表格，包括设立登记申请表、股东（发起人）名单、董事经理监理情况、法人代表登记表、指定代表或委托代理人登记表。填好后，连同核名通知、公司章程、房租合同、房产证复印件、验资报告和申领营业执照、须提交的有关技术行业证件及行业前置审批证件（与个体工商户注册的要求相同，不再赘述）一起交给工商局。大概3个工作日后可领取执照。

9. 凭营业执照，到公安局指定的刻章社刻公章、财务章。后面步骤中，均需要用到公章或财务章。

10. 办理企业组织机构代码证。凭营业执照到质量技术监督局办理组织机构代码证。办这个证需要半个月，技术监督局会首先发一个预先受理代码的证明文件，凭这个文件就可以办理后面的税务登记证、银行基本户开户手续了。

11. 去银行开基本户。凭营业执照、组织机构代码证，去银行开立基本账户。最好是在原来办理验资时的银行的同一网点去办理，否则，会多收100元的验资账户费用。

开基本户需要填很多表，最好把能带齐的东西全部带上，包括营业执照正本原件、身份证、组织机构代码证、公司财务章、法人章等。

开基本户时，还需要购买一个密码器（从2005年下半年起，大多数银行都有这个规定），密码器需要280元。公司开支票、划款时，都需要使用密码器来生成密码。

12. 办理税务登记。领取执照后，30日内到当地税务局申请领取税务登记证。一般的公司都需要办理两种税务登记证，即国税和地税。

办理税务登记证时，必须有一个会计，因为税务局要求提交的资料中有一项是会计资格证和身份证。可先请一个兼职会计。

13. 申请领购发票。如果公司是销售商品的，应该到国税去申请发票，如果是服务性质的公司，则到地税申领发票。

开始营业后，注意每个月按时向税务申报缴税，即使没有开展业务不需要缴税，也要进行零申报，否则会被处以罚款。

提示：

（1）公司必须建立健全的会计制度。刚开始成立的公司，业务少，会计的工作量也非常小，可以请一个兼职会计，每个月到公司帮助建账，二三天时间就够了，每月几百元左右的工资即可。

（2）公司的税额。

- 营业税：销售商品的公司，按所开发票额的4%征收增殖税；提供服务的公司，按所开发票额的5%征收营业税。
- 所得税：对企业的纯利润一般征收4%~25%的企业所得税。对企业所得税，做账很重要，如果账面上的利润很多，那税率就高。所以，平常购买设备都要开发票，如请客吃饭、坐车的票都留起来，可以做为企业运作成本。

两种税的区别：营业税是对营业额征税，不管赚没有赚钱，只要发生了交易，开了发票，就要征税；所得税是对利润征税，利润就是营业额扣减各种成本后剩余的钱，只有赚了钱，才会征所得税。

还有其他多种税，但不用缴纳多少钱，主要是上面两种，特别是所得税比较高。

# 第二节　组建优秀的创业团队

一个店铺的好坏成败，完全都是由员工的素质决定的。创业精神所产生的精神效率，是任何先进的技术和管理水平所不能替代的。店铺的创业者除了要不断提升自己的创业能力外，还必须注重挑选、招聘、培养、挖掘、发挥创业骨干与广大员工在各项工作与企业活动中的积极性、主动性和创造性。小店铺的创业者应该把创业初期招聘的全部员工都当着自己的创业团队成员。

### 一、创业团队的内涵与特征

创业团队，就是由若干具有技能互补的创业者组成，为实现共同的创业目标，共担责任，共同为达成高品质的结果而努力的共同体。

团队是一群为达到共同目标而一起工作的人员。优秀团队具有如下特征：

### (一) 共同的创业任务与目标

创业愿景与共同信念是创业团队组建的基石，创业者需要提出一套能够凝聚人心的远景与经营理念，形成共同目标，作为互信与利益分享的基础。如果目标是由团队成员共同参与制定的，则团队具有更高的责任感。作为团队领导，最主要的工作就是提醒团队成员时刻牢记目标。

> **案例阅读**
>
> 马云的阿里巴巴在创业初期，团队成员都很迷茫。在1999年创业动员大会上，马云讲到：第一，将来要做持续80年的公司；第二，成为全球十大网络公司；第三，只要有商人就一定要用到阿里巴巴。可阿里巴巴在互联网低谷期间，公司每人每月只拿500元薪水。但具有戏剧性的是，500元不但留住了原有的创业团队，而且还吸引了年薪百万美元的、现已成为阿里巴巴首席财务官的蔡崇信。这就是马云给大家定出的共同愿景与目标，正是有着这样对企业前景的期许与信心，阿里巴巴才有了今天的成功。孙子曰："上下同欲者，胜。"也就是说，只有真正达致目标一致，齐心协力的创业团队，才会赢得最后的胜利。
>
> （资料来源：朱甫：《马云谈创业》，海天出版社2008年版）。
>
> **讨论**：创业团队为什么要有共同的任务和目标？

### (二) 甘苦与共的团队成员

团队成员间能够同舟共济的前提是互信。近年来，中关村每年的企业倒闭率在25%左右，其中很重要的一个原因，就是创业团队内部不团结，也就是缺乏互信。信任是一种非常脆弱的的心理状态，团队成员间一旦产生裂痕就很难缝合，要消除不信任及其带来的的影响往往要付出巨大的代价，所以，防止不信任比增强信任更加重要。

一般来说，创业者在选择创业伙伴时主要考察对方的人品和能力。而相对于能力而言，人品更加重要，它是人们交往和合作的基础，也是决定一个人是否值得信任的前提。因此，团队成员要建立互信，必须对创业集体忠诚，彼此以诚相待、公平相处，并在制度上加以保证，在创业初期建立完善的管理制度和利益分配制度。

团队成员之间由于沟通不善而导致了误会和猜疑，进而引发了相互不信任，是很常见的现象。对此，创业伙伴之间应该坦诚相见，创造各种形式的沟通机会。当误会和猜疑产生时应该及时消除，推心置腹地解决问题。当发现对方弱点时，应该多采用包容的态度，设身处地的为对方着想，而不是相互埋怨。

创业团队既然能够为了共同的目的而艰苦奋斗，也一定能够解决信任的难题。只要掌握了信任的规律和正确的方法，就能帮助创业伙伴同甘共苦，保证创业善始善终。

### (三) 才华各异、相得益彰的创业团队

创业团队是否能够取得成功的重要因素是团队的互补作用。创业团队的互补是指由于创业者知识、能力、心理等特征和教育、家庭环境方面的差异，对创业活动产生的影响，通过组建创业团队来发挥各个创业者的优势，弥补彼此的不足，从而形成一个知识、能力、性格、人际资源等方面完备的创业团队。

## 案例阅读

邓中翰创建中星微,首先找到的是斯坦福大学的电子工程学博士杨晓东,他有在英特尔和惠普的工作经历,长期从事 CMOS 大规模集成电路系统的研究,有技术特长;接着,邓中翰又找到了移民加拿大的老同学金兆玮,这位成都电子科大毕业生,有着丰富的市场经验。当团队组成后,大家专门作了如下分工:邓中翰是一个知识结构和能力都很全面的人,做事情喜欢从全方位考虑,所以主持大局;杨晓东则是对技术充满了激情,就专注于技术;金兆玮"和再难缠的人都能打交道",所以抓销售。就这样,凭着相互的信任,这几个不同时段的朋友跟邓中翰一起开始了新的创业。
(资料来源:冀勇庆:"中星微左右逢源,披露创业上市过程回忆录",《工厂经理世界》,2006 年第 1 期)

**想一想**:创业团队为什么要有不同的角色分工?应该如何搭配?

成功的创业团队应有以下的角色分工:

1. 创新者提出观点。没有创新者,思维就会受到局限,创意就会匮乏。创新是创业团队生产、发展的源泉。企业产品开发要创新、管理要创新、营销也要创新。

2. 实干者执行计划。没有实干者的团队会举步不前,"千里之行,始于足下",有了好的创意还需要靠实际行动去实践。实干者是企业发展的基石,在创业团队中应该占较大的比例。只有通过实干者的踏实努力的工作,美好的愿景才会变成现实,团队的目标才能实现。

3. 协调者协调各方利益和关系。没有协调者的团队领导力会削弱,从某个角度说管理就是协调。各种背景的创业者凝聚在一起,经常会出现各种分歧和争执,这就需要协调者来调节。

4. 信息提供者提供支持的武器。没有信息提供者的团队会比较封闭,创业团队要在社会中生存和发展,没有外界的信息交流企业就会失去方向,而且,当代创业团队的成功更需要正确、及时的信息。

5. 监督者监督决策实施的过程。没有监督者的团队会意志消沉,容易形成干好干坏一个样的思想,因此监督者是创业团队健康成长的鞭策者。

6. 完美者注重细节,强调高标准。没有完美者的团队的线条会显得比较粗放,因为完美者更注重的是品质、标准。在企业逐渐成长的过程中,完美者要迅速地发挥作用,完善企业中的缺陷,为做大做强企业打下坚实的基础。现代管理界提出了"细节决定成败"的观点,进一步说明完美者在企业管理和发展中的重要作用。

7. 专家则为团队提供一些指导。没有专家的指导,企业的业务就无法向纵深方向发展,企业的发展也将受到限制。

在一个创业团队中,成员的知识结构越合理,创业的成功性越大。纯粹的技术人员组成的公司容易形成以技术为主的情况,从而使产品的研发与市场脱节;全部由市场和销售人员组成的创业团队则缺乏对技术的领悟力和敏感性。因此,在创业团队的成员选择上,必须充分注意人员的知识结构——技术、管理、市场、销售等,充分发挥个人的知识和经验优势。

需要补充一点,在一个创业团队中,不能出现两个核心成员位置重复的可能性,也就是说,不能有两个人的主要能力完全一样。比如,两个都是出点子的人,两个都是做市场的,等等,因为只要职位重复,那么今后必然少不了有各种矛盾出现,最终甚至导致整个创业团队散伙。这样的例子举不胜举。

### (四) 创业团队必须有胜任的带头人

在企业管理和市场营销中，人们经常谈论领导者的核心竞争力。事实上，在创业团队中，带头人作用更加重要。一个成功的创业团队，带头人必须让每一个成员信任并愿意为其付出努力，最终实现成功创业的梦想。牛根生的成功就是其个人魅力发挥作用，得到了他以前旧部的信任，并愿拿出全部家产交给他创业。

### (五) 利益分配合理

典型的创业契约应该说明企业的具体目的，说明每个团队成员的有形的资产、财产、设备、专利等和无形的服务、特有技术、关系网等投入，把最基本的责权利说明白，尤其股权、利益分配更要说清楚，包括增资、扩股、融资等。这样的协议允许合伙人占有的公司股份各不相同，但需要合理、透明与公平，一定要说明各成员在公司管理中的地位和职务，是否允许团队成员从事公司以外的其他业务等。有一点最重要，如果是合伙关系，那么合伙双方以什么样的方式结束合伙关系，要在协议中写明，即订出"退出机制"。

## 二、组建创业团队的程序和方法

创业者在有了创业计划后，可以采用以下方法组建创业团队：

1. 撰写创业计划书。通过撰写创业计划书，进一步使自己的思路清晰，也为后来的合作伙伴的寻找奠定基础。

2. 优劣势分析。认真分析自我，发掘自己的特长，确定自己的不足。创业者首先要对自己正在或即将从事的创业活动有足够清醒的认识。并使用SWOT（优劣势）法分析自己的优点、缺点，自己的性格特征，能力特征，拥有的知识、人际关系以及资金等方面的情况。

3. 确定合作形式。通过第二步的分析，创业者可以根据自己的情况，选择有利于实现创业计划的合作方式，通常是寻找那些能与自己形成优势互补的创业合作者。

4. 寻求创业合作伙伴。创业者可以通过媒体广告、亲戚朋友介绍、各种招商洽谈会、互联网等形式寻找自己的创业合作伙伴。

5. 沟通交流，达成创业协议。找到有创业意愿的创业者后，双方还需要就创业计划、股权分配等具体合作事宜进行深层次、多方位的全面沟通。只有前期的充分沟通和交流，才不会导致正式创业后，迅速出现创业团队因沟通不够引起的解体。

6. 落实谈判，确定责权利。在双方充分交流达成一致意见后，创业团队还需对合作条款进行谈判。

## 三、店员的招聘与管理

店铺经营不是店长和老板就能完全做好的，而是全体员工共同发挥作用的一个大舞台，所以认真挑选好合适的员工非常重要。合适的员工会带给店铺旺盛的生命力。

### (一) 招聘员工

1. 员工配备。对于一个店铺具体需要配备多少员工，一定要结合具体店面实际情况来确定。一般来说正常30平方米左右的零售店面，最少需要员工数是3人，以后每增加10平方米就需要再增加1个人。这3人中一个为店长，两个为员工。

店长应该发挥的效能是：店铺日常营运监督与管理；财务管理；安全管理；物品管理；人员管理；货品进、销、存的管理等。而店员主要工作职能是销售，以及直接收银、货品整理、货品安全、内务整理等工作。

2. 挑选员工标准。优秀员工应该具备如下几项主要基本素质：语言沟通表达能力强；观察能力强；有吃苦耐劳精神；积极向上的乐观精神；相对丰富的销售经验；良好的身体体能素质；自信；有好学、自我提升的愿望等。

（1）观察能力。因为销售工作是一项与客户进行面对面直接沟通的工作，好的销售人员，首先应该能很快观察与判断出顾客的类型和顾客需求并能提供针对性的服务。而不太合适的销售人员往往却只能被动地等待客户表达要求，才作出反应，所以一个主动和一个被动的销售人员，她们的销售业绩差别是非常明显的。

（2）沟通能力。好的沟通能力实际包含了两个方面：理解和表达，即首先需要在沟通过程中很清楚对方说了什么，其次是能清楚表达自己想要说什么，这样才能达到有效的沟通效果，才能把货品销售出去。

（3）吃苦耐劳。在零售行业，做营业员是一件辛苦的事情，主要体现在两个方面：

①体能上辛苦。因为不断要和顾客洽谈，仅仅长时间站立本身就是一件十分辛苦的事情。同时在销售过程中肯定有时需要前场后场拿货取货，特别是在营业高峰期，这种情况就更加多见，这些都是对营业员身体意志力、吃苦耐劳精神的考验，也是我们在挑选的时候为什么要考虑营业员身体素质的原因。

②精神上辛苦。主要表现在被顾客拒绝所带来的挫败感。有人曾说，做营业员天生就是要被人拒绝，但是没有人喜欢自己被人拒绝，被人拒绝多少都是会有挫折感，特别是对自尊心强的人更是这样。所以这一点也是很多新进入零售行列新手所面临的最大困难之一。

克服体能与精神这两个方面的困难都需要营业员具有坚韧的毅力和吃苦耐劳的精神。所以对于一般的年轻人，都是比较大的考验，这也就要求我们在招聘的时候就要把这项内容考虑进去。

### （二）挑选员工的步骤与方法

对于新开业的店铺来说，招募店员的工作至关重要。如果店员的素质跟不上，或者不符合开设店铺的要求，再好的硬件也无法创造应有的效益。

通常，招聘员工采用的做法是面试，具体程序与做法如下：

1. 店前筛选法。有人来应聘时，招聘者要在店铺前接待他（她），并注意留心观察。如果应聘者着奇装异服、不修边幅、心不在焉或吊儿郎当，招聘者最好婉言谢绝。

2. 面试的流程。一般来说，面试应遵从以下的基本流程：招聘员工→根据面积确定配备→开始招聘→笔试→面试→（实际操作）→确定。

营业员应具备的主要素质：观察力→表达力→吃苦、乐观精神→良好的身体素质→学习精神→专业的知识→（店长还应该具备管理能力）。

3. 面试的重点。在面试时，招聘者有必要问清楚或注意以下事项：应聘者的眼神或面部表情；其工作经验；其谈吐风度、心态志趣与工作计划；离职另就的原因及来应聘的动机；能否轮班、加班；有无职业生涯规划或进修计划；其个性、家庭背景和经济负担。

此外，还应告知应聘者本店的情况，如未来计划、制度、福利、培训、待遇和工作内容等情况。

4. 选拔测试。运用口试、笔试或实务操作考评，测试应聘者的专业知识和技能。

5. 避免无效面试的心态和技巧。认识到"人不可貌相"，不可片面以貌取人；面试者要先从应聘者的简历中了解有关情况。在面试中要注意双向沟通，要相互尊重，面试者大可多听少评论；要做好面试记录，记下对应聘者的综合印象及其能力、个性、专长、志趣、健康状况等情况及其他有特色的部分，以便建立人才资料库。

在招聘到合适的员工以后，创业者必须对店员进行服务礼仪培训，基本技能培训和销售技能培训，使其能够胜任相应的工作。

# 第三节 开业造势与促销

大型商店的创业者，必须为商店开业策划庆典活动；普通商店的创业者，也要为商店开业策划造势与促销活动；小店铺的创业者，也应营造隆重热烈的气氛。

开业庆典是为店铺开业而举办的一种商业活动，它选择特殊的日期举办，邀请特定的人员参加，旨在向社会和公众宣传店铺，提高店铺的知名度及美誉度，展现优良形象及良好风范，广泛吸引潜在客户。下面是一份百货商场的开业庆典活动策划方案，此方案力图在流程上更加完备，在实践中更具有可操作性，为创业者提供一个范本。

### 紫荆百货商场开业庆典活动策划方案

一、前言

鉴于本商场"引领时尚消费，倡导精致生活"的经营理念，所以，如何针对性地吸引高端消费者，如何将活动形势和活动内容同商场的高端定位及高端消费人群的消费形态相契合，就成了本次活动的关键。

在策划过程中，我们着重考虑将开业庆典、促销活动和树立商场高端形象有机结合；活动主题尽可能艺术化，淡化促销的商业目的，使活动更接近并打动目标消费者。把举办第一届"紫荆杯"高尔夫赛事的开幕式作为本次活动的亮点及持续的新闻热点，力求创新，使活动具有震撼力和排他性。从前期的广告宣传和活动中的主题风格，我们都对特定的消费人群进行了全方位考虑。在活动过程中为尽量避免其他闲杂人等的滞留，所以庆典场面不宜盛大，时间不宜过长，隆重即可。

二、活动主题

1. 开业庆典。
2. 第一届"紫荆杯"高尔夫友谊赛开幕式。

三、活动风格

隆重、高雅。

四、活动目的

1. 面向社会各界展示紫荆百货的高档品牌形象,提高紫荆百货的知名度和影响力。

2. 塑造本地第一高档精品商场的崭新形象;塑造紫荆百货精品氛围。

3. 通过本次开业庆典活动和"紫荆杯"高尔夫赛事开幕仪式,开拓多种横向、纵向促销渠道,掀起国庆黄金周的促销高潮和持续的新闻热点,奠定良好的促销基础和良好的社会基础。

五、广告宣传

1. 前期宣传。

(1) 开业前10天起,分别在××日报、××晚报及各高档写字楼的液晶电视传媒网等媒体展开宣传攻势,有效针对高端目标消费人群。

(2) 周边各高档社区及高档写字楼内作电梯广告,有效针对周边高端消费者,有效传达紫荆百货开业及其相关信息。

(3) 以各高尔夫球场为定点单位给各高尔夫球场的会员及高尔夫球界名流、精英发放设计精美的邀请函,邀请其参加紫荆百货开业庆典暨第一届"紫荆杯"高尔夫友谊赛。

2. 后期广告。

(1) 开业后5日内,分别在××日报、××晚报及各高档写字楼的液晶电视传媒等媒体进一步展开宣传攻势,吸引目标消费者的眼球,激起目标消费者的购买欲。

(2) 进一步跟踪报导"紫荆杯"高尔夫友谊赛,掀起持续的新闻热点。

六、嘉宾邀请

嘉宾邀请,是仪式活动工作中极其重要的一环,为了使仪式活动充分发挥其轰动及舆论的积极作用,在邀请嘉宾工作上必须精心选择对象,设计精美的请柬,尽力邀请知名人士出席,制造新闻效应,提前发出邀请函(重要嘉宾应派专人亲自上门邀请)。

嘉宾邀请范围:(略)

七.活动亮点

1. 以开业庆典为平台,举行第一届"紫荆杯"高尔夫大赛开幕式。以各高尔夫球场的会员为主要参赛对象,给每个会员发放邀请函,并附上参赛的相关事项。商场内各商家为赞助商,还可邀请市内知名品牌的高尔夫用具商为赞助商或协办单位;邀请各高尔夫球会为协办单位,凡参赛者均可在商场开业当天获得精美礼品,优胜者可按名次获得现金奖励及商场内各世界品牌提供的高档礼品。凡参赛选手在商场内购物可获得相应优惠,在协办单位消费也可获一定礼遇等(或到场嘉宾可当天加入紫荆VIP会员)。在良性的联合运作状态下,使主办方、协办方及赞助方三方在合作中获得共赢。

2. 千份DM杂志免费赠送:为了扩大商场的开业效应和品牌影响力,发行DM杂志(紫荆百货《精致生活指南》)赠阅消费者。此DM杂志为大16K,68P,四色铜版纸印刷,发行量为1 500册。主要发行渠道为在开业庆典上所有到场者的礼品和开业促销期间商场赠阅。

3. 在气氛渲染方面,以高雅的模特走秀和钢琴演奏代替庆典仪式中惯用的军乐队、锣鼓、醒狮队等。令每位来宾耳目一新,难以忘怀,且能有效地提高开业仪式的新闻亮点和宣传力度。在庆典活动中注入高雅文化，且与紫荆百货的高端定位及目标消费群的理想生活形态有机契合。

4."名星"巧助阵：邀请高尔夫球界权威或精英，使圈内人士慕名而至；邀请某品牌代言人到场助兴表演一到两个节目，掀起会场的第三个高潮，整个活动在高潮迭起中落幕，令人回味无穷。

八、活动程序

××年×月×日上午9：00典礼正式开始（暂定）。

8：30 播放迎宾曲，来宾签到，为来宾佩戴胸花、胸牌、派发礼品，并引导来宾入会场就座，将贵宾引入贵宾席。

8：35 时装表演开始，在嘉宾印象中深化紫荆百货的高端定位。

9：00 表演结束，五彩缤纷的彩带彩纸从空中洒下，主持人上台宣布开业仪式正式开始，并介绍贵宾，宣读祝贺单位贺电、贺信。

9：05 紫荆高层领导致欢迎辞。

9：10 政府领导致辞。

9：15 协办单位领导致辞。

9：20 参赛选手代表讲话。

9：25 体育部门领导致辞并宣布第一届"紫荆杯"高尔夫友谊赛开幕，鸣礼炮、放飞和平鸽和氢气球（会场达到第一个高潮）。

9：30 钢琴演奏（曲目略）。

9：35 宣布剪彩人员名单，礼仪小姐分别引导主礼嘉宾到主席台。

9：40 宣布开业剪彩仪式开始，主礼嘉宾为开业仪式剪彩，嘉宾与业主举杯齐饮，鸣放礼炮、放飞小气球、撒彩屑，典礼推向第二个高潮。主持人宣布正式营业，消费者可进场购物。

9：45 活动进入表演及相关互动活动。

10：00 整个活动结束。

九、会场布置

现场布置与开业庆典的主题结合，力争做到"细心、精心、认真、全面"，将高雅文化进行到底。遮阳（雨）棚和T形台、背景板的设计能充分突出会场的高雅和隆重的风格。

附件1：开业庆典仪式现场需要准备的物品表。

附件2：气氛营造所需人员与设备表。

十、后记

1. 本草案中各项活动内容均为暂定，方案所略之处及其他未尽事宜或因时间问题，或需同主办方进行更深入的沟通和研讨才能决定，所以在本案中未能体现，敬请谅解。

2. 关于第一届"紫荆杯"高尔夫友谊赛的详细事宜将作另案处理，在本案中未作阐述。

3. 一般情况下，开业日期应选在法定休息日，以便于嘉宾和消费者出席，而主办方现定的时间9月25日刚好是周一，建议再做决定。

## 一、开业庆典策划

开业庆典象征着一个新店的诞生,当然应该给予应有的重视。这既是店铺借此向公众宣布其诞生、广做宣传的机会,也是考验每位员工是否能提供到位的服务,并进行迅速调整的时机。因此,开业庆典是营运过程中一个重要的环节。

### (一)选择适当的开业日期

中国人新店开业为图吉利,往往要选择一个合适的日期,店主可以根据当地习俗选择开业日期,但不应该一味图吉利而忽视其他因素。一般情况下,开业日期应选在法定休息日,以便于嘉宾和消费者出席,另外还要考虑天气等客观因素。

开业的时间可根据本行业以往的绩效,选择在旺季或淡季开店。具体开业日期应选择假期或双休日前一天。还可依民间习俗,请专家选择最佳的开店日期。

### (二)开业和公关的准备

新店应该在庆典的前一天完成庆典现场的布置工作。具体的庆典现场布置方案可根据店主的经济状况、店铺的规模自行确定,店内应适当安放一些宣传标语等。开业庆典及公关准备主要包括以下内容:拟订庆典活动程序;提前通知邀请的贵宾和剪彩人;优惠卡、礼品、宣传材料、饮品等的准备;剪彩和开业道具的准备;祝贺物的摆设;开业的预演和试营业;开业的安全措施等。

### (三)开业仪式的选择

1. 促销式开张。促销式开张即利用开张期间对店内商品进行打折,以求汇聚人气、薄利多销。这类开张仪式以销售为目标,视市场情况而定,在确定促销方式与内容前,应先做如下准备:海报、横幅;电视新闻报道;地方报纸杂志开业大吉喜报;开业酬宾。

2. 公关式开张。隆重的开张仪式是较大型的公关活动,可以使公司品牌成为瞩目焦点,制造一定的宣传效果。公关式开张可考虑安排如下内容:邀请当地名流为贵宾;邀请社会名人主持开业仪式;邀请当地各主要媒体采访,并提供新闻背景材料;配合开张典礼在当地报刊刊登广告;为开业当天精彩画面安排摄影,录像等。

### (四)开店当日计划

开业日计划安排见表 5-1。

表 5-1　　某卖场开业日计划安排表

| 时间 | 活动项目 |
| --- | --- |
| 07:00—07:20 | 店员进入卖场 |
| 07:20—08:30 | 卖场环境清洁工作及商品整理展示 |
| 08:30—09:00 | 举行早会及服装仪容检查 |
| 09:00—09:20 | 各就岗位,准备开幕 |
| 09:20—09:30 | 主管巡视 |
| 09:30—09:40 | 开幕前安排迎宾位置 |
| 09:40—09:50 | 后勤各部分进行开幕前的最后准备工作 |
| 10:00 | 开幕典礼,鸣炮、奏乐、剪彩 |

续表

| 时间 | 活动项目 |
| --- | --- |
| 10：30—21：30 | 开业销售 |
| 21：50—22：00 | 打烊预告 |
| 22：00 | 打　烊 |
| 22：00—22：30 | 结算当天销售额及清理卖场 |
| 22：30—23：00 | 安全检查 |
| 23：00 | 清　场 |

注意：卖场应于10时前完成准备工作，主管巡视卖场一周，其他人员各就各位。开业典礼开始，各负责部门均应事前做好准备工作，其他各项作业均应按规定事项进行。

### （五）开业庆典应注意的事项

1. 开业庆典选择场地应考虑的因素。

（1）开业地点一般设在店铺经营所在地、目标公众所在地或租用大型会议场所。

（2）场地是否够用，场内空间与场外空间的比例是否合适。

（3）交通是否便利，停车位是否足够。

（4）场地环境要精心布置，用彩带、气球、标语、祝贺单位条幅、花篮、牌匾等烘托喜庆热烈气氛。

2. 开业庆典选择时间应考虑的因素。

（1）关注天气预报，提前了解近期天气情况。选择阳光明媚的日子最好。

（2）营业场所的建设情况，各种配套设施的完工情况，水电暖等硬件设施建设。

（3）选择主要嘉宾和大多数目标公众能够参加的时间。

（4）考虑民众消费心理和习惯，善于利用节假日传播组织信息。比如各种传统的节日、近年来在国内兴起的国外的节日、农历的3、6、9等结婚较多的日子等。借机发挥，大造声势，激励消费欲望。如果外宾为本次活动主要参与者，则更应注意各国不同节日的不同风俗习惯，切不可在外宾忌讳的日子里举办开业典礼。

（5）考虑周围居民生活习惯，避免因过早或过晚而扰民，一般安排在上午9点~10点最合适。

3. 开业庆典邀请宾客应考虑的因素。

（1）确立邀请对象：邀请上级领导以提升档次和可信度；邀请工商、税务等直接管辖部门，以便今后取得支持；邀请潜在的、预期的未来客户是企业经营的基础；邀请同行业人员，以便相互沟通合作。

（2）邀请方式：电话邀请，还可以制作通知，发传真，更能够表明诚意与尊重的方法是发邀请函或派专人当面邀请。邀请工作应该提前一周完成，以便于被邀者及早安排和准备。

4. 开业典礼的舆论宣传应考虑的因素。店铺舆论宣传，如果选择电视台或有名报纸、杂志及其他知名网站，往往付费不菲，这不是一般小店所能承担的，因此应从自身经济实力出发，量力而行，可选择以下方式：（1）自制广告散页，请专人到店铺附近的街头巷尾广为散发，向公众介绍商品、提示服务内容或宣传本企业本单位的服务宗旨等，所需费用较低；

（2）在店铺建筑物周围设置醒目的条幅、广告、宣传画等。当然店铺规模较大、实力较强，希望迅速扩大店铺影响，可选择电台、电视台等大众媒体，也可以利用报纸、杂志等视觉媒介物传播。

5. 开业庆典场地布置应考虑的因素。按照惯例，举行开业典礼时宾主一律站立，一般不布置主席台或座椅。现场装饰为显示隆重与敬客，可在来宾尤其是贵宾站立之处铺设红色地毯；在场地四周悬挂标语横幅；在店铺所在建筑物上悬挂彩带、空飘气球，在店铺大门两侧摆放来客赠送的花篮，门楣之上悬挂招牌，餐馆等还可悬挂牌匾、宫灯等。如：在大门两侧各置中式花篮若干，花篮飘带上的一条写上"热烈庆祝××开业庆典"字样，另一条写上庆贺方的名称。

此外，有时还需考虑赠与来宾的礼品、庆典用品、交通工具等。

## 二、开业促销

新店开张是一个经营的起点，广告策划与营销也应从此时开始。经营者都非常重视开张大吉之日，但是，在重视程度和策略上却有所不同，其效果也自然各有千秋。

> **案例阅读**
>
> 报载，中华书局要在北京开设一个门市部，在报上登了一个广告：该店开张大吉之日，将请第一位到店"站脚助威"的读者剪彩，并奉送纪念品以示敬意。该广告引来了不少看稀奇的观众，一位清晨5点就赶到的记者不但成了剪彩者，还领受了《诸子集成》12卷的馈赠。同时，这个别开生面的开业广告也成了当地众多报纸的花边新闻，一时传为京城佳话。
>
> 讨论：该创意所带来的宣传效果，比那些开列一长串祝贺单位名单，或者邀请领导和名流剪彩，哪个更好呢？

### （一）善于借势发力，进行促销

中国人自古就讲究开张大吉、聚集人气，当今社会，宣传的方式方法更是多种多样，像大超市、大卖场那样的开业造势营销，一般的小店是承受不了的。但是聪明的人都明白一个道理：资源在于借。借好了天时地利，开店就成功了！一家小店开业，只要能做到以下"六借"，基本上就可以花最少的钱达到最好的开业效果：

1. 借装修。装修期间的促销是被各个店主遗忘的空白期，十来天的装修期，店门口人来人往，却没人知道这个即将开业的小店是什么名字，将要卖什么。其实人都有好奇心，不仅喜欢结果，还喜欢过程，让每天都要路过店门的人对你小店满怀期待："好想看看这个店装修好了是什么样的"，"好想看看这个小店摆满衣服是什么样的"。当每天经过你店门口的人有了这个期待，那么开业之后，他们是一定会捧场的。这个期间可以做一个一个临时性的广告，花费不是很多，广告内容可以是即将开业的品牌形象宣传，也可以是开店促销的一点透露；还有一种省钱的方法就是拉一个条幅，上写"距某某店开业还有多少天"，也是不错的。

另外制作精美的招聘广告也是宣传品牌的好机会，很多店只是简单的写个"招聘"两字或几句招聘要求，但精美的招聘广告有时意义大大超过招聘本身，会起到很好的宣传作用。其实我们以前也看到一些公司在报纸上通过整版的招聘广告来显示公司的实力，道理与这个是一样的。

2. 借传单。传单一直被认为是低效率、最笨的宣传办法,但是很多大企业却仍然使用,超市促销时都会在附近发放传单,走过肯德基、麦当劳的店,也会收到一些漂亮的传单,小店更应该采用这样的方法。在服装店开张前后,可以印制一些卡片传单(可以设计得漂亮一些),在店址周围的社区、商厦、写字楼、学校等机构里派发,让潜在消费者了解服装店的位置。

3. 借时间。可以不相信什么良辰吉日,但开业时间的选择很重要,要尽可能网罗最多的顾客,造成轰动的效果,一般是选在周五与周六或者节庆日,有些地方在赶集日开业最好,因为这些日子是人们最有购物感觉的时候,也是人流量最多的时候;顾客有从众心理,喜欢热闹,喜欢人多。有的店主说得好,甭管今天做了多少业绩,看着人多就舒服。

4. 借气氛。开业一定要有开业的气氛,要让顾客知道是新开业。可以不用烟花,但一定是想办法搞些花篮,至少要有8个,太少了没有气氛;如果条件允许,也可以设计拱门。音乐也非常重要,没有音乐的店面是可怕的。音乐声可以掩盖人们的嘈杂声,也可以增加顾客的安全感,静悄悄的店面让女性顾客缺乏安全感,不利于放松心情购物。

5. 借促销。由于长期养成的习惯,如果开业没有一些促销之类,顾客会不适应,其实并不要求赠品有多大价值,也并不要求一定要让利。某店开业的促销是办理白金卡,由于白金卡做得很特别精致,市场上一般见不到,女孩子一见就喜欢,特别是背面有三行字,谁见了谁高兴:"谨以此卡送给成功女性、时尚女生、有女人味的女人",所有的女性都能对号入座。而且白金卡促销与一般的卖赠打折是不一样的,卖赠打折是一次性的,而赠送白金卡可以增加顾客的黏性,促使顾客再次购物。当然,如果是一张普普通通的贵宾卡,就没有这种效果,很多人拿了就扔了,但该店的白金贵宾卡不同,因为它不但是一张卡,更是一件工艺品,具有收藏价值,女孩子舍不得,这也是当初制作白金卡时首先考虑的,所以造价也不便宜,是一般贵宾卡的四五倍左右。很多店在制作贵宾卡时,关注的是打多少折,还有一些可笑的解释权之类的套话,而该店把注意力放在卡的工艺性、收藏性上,这是独创。一般的小店不能做到的话,至少也要有赠品或者打折之类的促销活动。

6. 借商品。新店开业,顾客进店,顾客图的是新鲜,而我们则要让顾客有购物的体验;当顾客有了一次在店中购物的体验后,下次来,就有熟客的感觉,心情就会放松,这就是为什么我们理发喜欢去熟悉的理发店而不会每一次都换一个地方。另外当顾客选购了第一件商品时,会大大增加购买其他商品的购买欲望;这就是为什么本来我们到超市只是为了买一瓶洗发水,最后却买了一大堆东西回来。所以准备一些价廉物美,人人都可以购买,多一个不多,少一个不少的商品,是非常有必要的;例如超市常常会把鸡蛋、洗衣粉、食用油作为此类商品;服装店开业时可以多准备一些小耳环、小戒指、小项链,冬天还可以加上围巾、手套、帽子等。

(二)借开业之名,采取多种形式的打折促销活动

1. 以开业之名,造促销之势。

- 邀请众人来捧场——亲朋好友、左邻右舍等。
- 花团锦簇——以花篮、彩带、条幅、五彩气球装扮一新吸引眼球。
- 请名人——借名人效应,拉抬声势。
- 把喜气带给顾客——提供细致周到的服务或送小礼物;使你的店铺成为"热门话

题"。
- 特价优惠——以延长开张当天的气势。
- 面面俱到——准备要周详,一个顾客就等于一个市场。

2. 形式多样的促销方法。

(1) 赠品促销法。新店开业为拉近与顾客的距离,吸引人气,所送赠品应具备以下三个特点:

①让人容易获得。容易获得才可以激发大家参与,促销的"势"才容易造出来,否则,赠品让人感觉与自己无缘,那你的赠品只能算是"样品"。店铺要吸引消费者连续购买,那获得赠品的门槛一定要低。

②赠品与店铺开业活动有相关性。选择的赠品和促销活动有关联,这样很容易给消费者带来对店铺最直接的价值感。就如同红花与绿叶,搭配起来相辅相成,让人有很强的记忆点,否则,赠品极易失去价值感。

③与众不同。要想达到预期的目的,新奇感是你得到消费者关注和青睐的一大法宝。

> **案例阅读**
> 广州有些店铺开业时,针对目前限制并有偿使用塑料袋的情况,在新店开业当天,为购物达到一定金额的顾客,免费赠送印有店铺名称的结实耐用的购物布袋,深受广大顾客欢迎。在新店开业一段时间,很多顾客提着这种购物袋来往于大街小巷,也为店铺做了免费广告。

新店开业所送应明确受赠对象与范围,在组织上要周密得当,应有利于扩大知名度、信任度和美誉度,让店铺收到较好的社会效益和经济效益。

(2) 心理促销法。利用新店开业,周边顾客对店铺的好奇心理,采用制造悬念——设置悬念——解开悬念,把顾客吸引来并留住;通过商品的有限性来吸引特定的顾客,包括:

①品种限定——优惠商品、赠品或有奖销售等商品数量有限,先到先得。

②陈列限定——专业店陈列商品时不要把畅销品摆得过多,以免给人以批量的感觉,使其降低身价;应较少陈列畅销品,以此强调其稀有价值,并使顾客产生唯恐错过良机而急于购买的心理。

③人员限定——对具有独特专长的店员实行预约服务的方法。

④时间限定——某种商品或服务的销售或服务限定在开业一定的时间内,采取减价或优惠销售。

⑤针对不同顾客,采取不同服务措施:
- 待客热情,特别是消费愿望不大强烈的顾客;
- 多献殷情,特别是对其貌不扬的顾客;
- 分清重轻,盯住带有女伴的男客;
- 主动招呼,对那些犹豫不决的顾客;
- 察言观色,对富有顾客多介绍商品的优良品质。

(3) 其他促销法。

① 有奖促销法——应有清晰易懂、公开公平的活动原则,并符合国家现行的法律、法规对有奖销售的规定;

② 免费试用促销法——逐户分送、定点分送、寄送、选择分送、零售点分送、联合分送、媒体分送、销售商品附赠、凭优惠券兑换等方式；

③ 优惠卷促销法——消费者可凭此券享受折扣、特惠价、换取某种赠品甚至免费待遇等；

④ 包装促销法——凭借某些特殊的包装而使得产品显得较为突出，从而增加销售量；

⑤ 示范促销法——通过现场的示范表演来达到促销的目的；

⑥ 还本促销法——出具一定的信用凭证在若干时间后将此商品销售款的全部或大部分退还给消费者；

⑦ 方便促销法——在销售产品过程中，尽量为顾客提供如搬、运、包装、配套、维修服务的方便；

⑧ 原价促销法——先以优惠期内原价销售取得客户信任，优惠期之后再加价。

**提示：** 促销应注意以下问题：

（1）价格对促销的影响。促销过程中决不能只求价格低廉，而应配合各类营销手段以吸引顾客、说服顾客，使其对商品或服务感到满意；或通过另外的方式补贴给消费者。

（2）形式应灵活多变。

（3）重视店主在促销活动中的作用。

（4）促销前应设定营收目标和客数目标，才能预估要多少人手、准备多少商品、寄发多少传单、印刷多少海报、刊登多少广告等；切记促销的目标与最终结果，一定要让顾客满意、员工乐意、老板得利，做到三赢。

## 技能训练与思考

### 一、问题与思考

1. 创业者应该如何选择创业店铺组织形式？
2. 个体工商户注册登记应该具备哪些条件？
3. 有限责任公司注册有哪些步骤？
4. 优秀的创业团队具有哪些特征？
5. 挑选员工有哪些步骤与方法？
6. 什么是开业庆典，开业庆典应注意哪些事项？
7. 小店开业应该做到哪"六借"？

### 二、能力训练与实操

**（一）阅读下列材料，看看以下案例中的促销有无不妥之处，如有，请指出来**

1. 李先生没有想到《倚天屠龙记》会给他带来这样一桩苦恼的事。自从上小学五年级的儿子迷上收集方便面里的系列画片后，成天闹着买方便面，往往一买就是好几包，甚至十来包。不为吃面，只为那里头附带"赠送"的小画片。先前是集《三国演义》系列，然后是《水浒》系列，现在又是《倚天屠龙记》系列，没完没了。如今家里开了口儿的方便面已堆成了个小山，可孩子还是乐此不疲。

2. 电脑广场举行促销活动，学生凭考试成绩的高低，买电脑享受不等的"返现金"折扣。中考学生凭成绩单来买电脑，每分优惠0.5元；小升初学生凭成绩单，每分优惠1.5元。如中考考了600分，凭成绩单来购一台电脑的话，广场将返还现金300元。据了解，第一天有十多位家长带孩子前来，其中中考学生居多，考分大多在550分左右，即可优惠270元上下。

3. 某地号码尾数是"38"的人民币突然身价倍增，用100元这样的"幸运钞票"在购物广场可购买价格为200元的商品。众多顾客闻讯蜂拥前去，竟把商场的柜台挤碎了。

据了解，这项促销活动名为"幸运寻'38'，现金翻倍花。"商场顾客由此猛增。总服务台前一块告示牌上写着，从3月8日至10日，在商场一楼化妆品区、皮鞋区、人造首饰区、珠宝区及二楼部分柜台购物，顾客持号码尾数为"38"的10元、50元、100元面值人民币可购买价格为20元、100元、200元的商品……几十名顾客挤在一个化妆品柜台前，售货员高喊"货已售完，退出促销"，并极力疏导顾客。无奈顾客太多，两个柜台的玻璃被挤碎。保安上前维持秩序，场面仍难控制。

（二）策划实操题

以小组为单位，设计一个策划活动方案，要求如下：

1. 有活动主题、时间、地点；
2. 活动的具体安排细节设计；
3. 需要购买的物资计划及相关预算（简要）；
4. 小组各组员的具体分工及相应负责的事项。

（三）阅读下列内容，试分析各促销战术的成功之处

商场如战场。消费者购买行为往往是非理性的，这就为经营者诱发消费者购买提供了广阔的空间。下面是几种常用的营销战术：

1. 赠送战术：消费者对额外赠送所得感到惊喜，从而提高购买欲望。例如，一家颇具规模的儿童玩具店，店内各种玩具琳琅满目，应有尽有。在商店营业厅前放置一透明水池，池中放养着许多五颜六色的小金鱼，在金鱼池的上方十分醒目地标明："凡购买玩具20元以上，赠送金鱼"。父母为子女购买玩具本来就有需求，又可获赠可爱的小金鱼，而且商店准备好工具，让小朋友自己动手去捞看中的金鱼，装入透明的袋子带回家去，实在太有意思。这家商店的顾客还会少吗？

2. 友好战术：有了消费者的好感和信任，离成功就不远了。有一家保险公司先将保险业务介绍和一张简单的调查表寄给顾客，并附言写道："请将调查表填好寄回给我们，我们将送上世界各国古代的仿制硬币两枚。这是答谢你的支持，并不是请您加入我们的保险"。共寄发了3万封，居然收回23 000多封，反应甚佳。随后，保险公司的业务人员带着各种古色古香的仿制铜质硬币，按地址登门拜访回信者。业务人员进门就说："感谢您对我们的支持，特地给您送来古代稀奇的硬币"。之后拿出一袋多种花样的古币，让消费者任选两枚。这种大方、守信用的言语、行动和听任选择，使消费者顿时产生好感，心中固有戒备自动解除。

3. 激将战术：好胜之心人皆有之，激发得当有利销售。一次，一对外商夫妇相挽进入高雅的珠宝商店，看到一只翡翠戒指，纹理清晰、色彩悦目、做工精细，真是爱不释手。他

们很想购买，可是太贵了，标价 8 万元，因而正在犹豫不决。此时，售货员主动介绍说："上个月某国总统夫人也曾来看过，赞赏不止，只因价格太高，没买。"这对夫妇听到售货员的介绍，心想，总统夫人都嫌贵买不起，我们买下来，岂不是比总统夫人更富有？好胜心的驱使，激发了购买行动，他们便立刻付款买下这只价值 8 万元的戒指。珠宝店的生意做了，这对夫妇的心理满足亦获得，真是两全其美。

4. 揭短战术：揭自家短处，树诚实形象。广告宣传不讲优点，讲缺点，揭自己的短处可以吗？有一家钟表商店推销一种名为"青春"的机械手表，曾经按常规做了不少称赞广告宣传，但效果不大，未能引起人们的注意。后来他们在商店门口以大幅醒目广告揭自己的短处，"青春牌手表走得不太准确，一天会慢 1.5 秒，请购买者慎重。"此句话的形式是揭自己的短处，给人以诚实、可依赖的安全感。其实人们都晓得，机械手表的走时不可能一秒不差，一天正负 1.5 秒是相当准确的了，本来极少人注意的"青春"手表一下子引来了许多顾客。

（资料来源：中华玩具连锁网，2009 年 2 月 25 日）

# 第 **6** 章
# 店铺创业的培育生存能力阶段

**学习目标**
- ☐ 掌握店铺的日常管理工作
- ☐ 知道店铺生存能力的形成要素
- ☐ 掌握培育店铺生存能力的策略和途径

## 案例阅读

### 司机变成省级总代理

邱宁亮当汽车司机时,一个偶然的机会他看到了一个关于美国JB爱车养护神系列产品的介绍:"养护神让新车无磨合,长寿命使用,智能修复,功能提高15%,强力抗磨,70万公里无大修,几倍延长发动机寿命,还可降低油耗7%~11%……"邱宁亮决定试一试,当即买了几瓶JB新产品。用了半年多,发动机果真很少出故障,这让他坚定了开拓车辆养护美容市场的决心。

他进了一批JB保护神产品,又花了5 000多元租了一间门面,开起了"JB爱车养护神经营部"。开业一个多月,一瓶保护神也没卖出去,邱宁亮急了,咋办呢?他背着新产品,扛着抗磨演示仪,到车站、洗车场、停车场、大街小巷、机关院落进行演示宣传。一年后经营部有了起色。邱宁亮还引进了汽车免拆设备,招聘了6名专业技术人员,增加了换油、车辆保养等业务,并将经营部更名为"一路行汽车、摩托车养护美容中心"在当地第一家专门开展汽车、摩托车养护美容业务。

养护中心地处城郊324国道边,区位优势比较明显,每天有数千辆车在门前路过,邱宁亮用洗车带动养护,别的车场洗轿车8元,他只收5元;洗摩托车5元,他只收3元。并且,他非常热情,驾驶员刚把车停稳,他便递上热茶,向驾驶员宣传车辆养护理念。前来养护的车辆渐渐多了,他每天的收入超过200元。邱宁亮取得JB保护神在黔西南地区的独家经销权。随后,他又承诺若从新车开始定期使用JB,能延长发动机寿命1~3年;若老旧车定期使用JB,能延长大修间隔1~3倍。凡按说明正确使用JB的,无效退款;若造成经济损失、车辆损坏,加倍赔偿。当年年底,来养护的固定车辆达到了

3 000多辆。第二年,邱宁亮决定开成连锁店,经过考查选址,他在开发区建立了第一个JB服务点。到第三年,邱宁亮在6个县市区均建起了JB服务点,还在十多个大乡建起了服务点。年底,他的服务点已发展到23个,网络已覆盖全市。他推出了一系列独到的经营举措,所有服务点的门面统一装修,并统一制定了招牌、员工服务单和宣传资料。在管理上,强化专业技术人员的培训,注重诚信经营和优质服务,努力降低内耗成本,最大限度让利于顾客。第四年,他成为全省JB新世纪系列新产品的总经销。

(资料来源:岑大明:"车夫变成总经理",《市场营销案例》,2006年第2期,第9~10页)

**想一想:** 邱宁亮从一个汽车司机变成省级总代理的历程对你有什么启示?

# 第一节 店铺生存能力的内容与形成要素

店铺开业之后,进货、销售、调配、存货、店员、资金、设施等方面的问题将会不期而至。店铺生存唯一不变的法则就是适应。市场竞争中,适者生存,店铺要存活下去,就必须有自己的适应市场的生存能力。

## 一、店铺生存能力的内容

店铺的生存能力是指决定店铺生存的内在物质要素、重要条件及其综合。它是店铺争夺市场份额的力量。我们把店铺生存能力的内容概括为四句话:别人没有的物质要素和条件;与人不同的物质要素和条件;先人发现的物质要素和条件;强人之处的物质要素和条件(见图6-1)。

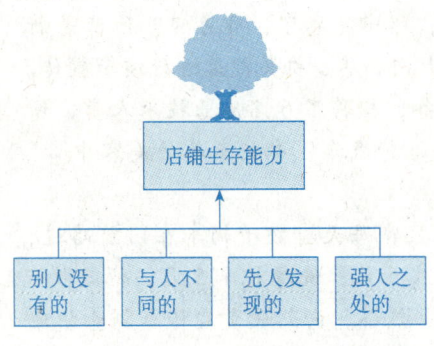

图6-1 店铺生存能力构成

1. 别人没有的物质要素和条件。它是对某种资源的相对独立的占有。在商品经济日益完善的条件下,长期独立占有某种资源的可能性很小,但不是完全不可能。可能性存在于对某种潜在的、未被利用的资源的发现,或发现某种公认资源的新的商业价值。例如一些车站、码头的店铺,谁最先占有,谁就在空间上相对独立拥有了位置资源。率先挺进无竞争领域是弱势企业迅速制造相对强势的不二法门。

2. 与人不同的物质要素和条件。不同就是差别,差别来自特殊性。这个特殊性可以是市场定位、地理、技术、工艺、传统、原料、材质、款式上的要素和条件,店铺只有在追求个性张扬的努力中,才能吸引住顾客挑剔的眼光;只有拥有鲜明的个性化,才能使店铺在残酷的商业竞争中脱颖而出，在减少竞争的同时开拓发展空间。

目前在国内市场中，个性化概念可分为两种，一种是商品个性化，主要是抓住时下消费者求变求新、标榜另类和时尚的特性，提供独一无二的个性化商品；另一种是店铺个性化，从文化理念入手博得消费者的认同感。店铺个性化是店铺得以立足的一个重要根据。

3. 先人发现的物质要素和条件。指对未来的预见。比如邱宁亮，他最先发现了代理美国 JB 爱车养护神系列新产品的优势，把握了中国汽车工业即将大发展的趋势，在当地开了第一家汽车养护美容中心，专门开展汽车、摩托车养护美容业务，使店铺有了生存的土壤。

4. 强人之处的物质要素和条件。对一个项目而言，能够做到高人一筹、优人一档、强人一处，那就是生存能力。特别是进入完全竞争领域——开个小店，更需要某种优势。比如说成本，只要在成本上有所建树，就有了生存的资格。比如邱宁亮的汽车养护美容中心，区位优势比较明显，他可以用洗车带动养护，而且成本低，这就使他的店铺比别的店铺有了强人之处。

5. 综合就是把以上要素相加。优势的产生是综合的结果，综合的对象可以随发展而扩大，每增加一项，竞争的优势就会增大一分，诸多要素集合的优势才是店铺的生存能力。

### 二、影响店铺生存的日常管理工作

好的管理是任何一个企业成功的根本，进、销、存是店铺日常管理工作中十分重要的三个方面，创业期间，许多企业没有明确的销售计划，企业的各种销售策略、方案、措施不配套，过程控制简单，制度不完善。因此，企业应该从进、销、存三个方面最大限度地简化管理程序和挖掘潜在价值，提升企业的利润水平和经营业绩，提高店铺的生存能力。

#### （一）创业期的进货管理

商品采购是店铺业务活动的初始环节，学会进货的要领、来源、技巧，方可安全避险。采购到好的商品也就等于销售了一半。

1. 进货的原则。

（1）勤进快销。店铺必须力争以较少的资金占用加速商品周转，做活生意。当然，也并非越勤越好，必须考虑店铺的条件以及商品的特点、货源状态、进货方式等多种因素。

（2）诚实守信。店铺在采购活动中要信守合同诚实守信，保证合同的合法性、有效性，更好地发挥经营合同在经营中的作用，树立良好形象。

（3）以需定进。就是要根据市场需求情况来决定进货，保证购进的商品适合顾客的需要，能够尽快地销售出去。这能够使店铺避免盲目的采购，促进商品的销售。

店铺经营者必须保证不经营假冒伪劣商品，要学会识别真伪商品，严把进货关，抵制假冒伪劣商品进入市场。

2. 进货的要领。一般店铺进货均是由老板自己视销售而定，适量而进，一般多在星期三进货多一点，其次是星期一，再次是星期五，这样做的主要目的是保证有充足的货源来迎接周末及周日的交易。进货时应把握以下要领：

（1）按不同商品的供求规律来进。对于供求平衡、货源正常的日用品，适销什么，就采购什么，快销就勤进，多销就多进，少销就少进；对于货源时断时续，供不应求的商品，根据市场需求，开辟货源，随时了解供货情况，随供随进；对于销量不大的商品，应当多品种少进货，在保持品种全和必备库存的前提下，随进随销。

（2）按商品季节产销特点来进货。季节生产、季节销售的日用品，季初多进，季中少进，季末补进；常年生产、季节销售的日用品，淡季少进，旺季多进。

（3）按商品供应地点来进。当地进货，要少进勤进；外地进货，适当多进，适当储备。

（4）按商品的市场寿命周期来进。新产品要通过试销，打开销路，进货应从少到多。

（5）按商品的产销性质来进。季节生产，常年销售，生产周期比较长，受自然灾害影响较大，生产不稳定的一些农副产品，应寻找生产基地，保证稳定货源。对于大宗产品，可采用期货购买方式，减少风险，保证稳定货源，降低进货价格。对于花色、品种多变的商品，要加强调研，密切注意市场动态，以需定货。

3. 进货的数量。有很多店铺经营者都有这样的观念：大量进货是降低成本的不二法门，但这种观念在一些行业是行不通的。例如经营女性时装，女装的流行性决定了销售的时效，精明的业主在采购商品时必须注意设定适当的数量。在款式、花色等方面都是求质而非求量。这样做的目的一方面保证了店铺的特色，另一方面也解除了资金、存货等压力。由此可见，店铺的利益在于健全的销售，而不是大量进货。加之存在着购入价格偏高和丧失机会等问题，可以说采购商品的单位越小越有利。

4、进货的渠道。店铺经营人员为确保进货及时畅通，商品品种丰富多彩，必须广开货源渠道，建立固定的进货渠道和固定的购销业务关系是店铺经营中经常采用的办法，它有利于互相信赖和支持。由于彼此了解情况，易于符合进货要求，同时可以减少采购人员，节约费用。另一方面，店方在保持固定进货渠道的同时，要注意开辟新的进货点，以保持进货渠道多样化。

在商品日益丰富，货源比较充足的今天，店铺采购商品选择供货单位时，要考虑的因素有三条：一是所供商品的品种、数量、花色、规格、质量情况；二是供货商的供应情况等；三是供货者的条件，如路程的远近、交通运输工具、运输路线、运输费用等。总之，采购决策要以经济效益为标准，运用科学的决策分析方法，进行综合比较，实现采购活动效益最优。

**（二）创业期的库存与安全管理**

库存是指尚未销售出去的商品。要形成进销两旺的良性循环，就必须保持合理的进货比例，使库存量维持在合理的范围内，减少不合理库存商品的出现。

1. 存货管理的基本原则。

（1）防止采购失误，要根据库存和销售情况作出正确的采购决策。

（2）先进先出，每次从库房移出商品摆上货架时，都要先出生产日期早的商品。

（3）及时核查到期商品。

（4）及时了解库存情况。

2. 存货管理的措施。

（1）确定安全库存量。在存货管理中，一般应该先确定一个安全库存量，为了确保不断货、不积压，一般以安全库存量等于一个销售周期实际销量的1.5倍为标准，即：

安全库存量＝一个销售周期实际销量×1.5

合理进货量＝安全库存量－本期库存量

（2）定期到仓库实地查看，了解库存情况，发现问题，及时采取改进措施。

（3）按库存商品类别、品种进行统计，分析哪些是适销商品，哪些是滞销商品，哪些是变质毁损的商品，哪些是超量储存的商品。

（4）建立健全库存统计报表制度，使库存情况有单据可查。

3. 商品防损的措施。

（1）定期盘点。商品流转周期短的行业，盘点周期要短一些。

（2）建立商品管理制度。要做到有专人负责、有单据可查。

（3）鼓励员工堵塞损耗漏洞。

（4）加速商品周转，合理控制库存。

4. 店铺防盗的措施。

（1）防外盗，重设施。主要措施有：有完备的防盗设施；把最容易失窃的商品集中陈列在售货员视线之内的空间，加强现场巡查等。

（2）防内盗，重制度。主要措施有：在招聘店员时严格把关；加强职业操守培训；实行无过错责任；突击盘点等。

### （三）创业期的销售管理

要搞好产品销售工作，企业必须建立一套完善的销售管理体系。销售管理的核心是销售人员的管理，因为全部销售工作都要他们进行。对销售人员进行培训、考察、督办是十分必要的。

1. 合理确定售货员人数，妥善安排作息时间。售货员是店铺销售的第一线工作人员，是店铺销售业绩好坏的重要影响因素。售货员数量的多少，取决于店铺类型、顾客流量以及店铺预计为顾客提供的服务水平。售货员人数的确定要恰到好处，既要避免店内出现顾客拥挤的现象，又要避免出现售货员空闲的现象。

合理确定售货员人数后，就要妥善安排他们的作息时间。店铺应该在总结顾客购买时间规律的基础上，合理安排售货员的工作时间。合理的工作时间的标准是：既符合顾客的购买行为，又让售货员本人能够接受，同时还要有利于控制费用开支。

2. 规范收银作业，加强退换货管理。收银作业是销售服务中的关键一环。必须掌握准确、迅速、亲切三大要点。收银员应培养自己识别假钞的能力，发现可疑钞票及时向顾客提出更换；还应该熟悉信用卡支付的流程。规范收银作业，可以采取以下两个措施：一是规范工作纪律；二是强化装袋工作。

店铺经营中，免不了会遇到顾客要求退换货的情况。合理的退换货要求，店铺应该允许，它能体现店铺的服务质量，增加顾客购买本店商品的信心。但是退换货也会影响到店铺的业绩，因此，在处理退换货时，也应该坚持一些原则，至少要让顾客明白哪些商品是不能退换的。

3. 建立服务体系，加强服务管理。服务工作是整个销售工作的重要一环，只有树立用户至上的观念，才能增强顾客对所经营产品的信心。

> **案例阅读**
>
> ### 禄智节能保护装置的营销模式
>
> 2002年,莫志禄的一位朋友从德国回来,带来一位做节能技术研究的博士。在饭桌上,那位节能博士讲了很多节能故事,说外国节能很普遍,中国人还不重视。莫志禄听后用一年的时间去调研。莫志禄发现,能源的控制和节省已经成为世界性课题,节能降耗在中国是重中之重。中国的节电市场基本是一张白纸。
>
> 看好了投资大方向,2003年,莫志禄毅然创办了北京禄智科技发展有限公司。当时中国的节能技术尚不成熟,于是莫志禄决定先进口美国节能产品。2003年4月"非典"期间,莫志禄与美国商人签订了一份节能产品代理协议,代理他们的一个节能产品——USES。产品进价是每台4 500美元,由于价格昂贵,购买者投资回收期长(一般要3年),产品卖得并不好。"其实,决定代理国外新产品的同时,我就开始寻找国内合作生产者,创设民族品牌。2003年下半年,我与清华大学签订了正式合作研发协议。清华大学治学严谨,科研队伍精干,他们研究的是世界最尖端的节电技术。"2004年2月,禄智科技与清华大学合作研制的Logintel禄智节电保护装置投产。"这一拥有世界专业技术和高效保护效果的高科技产品的问世,表明中国的节能技术潜力巨大。"莫志禄骄傲地回忆往事。"我在研究中发现,在美国,节电新产品常常会以租赁的形式出现,也就是由制造商卖给经销商,然后由经销商租给用户。在经销商和用户之间,节能产品的货款由财务公司支付给经销商,而保险公司为财务公司提供担保,用户将省下来的能源成本根据协议的期限和归还比例,定期付给财务公司。这种方式能够激活更多的客户进行节能改造,更有利于产品的销售,我决定采用这种销售模式。"
>
> 通过这种类似分期付款的模式,用户既降低了购买风险,产品又可以大量上市。很快,这种模式成为禄智科技的营销利器。禄智节电保护装置第一年卖出去了300多台,第二年1 000多台禄智节电器出库,2005年前4个月就卖了4 000多台。"当时我们三个股东一起出资,投入了三四百万元。起初禄智节电产品只有一种产品两个型号,现在是五大系列100多种型号,2003—2007年,公司产值每年都以2~3倍的速度增长。"
>
> (资料来源:庾泓 卫敏丽:"'草根'财富传奇",《市场营销案例》,2007年第10期)
>
> **讨论**:故事中的老板是如何扩大销售量的?它对店铺生存具有什么意义?

(四)创业期间的现金管理

现金管理主要包括现金预算管理和现金控制管理两个方面,其中重点是现金控制管理。现金控制管理又分为三个部分,即现金收入控制、现金支出控制、现金保管控制。

1. **现金收入控制**。顾客购物支付现金,是店铺经营结算的主要方式。在任何一个经手现金的环节,店铺创业者都必须制定特定的收款程序,以保证现金准确无误地送交相关财务人员,并督促财务人员定期将所有现金存入银行,以避免经手现金的人挪用现金。

2. **现金支出控制**。店铺为应付各种日常开支,一般情况下应该有一定的周转金储备。但周转金的额度必须合理,太多会降低资金使用率,过少又不足以弥补资金缺口。店铺创业者一般按以下公式来决定周转金数额:

$$周转金数额=(回收货款时间-进货付款时间)\times 日营业额$$

**3. 现金保管控制**。在店铺日常工作中，店铺创业者应重视现金实物和银行存款的保管。一是要每天登记现金日记账，并与库存现金核对，确保账实相符；二是严格财务制度与规定，将现金的记账和保管分开，避免同一个人既管账又管钱。

### 三、店铺生存能力的形成要素

#### （一）优越的地理区位

好的开头是成功的一半，店面的选址是否得当，与店面的人气直接相关。如果创业之时决定做店铺生意，那你要看一看，附近哪一类型的店铺多，属于哪一个档次。如果附近有工地，还要深入了解这工地要盖什么样的建筑物，今后会有什么样的发展前景。所有的这些资料，都要作综合分析。顾客购物一般都喜欢就近购买，应充分考虑建在何处更方便消费者前来购物。一般店面要选择靠近居民区，交通方便，门口有较大的空间，有一定车位的地方。

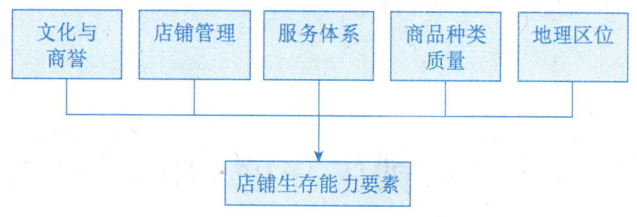

图6-2 店铺生存能力要素

创业的时候，地点很重要，距离也很重要。如果想在休闲娱乐这一行业上创业，那休闲娱乐场所的选址，应该在人群较密集的地方，但又要和闹市区保持一定的距离。

#### （二）适应需求的"当家"商品

餐饮和商品经营性店铺一定要有自己的"当家"商品。做生意有一个"80∶20"的规律，也就是说，店铺经营业绩的80%来源于20%的商品。仔细分析一下店铺商品的销售资讯，就会发现特定的时期内有几种商品特别畅销，几乎每天都是店铺销售排行榜上的前几名。这些畅销的商品就是店铺的"当家"商品。经营店铺只要把握这些"当家"产品，就可以维持店铺基本的营业额与利润。

#### （三）逐步完善的服务体系

在市场竞争中建立特色，最有效的方法就是把服务质量和产品质量联系起来，同时兼顾成本。服务管理是以顾客为中心，以满足顾客需求为首要任务的服务活动管理。提供优质客户服务就成为店铺生存的重要条件和能力。提供优质客户服务的目标有三个：

**1. 超越客户的期望值**。店铺不仅能够达到客户的期望，而且还能提供更完美的服务，超过客户的预期需求，使客户感到更加满意。

**2. 满足客户的期望值**。店铺要满足客户的期望值，就应该把客户的要求制定到服务规范中，并切实执行到位，使每一位客户都满意。

**3. 调整客户的期望值**。鉴于各种原因或客观条件限制，客户的希望值可能一时难以满足，或存在一些困难，服务人员可以真诚地说明情况，征求意见，调低他的期望值，或寻找替代方案，使客户感到服务人员尽管面对困难仍然尽心做出努力，这会给客户带来特殊的满足感。

#### （四）追求卓越的店铺管理

好的管理是任何一个企业成功的根本，一个店铺需要全体人员齐心协力地进行管理，但老板的素质和能力是企业追求卓越管理的关键。

店铺管理的基本内容主要包括店员管理、资金管理、技术设施管理、采购管理、销售管理、物流配送管理、库存管理等。好的管理是促使企业生存延续的因素，任何一个取得成功的企业，不论是街头的杂货店还是大型公司，都必须拥有第一流的管理，出色的管理是店铺最有价值的资源之一。

#### （五）逐步培育出来的店铺文化与商誉

商誉是能使企业中的人、财、物等因素在经济活动中相互作用，形成一种"最佳状态"的客观存在。此外，各种资源归根结底是由管理者所调配和使用的，在管理者的领导下才能形成独特的企业文化。一个真正的企业家在现代经济管理活动中必须把企业文化当作自己的一份主要工作，确立"文化是明天的经济"的观念。

## 第二节　培育店铺生存能力的策略和途径

店铺生存能力的培育是一个从弱到强，从小到大的过程；培育店铺生存能力的过程，也有一个在时间安排上先做什么，后做什么的顺序问题，根据什么分轻重缓急呢？只能是关系店铺生存的那一个或者那几个关键问题。先集中资源把它解决好了，其他问题就变得清楚和容易了。培育店铺的生存能力从整体上需要三个步骤：一是培育店铺生存能力的计划；二是培育店铺生存能力的决策；三是培育店铺生存能力的执行。所以店铺在构筑竞争优势时需要具备较强的计划力、决策力与执行力，三力的最佳结合是确保培育店铺的生存能力成功的唯一保证。创业者培育店铺生存能力的策略和途径有哪些呢？

### 一、正确制定并坚持店铺经营战略，培育店铺商誉

所谓预则立，不预则废。店铺的可持续发展取决于战略决策以及执行，那些能清醒看到自身的优劣势，以及外部环境的挑战和机会，对资源抱着辩证的态度而能够妥善系统处理的企业才能实现可持续发展。

此外，成功的人都会一次专注于一件事情，而不会把注意力分散。牛根生说："迄今为止，做企业成功的招数很多，但有一条肯定屡验不爽：聚焦，聚焦，再聚焦！""蒙牛能取得今天的成就，离不开'聚精会神搞牛奶，一心一意做雪糕'的发展战略。"

把一件事情做透，是成功人生的捷径，人一辈子大量的活动其实都只是铺垫，真正起决定作用的就只有几次，当手上抓住一个机遇时，再难也不要松手，也许完成这一件事，就奠定了一生的价值。马云说："看见10只兔子，你到底去抓哪只？有些人一会儿抓这个兔子，一会儿抓那个兔子，最后可能一只也抓不住。CEO的主要任务不是寻找机会而是对机会说NO。机会太多，只能抓一个，抓多了，什么都会丢掉。"可见，重要的不是决定要做什么，而是

决定不做什么。不做什么是为了专注于要做的事情，且一旦决定要做，就一定把它做好。

信誉产生的根本因素，对于店铺而言是它的长期存在。存在本身就是信誉证明，从而具有潜在的权威性，因为店铺的长期存在，向对方传递了一个无声信息：不守信的企业是不可能长期存在的。长期存在的企业与他人的交易不会是一次性买卖。这就是人们愿意同长期存在的店铺打交道的理由。

### 二、培育"当家"商品，促进店铺商品组合的合理化与特色化

一个店铺选择商品组合策略时，通常必须考虑以下三个条件：第一，市场需求状况，包括市场需求量和市场需求增长率等情况；第二，店铺拥有的资源条件，包括店铺人力、财力、物力、技术能力和销售能力；第三，市场竞争状况，包括竞争对手的能力和策略。店铺在全面分析以上三个条件的基础上，通过选择取舍就形成多种商品组合方式。一般来说，店铺的商品组合策略主要有以下四种基本类型：即独家产品、深度组合、广泛组合、混合组合等组合策略。不论采用何种商品组合策略，店铺经营者都要从顾客需要出发找到并培育店铺的"当家"商品，并把握好这些"当家"商品的经营，以维持店铺基本的营业额与利润。同时要促使店铺商品组合的合理化与特色化。为此，商店应该做到：

1. **把好产品质量关**。商店要坚决杜绝假冒伪劣商品、残次品（特殊情况例外），注意先进先出，随时检查商品的出厂日期和保质期，防止出现过期产品，并保持商品的外观清洁，以高质量赢得消费者的信赖。

2. **重信誉**。"民无信不立"，诚信已经成了经商的基本原则，顾客是上帝又岂容欺骗？但事实上不少商家为了眼前的蝇头小利，不惜出尔反尔，伤害了顾客的自尊心，失去了他们的信赖，"捡了芝麻丢了西瓜"，得不偿失，最后店门口门可罗雀，只好关门大吉。

3. **突出产品特色**。没有特色就不会给人鲜明的印象，有些商店营业面积本来就不大，但商品却是琳琅满目，林林总总，但往往产品单件的数量少，缺乏产品的深度，产品组合少，满足不了顾客的需求，而且进门后给人一种很压抑的感觉，使大部分顾客再也不愿意"回头"。顾客流失严重，人气自然旺不起来。其实，店里的商品并不一定非全不可，只有特色突出才能给人留下深刻的印象，赢得顾客的青睐，专卖店的成功便在于此。所以根据当地的实际情况，突出店面的特色，是提升人气的可行途径之一。

### 三、开发和经营新产品，适应消费者不断变化的需要。

#### （一）开发和经营新产品的作用

在科学技术迅速发展、产品市场寿命周期普遍缩短、市场竞争剧烈的今天，开发和经营新产品，对店铺的生存和发展具有特别重要的意义。

1. 开发和经营新产品，有利于店铺不断地推陈出新，增加产品的花色品种，满足消费者不断发展、变化的消费需求。

2. 开发和经营新产品，有利于店铺开拓新市场，争取新消费者，提高市场占有率，扩大销售量，取得更多的利润。

3. 开发和经营新产品，有利于提高店铺的声誉，扩大企业的知名度，增强企业的市场竞争能力。

4. 开发和经营新产品，有利于店铺的设备更新与职工生产技术和管理水平的提高；有

利于充分利用企业的资源和生产能力,减少资源使用上的浪费,降低成本,提高经济效益。

### (二) 开发和经营新产品的要求

1. 新产品要具备一定的特色。新产品要体现一个"新"字,应具有独创性,具有新性能、新用途,能为消费者提供新的满足。

2. 产品开发要考虑企业各种能力。开发新产品是一项难度很大的工作,因此企业必须对自己的技术力量、资金、设备、原材料等条件进行可行性分析,全面衡量,量力而行。

3. 新产品进入市场后必须要有一定的销量。新产品开发能否成功在很大程度上取决于投放市场后的销售量,因此,企业在开发新产品前,必须对目标市场的需求情况进行深入的分析和预测,做到有的放矢。

4. 开发和经营新产品,要能给企业带来经济效益。降低成本是提高新产品开发成功率的重要前提,企业应充分利用原有生产经营能力,综合利用原材料,特别是边角废料,以降低成本,为新产品进入市场能够以合适的价格为消费者所接受打下基础,为取得较好的经济效益提供条件。

### 四、提供优质客户服务

**案例阅读**

一位妇女每星期都会固定到一家杂货店购买日常用品,在持续购买了3年后,有一次店内的一位服务员对她态度不好,于是她便换到其他杂货店买东西。12年后,她再度来到这家杂货店买东西,并告诉了老板为何她这些年没来店里购物。老板很专心地听完后,认真地向她道了歉。这位妇女走后,老板拿起计算器计算杂货店的损失:假设这位妇女每周到杂货店花25元,那么12年她将花费1.56万元——只因为12年前的一个小疏忽,就导致他的杂货店少做了1.56万元的生意!

这位老板的算法其实既平凡又朴素:"做生意就是要创造顾客,留住顾客"。我们可以从中透视出这样一个令人信服的顾客服务理论:不要计较顾客一次花多少钱,应当做的就是努力提供服务,确保有一个又一个终生顾客。为了提供优质客户服务,店铺必须围绕"客户期望值"落实服务承诺,这需要店铺从最高管理者到普通员工的共同努力。

#### (一) 在了解顾客需求的基础上提供优质服务

一个消费者在市场上为什么购买,购买什么,购买多少,何时、何地购买,是由文化因素、心理因素和社会因素综合作用于消费者感官的结果。

现在的消费者有着更高的知识水平,知识水平的提高使消费者的品味也越来越高。个人消费者变得更有个性,因此,今后的营销者是要帮助个人满足其独特的需求,而不是按一个大众的标准来寻找大批的消费者,店铺的个性化营销已经成为现实和趋势,因此,创业者培育店铺的个性化服务营销能力已经成为培育店铺生存能力的重要内容。

#### (二) 提供优质服务,应该做好售前、售中、售后服务

1. 售前服务。当一名客户愿意购买产品时,使得交易失败或者成功的部分原因是客户决定购买之前,客户服务质量的优秀或者低劣。客户走进商铺,她希望那里干净整洁,排列有序,店员热情,环境舒适,这些都是客户服务的组成部分。

2. 售中服务。当一名客户付款购买产品的时候,他非常有理由得到一种高水平的服务,

如果在这方面没有满足客户对服务的要求，即使买卖成交，仍然会让这位客户不会再购买商品，而且可能会因此失去介绍其他客户光顾店铺的机会。

3. 售后服务。客户或许有一连串后续要回答的问题，或许在使用产品或服务时遇到一些问题。要确保客户购买时，就了解有关后续工作的内容。记住客户不只是来店铺购买产品或服务的，同销售在一起出现的还有买前、买时、买后的服务。对客户需求的留意也是一个组成部分。要像对待好朋友一样对待客户，销售产品和服务时，要征求来自客户的有关店铺提供给客户的服务质量和反馈的意见。

### 五、培育先进的店铺文化

店铺文化是店铺无形的竞争力量。要注重培养、挖掘、发挥广大员工在各项工作与企业活动中的积极性、主动性和创造性，如何在最困难的时候让团队不离不弃，只能是当企业不能给员工足够的物质利益时，创业者所能够让员工信赖的就是其内心真诚和坚定理想。因此，培育店铺的生存能力，必须把培育店铺文化作为重要内容。

企业的核心价值观作为企业文化的精神层面，指明了企业存在的意义和根本目的，决定了企业努力的大方向。它是企业核心竞争力中的牵引力、催化剂和助推力。从成功企业的经营实践来看，大凡有较强核心竞争力的企业，背后必有独特的企业文化作为支撑。这种独特企业文化无不包含着伦理观的渗透，对社会、员工、顾客以及相关利益方的责任。有清醒责任意识的企业才能适应内外部环境的变化或突变。

构建学习型、创新型的店铺，不断学习、积极创新是店铺文化之树长青的根本所在。企业面临的市场环境、经营条件等均处于不断变化之中，企业的应对策略乃至思维方式、组织方法等也需相应调整。因此，建设学习型组织，不断学习，积极创新，是企业文化积累和完善所必须的。

### 六、培育科学的店铺管理机制和组织架构

管理机制、架构，决定了店铺能否高效运转，能否合理配置各种资源。特别是中小店铺规模逐步发展扩大时，更应该转换经营机制，变初创时的人治为科学规范的法治为主，只有如此，才能适应店铺发展壮大，才能确保核心人物、核心思想、核心竞争力的延续培育与发展，也决定了组织能否对资源有效地整合和协调。

## 技能训练与思考

### 一、问题与思考

1. 什么是店铺的生存能力？它的内容有哪些？
2. 店铺生存能力的形成要素有哪些？
3. 培育店铺生存能力的策略和途径有哪些？
4. 一个店铺选择商品组合策略时应该考虑哪些因素？
5. 为什么要培育先进的店铺文化？怎样培育先进的店铺文化？

### 二、实训要求

1. 以"在了解需求的基础上提供优质服务"为题进行演讲准备。演讲时间 5~10 分钟。
2. 分组讨论:如何理解"培育人力资源的核心能力"?
3. 查找关于鲨鱼的相关资料,写一个与"生存能力"有关的 100 字左右的感想。
4. 案例分析:

#### 旅馆也卖小商品

有一家旅馆内的一些物品经常被住宿的客人顺手牵羊,旅馆经理感到十分头痛,可是一直拿不出很有效的对策来。

于是他嘱咐属下,客人结账时,要迅速派人去房内查看是否有什么东西不见了,查清楚之后才能结账。不少客人抱怨结账太慢,而且面子上挂不住,下一次再也不住这个旅馆了。

经理觉得这样下去不是办法,于是召集各部门主管,要大家想想有什么法子,既不减少客源,又能制止客人顺手牵羊。

一位年轻主管说:"既然旅客喜欢那些小玩意儿,为什么不让他们带走呢?"

旅馆经理一听,瞪大眼睛,这是什么馊主意!难道还嫌旅馆亏得不够多吗?

年轻主管急忙接着说:"既然客人喜欢,我们就在每件东西上标价。许多客人并非不愿意花钱买,有些客人喜欢顺手牵羊,也并非蓄意偷窃,而是因为很喜欢房内的物品,觉得既然付了这么贵的房租,为什么不能拿点东西回家作纪念?而且又没明确规定哪些不能拿走,于是,就故意装糊涂拿走一些小东西。现在我们可以让他们购买那些自己喜欢的东西,说不定,旅馆还会有额外收益呢。"

于是,这家旅馆在每样东西上都标上了价格,说明客人如果喜欢,可以向柜台登记购买。这家旅馆内忽然多出了好多东西,如墙上的画、手工艺品、当地特色小摆饰、漂亮的桌布,甚至柔软的枕头、床单、椅子等用品都有标价。如此一来,旅馆里里外外都布置得美轮美奂,客人们对其印象好极了。

这家旅馆的生意越来越好。有许多客人旅行前向旅行社指定要住这家旅馆,因为在这里可以买到价格公道的物品,省了到街上去买纪念品的麻烦。一年下来,旅馆年终盈余有一大部分是靠卖东西得来的。正应了当初那位年轻主管的话,旅馆靠这项服务获得了额外的收益。

(资料来源:吴能文著:《落实力就是战斗力》,新世界出版社 2008 年版)

【分析】

(1) 好的创意是否属于人力资源的核心能力?为什么?
(2) 怎样才能培育人力资源的核心能力?
(3) 旅馆卖的小商品应该包括哪些品种和范围?

# 第7章

# 店铺创业的运转阶段

**学习目标**
- ☐ 熟悉运转的内涵和意义
- ☐ 掌握实现店铺运转的基本途径
- ☐ 熟悉店铺在运转中应该解决的几个重要问题

## 案例阅读

### 运转，求无利之利

桶装水的经销店越来越多，各店的地理位置、市场区域、经营水平参差不齐。随着竞争的日益激烈，代销店也是有关有开。一家位于城区的经销店，近两年来销量也一直停滞不前，多时，每天销售70~80桶；少时，每天销售40~50桶；有时一天甚至只卖20桶左右，处于微利或者保本状态。该店的老板说，目前的桶装水价格越来越低，许多卖水的商店卖给大户都已经5元一桶了，这个价格他是不卖的，因为他已经不赚钱了。但是从店铺生存的角度来说，应该卖，其原因是：(1) 竞争者都能卖，本店铺不卖，市场就被竞争者占去了，人有事做总比没事做好；(2) 如果销售达不到一定的数量就无法继续生存；(3) 老板虽然只是保本，但是送水工人的计件工资却增长了，工人的积极性也大幅提高；送水工人的计件工资如果大幅增长，还可以与他协商适当降低计件工资，也就有了盈利；(4) 虽然卖给大户不赚钱，但是大户会带来散户，而对散户每卖一桶水最少都能带来1元的利润。可见，运转可求无利之利。

**想一想：** 为什么不赚钱也要保证运转？运转有什么作用？

# 第一节　运转是店铺创业的第一目标

## 一、创业过程中运转的内涵

店铺生存能力的培育是在开业和小规模实践中完成的。店铺生存能力的成功培育就是完成店铺生存能力的探索和检验，实现对风险的防范，对技术、市场和功能的确认与证明，达到对项目的理解和把握。完成培育店铺生存能力的使命之后，就已经为资本的运转创造了条件，投资的进程进入了新的阶段——运转。作为创业投资过程中一个重要的阶段，**运转是以生存为目的，以补偿为内容，为实现自身协调和适应外部环境而进行的店铺系统的资本运动**。

店铺开业之后，商品的购买、销售、调配、存货，以及店员、资金、设施等方面的问题将不期而至。只要能运转，这些问题都能逐渐得到解决；只要能运转，企业面临的其他问题也都能得到解决；只要能运转，关于企业发展的许多计划都能实现。如果离开运转，一切的一切都是不可能的。因此，"运转高于一切"。

运转的目的是店铺的生存，这是从运转的角度来区别传统意义上的运转。不论是书本上的经济理论，还是现实的经济活动，人们把运转或周转——从资金投入到现金收回、从原料购进到产品卖出的目的理所当然地看成是为了盈利。但作为创业的一个特殊阶段的运转，其直接的目的不是盈利，而是店铺的生存。店铺能够运转就证明店铺能够生存。店铺的一切问题都只能在店铺的生存中得到谈起，离开店铺的生存，一切问题都无从谈起。"运转"是资本生命的存在形式。

运转的内容就是补偿。运转的条件是：销售收入能补偿运转所需要的费用。它意味着以补偿为中心，可能微赚，也可能微亏；还意味着一些固定资产的补偿可以适当地延缓；还意味着补偿要把握一定的限度，不合理的耗费仍然不在补偿的范畴。

## 二、创业过程中运转的意义

### （一）运转是精神资本的核心——创造力得以产生的实践，是店铺生存能力得以发育成长的实践

1. 运转是精神资本与物质资本统一的条件。精神资本产生的唯一途径是实践，离开对资源优势与店铺生存能力的创造过程，创业者驾驭资本的资格与能力将无从产生。任何物质性的资本，包括"软"资本，离开投资主体能力的创造性作用过程，物就是物，技术就是技术，而不成为资本。它们是相互依赖而存在于创业实践这个统一体之中的，它们统一的条件就是运转。

2. 运转是精神资本的核心——创造力得以产生的实践，是店铺生存能力得以发育成长的实践。精神资本的本质就是投资者本人的能力。店铺生存能力的本质是资本的物质内容。

它们在相互依存中产生、存在与发展。这个生产、存在与发展的时间和空间的条件就是运转。有的投资者在独立投资之前，就已经完成了精神资本的初级准备，对投资者的能力而言，具体到一个项目，运转为融合提供了交汇的场所，运转的全部意义在于实践。

### （二）运转是发现、解决店铺一切问题的条件

店铺的一切问题都是运转的问题，一切问题都在运转中发生，只能在运转中加深认知，也只能在运转中得到解决。一个创业项目，从业务定位，核心优势的确立、运作实验的形成、产品的成熟，到细微之处的设计、产品包装、劳动定额、岗位划分、灯光照明等，离开持续的整体运转，任何人都无从判断会有哪些问题存在。离开运转，就不可能深刻地理解发生的事情；离开运转，也不可能找到要解决的问题和方法。对于本质是运动的事物，只有在运动中才可能认知它，其道理与认知物质世界是一样的。为了弄清企业生存的规律，需要的条件就是运转。

### （三）运转可以逐步解决店铺的信誉问题

信誉是店铺的生存条件。信誉产生的根本因素，对于企业而言，就是它的长期存在。存在本身就是信誉证明，就有信誉的影响力，从而具有潜在的权威性，因为店铺的长期存在，向对方传递一个无声的信息：不守信的企业是不可能长期存在的。店铺与他人的交易不会是一次性买卖——这就是人们愿意同长期存在的店铺打交道的理由。

店铺创始者在店铺初创时，应随着内外环境的变化，让店铺从依靠创始者个人素质逐步转变到依靠优秀团队、制度。对店主来说，一方面要不断提高自身的管理能力，这对初创店铺是起决定作用的，另一方面要有意识不断进行各类人才的选拔、培养、储备，做好人才的留用工作，以求提高企业的整体经营管理能力，以此保证店铺更长远的发展。

在一定程度上，人力资源的核心能力、人才组织能力和复杂流程的管理能力，特别是领导者及核心团队的核心能力都是企业培育生存能力的根本和基础，也是最关键的因素。实质上，店铺的商誉来自店铺管理者对人力资源的垄断。店铺管理者对其所拥有的人力资源加以使用时，人力资源就转化为人力资本。在正常情况下，人力资本作用于物质资本可以为店铺带来市场平均利润，当店铺人力资本的使用价值与其使用的成本之差大于市场平均值的时候，这部分超额使用价值即为店铺赢得超额利润，商誉便从中产生。

投资需要回报，企业需要盈利，可这些是以运转为基础、以运转为前提条件的。因此，运转是投资创业的第一目标。存在就是力量，企业有无、生死的标志就是运转。第一目标决定了创业者要加强运转、巩固运转、完善运转。

# 第二节　实现店铺运转的基本途径

店铺实现运转的条件是收支平衡，收是销售收入，支是成本，收与支的联系是现金流。可以把运转比喻作一架行驶中的马车——销售收入是马，是这架马车的动力；固定成本是马车的自重，是马车的负荷；现金流是车辕和绳索，是动力传导装置。为了使这架马车能够行

驶，需要的是：马的力量大一点，车的重量轻一点，力的传导顺畅一点。

### 一、抛弃装修、房租等固定成本补偿，减轻店铺运转负荷

任何一个店铺在开业之前，都必须支付房租、进行装修、购置设备，这些开支构成了固定成本。**固定成本是以房屋、设备等形式存在的，不随产量变动而变动的成本；可变成本是以原材料和劳动力形式存在的，随产量变动而变动的成本。**为了更方便地分析运转，我们将与运转直接相关的通信、交通、办公、交际等费用，合称为"运转成本"。

为了运转的实现，我们把固定成本视为"沉没成本"，在实现运转之前，不再把它当做成本来看待，当然也就不在价格中体现，企业收回的资金只要能够补偿可变成本和上面提到的"运转成本"就可以了。就像一架飞机，只要票价收入等于或者大于燃料成本和机务人员的工资，就应该而且能够飞行，飞行的条件不必每次都要补偿飞机本身的价值。抛弃固定成本补偿就可以加速接进"运转时点"。**"运转时点"是没有考虑固定成本补偿的一个平衡点，是销售额与可变成本加运转成本之和的平衡，即：销售额 = 可变成本 + 运转成本。**

从资金投入到这个"运转时点"之前，是各类资源与要素磨合的过程，是优势与特色形成的过程，是经营模式创造的过程。所有这些完成的标志就是运转：销售额能够补偿可变成本加运转成本之和。一旦达到这个"运转时点"，企业从此就进入了项目运转阶段，只要这种收支相等的运转能够持续，企业就可以获得利润。运转的存在为变化朝有利的方向发展创造了条件，为各种积极的能动作用的发生创造了条件。只要运转能够持续，利润就会产生。

### 二、投入时以运转为原则，保障店铺运转所需要的现金

#### （一）创业的期初投入以运转为原则

减少固定资产的投入就是减轻资本回收压力，缩短收回投资的时间，减少对稀缺资源的占用。怎样减少固定资本的投入？贯彻投入的运转原则。把运转的观念引入固定资产的期初投入，在投入的数量、种类和时间上，以能够实现运转为限度。投资中的运转观念，遵循的是市场经济效益的原则，是从实现资本运转的目的出发，用运转做资本投入的准绳，即凡是对运转必需的投入都是合理的；凡是对运转没有直接关系的投入都是不合理的。因此，急用的先购买，不急用的可以先暂缓；能租用的尽量租用，不能租用的才考虑自己购买；专用的设备、设施、工具自己拥有为宜，其他可以考虑其他途径；可以少用的就不要多买，尤其只是偶然使用的设施更是这样。

#### （二）高度重视现金的作用

有这样两种企业：一种是资产负债率很高，却在正常运转着；另一种是资产负债率很低，有形资产和无形资产的数量相当可观，却不能运转。不能运转的原因可能很多，最终都归结为现金存量的枯竭。

1. 现金是其他各种资金的催化剂和融合剂。资金的形式可以是多种多样的：股权、期权、债券、债权是资金的形式；原材料、产成品、在产品是资金的形式；厂房、土地、机器、设备、器具是资金的形式；各种各样的应收账目中的利润也是资金的形式，但所有这些都不能代替现金的启动作用及推动资本的运行。离开现金的"滋润"，企业一天都不能存活。其他资金形式也会因为离开现金的催化、融合、润滑作用而停滞。如果把资金的其他各

种形式比做身体的器官,现金就是血液。当然,现金也是资金的一种形式,重要的是:资金却不等于现金——这是创业者必须牢牢记住的。

2. 现金在资本运动中有超值和延伸的作用。超值是指超过现金计量本身的价值。价格上的优惠便是现金的超值部分。超值有时还由降低交易成本而间接地体现出来,尤其在信誉资源匮乏的时候。延伸的作用是多方面的,它经常表现为"有"的本身所产生的影响。这是一种心照不宣的力量。拥有一定量的现金储备是实力的象征,能够创造企业形象。像原子弹一样,"有"的本身就是影响力,而不在于是否使用它。延伸作用的另一个表现是,一旦使用得当,能够在许多交易场合掌握主动权,抓住某些机会——没有现金则只能望而兴叹。

### (三) 保障店铺运转所需要的现金

现金存量的枯竭是店铺破产倒闭的直接原因。店铺不能运转直接表现为现金断流。现金断流的原因可以概括为两条:一是资金准备不足,投资者事先准备的货币与店铺的需要不匹配;二是资金分配不合理,管理失控。相应地,保障店铺运转所需现金的方法就有两个:

1. 投资计划要以财务实力为基础。从项目的选择到规模的设计,再到进程的安排都要从资金能力出发。不要留缺口,不要过度举债,不要追求高起点,不要讲排场、搞形式主义,不要把计划建立在某些承诺的基础之上。

2. 为"回流期间"准备维持费用。"回流期间",就服务项目而言,是从可以拿出服务产品到服务收入能够补偿运转成本的这段时间;就零售店铺而言,是店铺从开始零售商品到零售收入能够补偿进货成本与运转成本的这段时间。"回流期间"维持运转和维持标准的费用是必要的,在投资开始就要做出安排,在资金用途的分配上,除了回流期间的维持费用之外,还应该有"总预备队"。在实体投资中,事先没有计划的收入是不可能出现的,而事先没有预料的花费是必定会出现的——不管预算是多么详尽。

现金的控制是一个具有相当难度的技术问题,问题直接来自经营活动中资金运动的矛盾。从资金运转的角度来看,根本的问题是资金流入的问题,而这个问题要从销售入手。

### (四) 确保销售收入实现,强化店铺运转动力

销售收入的真正实现,是全额收回了现金货币。它是推动企业不间断运转下去的货币。在整个销售的指导思想上,必须要牢固树立"及时清结货款"的思想。甚至应该建立这样的观念:宁可利薄一点也要收现,宁可保本也要及时,宁可亏一点也要防止呆死。把这个思想贯彻到销售的全过程中,具体到销售渠道的选择、模式设计和销售管理。

1. 在销售渠道的选择上确保回流。单个的店铺销售可确保资金的回流,不存在销售渠道的选择问题。做连锁经营业务,就必须选择好销售渠道。要在良莠不齐的商人中选择,首先要考虑专业,即他的经营范围与你的需要相同,其次是规模,再次是信誉。这三条能够说明其经营能力,证明他是否认真做事、有长远打算,进而是否讲究诚信、恪守规则。应该由专门人员定期、频繁地接触,负责送货、结算、调货、交流信息,调整价格等。

2. 在销售模式的设计上确保回流。要尽量避免赊销销售。除非对对方的信用状况有十分的把握,否则就要避免赊销销售,特别是大额度的赊销。很多创业者和经营者都有这样的经历:某个骗子先帮其代销小量货物,在得到信任之后,便大量要货(先销售后付款),金额越滚越大,然后卷货逃之夭夭。

3. 用加强销售管理来确保回流。销售管理的形成是在销售实践中逐渐完成的。为了能够管得好,在销售的区域和客户的数量上都要以能够把握得住为前提,这样才能保证货款的

及时回流。事实上，销售区域集中一些未必就销得少，集中做、做得好，照样能够形成销售量的规模。集中的仓储、配送、人员的费用和工作效率，都是构成集中的有利因素。销售管理的核心是销售人员的管理，因为全部销售工作都要他们来做。管好他们就是管好商家、管好货款。培训、考察、督办都是必要的，回款责任制与个人收入相联系是有效的。

# 第三节　在运转中逐步解决店铺生存的关键问题

"运转就是一切"。这"一切"中包含的是：产品组合（功能）的完善、价格定位的适当、服务（质量）标准的形成、成本降低到一定的程度、销售渠道的通畅、运行模式的合理、管理的扎实到位等。这"一切"做好了，标志着投资项目就成熟了。既然一切问题都会在运转中出现并加以解决，在走向成熟的运转征途上，就应该利用运转这一条件，积极、主动、自觉地去解决店铺生存的关键问题。

### 一、培育人力资源的能力

#### （一）在运转中识别人才，培养人才

人力资源的核心能力是店铺运转的根本和基础，也是最为关键的因素。经营始于人也终于人，一个店铺的好坏、成败，完全是由员工的素质决定的。为了吸引人才并与之长期共事，就必须理解人才。人才的特征最少有四个：自主、自律、自强、自立。自主是自己做主，自律是自我约束，自强是使自己强大，自立是人格的独立。要尽人才之能、之力，就要寻找企业目标与人才目标的共同点和结合处。这样，企业目标便得到人才的认同，成为值得为之持续努力的个人目标。这样，企业价值观、企业文化是重要的，所有这些都体现在——老板的人格魅力、创造美好未来的决心、领导企业发展的前景等，进而成为融合人才目标的条件。

创业者作为一个管理者、经营者，应该加强与团队中所有人员的相互了解。只有对每个人的个性、道德品格、缺点非常了解之后，大家才可能一起进行批评和自我批评。了解方式可以是工作中的互相切磋，可以是朋友似的促膝谈心，根据同事不同的性格制造增进了解的机会非常必要。如何识别人才，每个创业者的方法不同，当知道了员工的缺点、同时也知道员工的优点的时候，做一件事情首选的就是尽可能发挥员工的长处。作为一个管理者，只有看到员工的长处，并认可其长处，才有可能心服口服地把曾经属于自己的权力、荣誉逐渐让渡。每个管理者都希望成功，任何一个优秀的同事也渴望成功，让更多的优秀同事享受创业者让渡的荣耀是团队凝聚力形成的重要原因之一（见图7-1）。

俞敏洪说：新东方每个人都是一颗珍珠，但是在串成项链以后，价值会倍增。现在我愿意变成这样一根线，实际上我也正在做这个工作。线必须坚固耐磨，不管被什么磨都不能断，也就是说我的忍耐力和承受力、宽容度必须是极大的，只要这根线不断，新东方的"珍珠项链"还会再长。

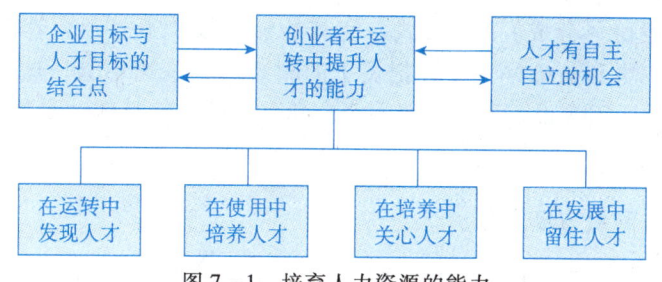

图 7-1 培育人力资源的能力

### （二）在运转中了解人才，使用人才

人才，只有在运转中才能识别，只有在运转中才能培养。有个企业家曾经说过：所谓人才，就是你交给他一件事情，他做好了；你再交给他一件事情，他又做好了。会做事的人，必须具备以下三个的特点：一是愿意从小事做起。知道做小事是成大事的必经之路。二是胸中要有目标，知道把所做的小事积累起来最终的结果是什么。三是要有一种精神，能够为了将来的目标自始至终把小事做好。可见，人才是在运转中干出来的，使用就是最大的培养！

> **寓言故事**
>
> **弥勒佛与韦陀佛**
>
> 去过寺庙的人都知道，一进庙门，迎面便是弥勒佛，笑脸迎客，而在他的背面，则是黑嘴黑脸的韦陀。相传在很久以前，他们并不在同一个庙里，而是分别掌管不同的庙。
>
> 弥勒佛热情快乐，所以来拜的人非常多，但他什么都不在乎，丢三落四，没有好好地管理账务，所以依然入不敷出；而韦陀虽然管账是一把好手，但成天阴着个脸，太过严肃，搞得上香的人越来越少，最后香火断绝。
>
> 佛祖在查看香火的时候发现了这个问题，就将他们放在同一个寺庙里，由弥勒佛负责公关，笑迎八方客，于是香火大旺；而让韦陀负责财务，锱珠必较，严格把关。在两人的分工合作中，寺庙里一派欣欣向荣的景象。
>
> 　　　　　　　　　　资料来源：江博宇：《经典管理寓言——驭人之道》，万卷出版公司2009年版）
>
> **想一想**：弥勒佛与韦陀佛为什么要有分工合作？为什么要在运转中才能中识别和培养人才？

要成为一个成功的创业者，必须懂得人是有个性、有特征的，只有了解人的个性特点，才能够真正做到用好人才。在用人上，应根据不同人的不同情况，采取不同的办法使用。"择优录用"就是把最优秀的人安排到合适的岗位上去，这是创业者选拔人才的一项基本原则，有了这项原则就能让比较优秀的人走到前台来，担任重要的角色。否则优劣不分，必将导致矛盾的出现。此外，还要尽量维持人才平衡和心里平衡。

### （三）在运转中关心人才，留住人才

关心员工可以说是创造团队凝聚力的法宝：关心员工的吃饭，关心员工是否玩得开心，关心主管与员工分享的培训经验效果，并且不仅只是关心员工个人，而且将这种关心泛化到员工的家属身上。要创造人才独立发挥才能的条件，这个条件要靠制度创新来解决。一个注重竞争力的企业，一定要把员工收入的增长列为第一优先的财务指标。在报酬形式上，应该

采用"业务补贴+股份(分成)"等形式,使其能够考核,不封顶。管理者想到利益的时候,先把自己的那一块利益抢好拿好,把员工的利益放到一边不管,这样的管理者一般来说,都是当不长久的,因为谁都不愿意跟一个自私自利的人打交道,尤其是自私自利的管理者。

## 二、学会搜集、利用市场信息

商品进货是以顾客的需求为前提的,了解顾客的需求和购买行为离不开市场信息,准确的市场信息可使经营者作出正确的决策。如果信息不可靠,就会使经营遭受损失。而市场信息又来源于市场调查。商店要通过恰当的方法把进门没购买商品的客户、购买过商品的客户、提出过意见或建议的客户等登记造册,内容包括客户名字、联系方式、地址等基本资料,如果有可能的话,可把客户的生日也登记到档案中,以备日后客户过生日时向他(她)发送礼品。

店铺经营者搜集、利用市场信息的主要方法有:

1. 登门造访。可以选择一批有代表性的居民户,作为长期联系对象。

2. 建立工作手册。营业员、采购员和有关业务人员,每天同消费大量接触,应有意识地把消费者对商品的反映意见记录下来,点滴积累,经常坚持,然后把这些意见系统整理,反映给有关部门。

3. 建立缺货登记簿。对消费者的需要,本柜组没有的商品进行登记。登记项目是品名、单价、规格、花色、需要数量、需要时间等,每天汇总,以此作为进货和要货的依据之一。

4. 设立顾客意见簿。顾客意见簿是商店与顾客交流的重要途径。柜组长在一日终了时,应检查一次顾客意见簿,发现和抓住一些倾向性的问题,及时改进,从而不断提高进货管理水平。

5. 建立客户档案是与客户良好合作的方式之一。如果条件许可的话,商店要把客户每次购买的商品名称、包装大小等登记清楚,建立客户档案,实行数据库营销,提高自己在顾客心中的印象及影响力。如果一个商店把到它那里去过的客户、购买过产品的客户、提出过意见或建议的客户等都登记备档,这些客户就会感觉到自己受到了店铺的重视,在日后的沟通中也自然成为了商店的准"回头客"。

在店铺运转中,店铺经营者搜集的市场信息为市场预测准备了条件,通过科学的市场预测方法来确定市场对于量、质、品种、价格等方面的需求,从而采购适销对路的商品,避免库存积压,造成损失,更好地提高经济效益。这些又为店铺顺利过渡到常规经营奠定了基础。

## 三、完善商品组合与服务的功能

店铺运转成熟的标志是什么?是店铺及商品组合与服务的功能的成熟。批发商最基本的功能就是聚集、储存和散发商品。它们能够根据市场的供求情况,事先购买大量的商品储存起来,并根据零售商和生产用户的要求进行散发。零售商的功能就是把商品直接销售给最终消费者,以供消费者个人或家庭消费。每个店铺的功能则是由其所在的市场决定的。

商品组合是指某一店铺所销售的全部商品大类、产品项目的组合。商品大类(又称产品线)是指商品类别中具有密切关系(或经由同种商业网点销售,或同属于一个价格幅度)的一组产品。商品项目是指某一品牌或商品大类内,由规格、价格、外观及其他属性区别的具体产品。商品组合有一定的宽度、长度、深度和关联性。商品线的广度、深度和关联性,就是店铺商品组合的三因素,这三个因素的不同构成了不同的商品组合。有效的产品线规划能够创造出三种力量：产品力、组合力和联动力。

店铺经营者选择产品组合方式时的总要求是：既要体现自己的经营特色，又能吸引众多的顾客。批发商和零售商可选择的产品组合方式有以下几种：

1. 独家产品。即店铺经营者决定经营许多家制造商中独家的产品。例如，某摩托车商店只经营大阳摩托车。

2. 深度组合。即店铺经营者决定经营许多家制造商生产的各种型号、规格的同类产品，例如，某摩托车商店经营大阳、建设、本田等各种品牌的、各种型号的摩托车。

3. 广泛组合。即店铺经营者经营多家制造商生产的多种种类的产品，但并不超越转卖者的经营范围。例如，某家电商店既经营多家厂商生产的收录机，又经营多家厂商生产的电视机、洗衣机、冰箱等。

4. 混合组合。即店铺经营者经营许多关联产品。例如，某商场不仅经营照相机、电视机、音响，而且还经营服装、食品、医药、书籍等商品。批发商和零售商的产品组合的功能，在时时刻刻与消费者的摩擦碰撞的过程中，会在满意中发现不满意，在成熟中发现不成熟。这就迫使店铺及商品组合与服务的功能不断变化，以至其功能逐步成熟。

店铺经营商品的组合方式如图7-2所示。

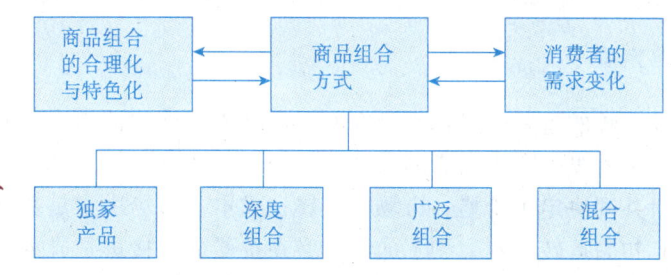

图7-2 商品组合方式

> **案例阅读**
>
> ### 维修的发展
>
> 南京富禾科技是孙荣和他的一位朋友一起创立的。目前，他们除了拥有一个尼康数码相机专卖店之外，在照相器材市场还有几个数码相机专业维修店面。孙荣说，他们的事业能够发展到今天这样的地步，关键的一点就是抓住了机遇。
>
> 孙荣是1999年来南京的。刚来时他什么都不懂，做的工作也就是一家IT公司的送货员。他说："送货那段时间，真的是很难受的。我什么都不懂，人也只认识几个。所以，更多的时候，我都是在考虑究竟要干什么。"近一年的时间下来，他清楚地意识到：要快速在南京站住脚，靠给人打工是不行的，必须有自己的生意。
>
> 2002年，他决定利用自己在数码相机店所学的摄影技巧开一家儿童摄影店。于是开始进行市场调研，寻找合适的店铺。可是想法和现实是有一定差距的。几番打听了解之后，他发现这个行业投入大，而且有很多他并不了解的状况，所以他就放弃了。"当时我只有家里给的几万元，必须尽快回笼资金，否则后期会有很多困难。所以，我对投资的决定很谨慎。"

2003年，机遇来临了。一家数码相机维修店要找人承包。"我虽然曾经自费买了三个传统的老式相机来拆，但是说维修，我还是差很远的。"孙荣说，"但这个机会我却不愿意放弃。所以一狠心，我婉拒老板的挽留，辞职了"。在辞职后的七八天时间内，孙荣一头钻进了相机维修里面。因为他一直以来就对修相机有兴趣，这下更是如鱼得水，只要是修相机，可以一晚上不休息，也不犯困。掌握了修相机的基本技术后，孙荣承包了那家数码相机维修店。为了维修店的发展，他制定了两条规定：一是快，承诺小问题两小时内解决；二是价格便宜，利用价格优先吸引顾客。一年后，他手上已有两家专业的维修店。在维修店势头发展良好的时候，孙荣又在考虑如何发展壮大维修店。他曾去谈厂家的相机授权维修店，但鉴于很多因素，并没有成功。所以发展的念头又转向了相机销售方面。

2005年4月底，孙荣在珠江路华海数码广场开设了一家尼康数码相机专卖店。他利用自己的优势，将维修和销售的数码相机厂商的一年保修政策，改为可以享受两年的"质保"。至此，孙荣新的事业又开始了新的起点。

（资料来源：吕永萍："南京珠江路IT创业故事"，《市场营销案例》，2006年第10期）

**讨论**：南京富禾科技的产品组合属于什么组合？它有利于企业的发展吗？

### 四、适当的价格定位

价格是影响店铺运转的重要因素，是顾客购买产品最敏感的话题。一般而言，人们总是希望花最少的钱办更多的事，不少商店因为产品价位的不合理而失去了大批的顾客。在运转的过程中，三个因素共同决定了价格：市场、运转、成本。市场决定是基础，以市场接受价格为起点向后倒推：扣去运转成本，剩下的就是必须接受的直接进货成本。其中，补偿运转成本是运转的需要，运转成本是能够比较准确测量的数字。销售数量可以有根据地假设。有了这两个数字，用一个最简单的公式来确定产品的销售单价：

运转成本/销售数量＝直接成本之上的加价

这就是真正的运转平衡点。运转是降低成本的根本办法。只要运转，在降低成本上面就会有很大的潜力。

在运转中，创业者可以发现并认真分析影响店铺商品定价的主要因素，找到降低成本和售价的方法和途径；合理选择定价目标；选择适当的定价方法；在定价方法的基础上，运用多种定价策略对价格进行修正。商铺常用的定价策略有以下几种：

#### （一）经营新产品的定价策略

1. 撇脂定价策略。这是一种高价格策略，即在新产品上市初期，价格定得很高，目的就是在短时间内获取高额利润。这种价格策略因与从牛奶上层中撇取奶油相似而得名，因而所制定的价格称为"撇脂价格"。撇脂价格策略不仅能在短期内获取大量利润，而且可以在竞争加剧时采取降价手段，既可以限制竞争者的加入，又符合消费者对待价格从高到低的客观心理反应。

2. 渗透价格策略。这是一种低价格策略，即在新产品投入市场时，以较低的价格吸引消费者，从而很快打开市场，这就像倒入泥土中的水一样，从缝隙里很快渗透进去，因而称此种价格为"渗透价格"。这种价格策略由于价格偏低，有利于迅速打开新产品的销路，扩大市场销量，增加盈利，还能阻止竞争对手介入，易于企业自己控制市场。

3. 满意价格策略。这是一种折衷价格策略，它吸取上述两种定价策略的长处，采取比撇脂价格低但比渗透价格高的适中价格，既能保证企业获取一定的初期利润，又易为消费者接受，因而，这种价格策略确定的价格称为"满意价格"，有时又称为"温和价格"或"君子价格"。

### （二）心理定价策略

对价格较为敏感的消费者，往往对产品的认可、购买主要是通过价格因素来判断的，因而就可以在定价中利用消费者对价格的心理反应，刺激消费者购买产品。

1. 尾数定价策略。这种定价策略也称为"非整数定价策略"，即给产品定一个零头数结尾的非整数价格。由于消费者一般认为整数定价是概括性定价，定价不准确，而尾数定价可以使消费者易于产生这是经过精确计算的最低价格的心理；同时，消费者会觉得企业定价认真，对消费者负责，即便是一些高价产品也觉得不太贵了。一般来说，尾数定价策略主要适用于价值较低的产品，若产品价格在 10 元以下，末位数为 9 的定价容易受到消费者的欢迎，如 1.9 元；价格在 10 元以上的产品，末位数为 95 的定价也易受到消费者的欢迎，如价格为 19.95 元或 19.50 元就比标价 20 元更受消费者的欢迎。但是，在利用尾数定价策略时，要尽可能使价格保持在某一范围内，因为消费者常把某一价格范围看做一个档次，如把 0.86 元至 1.39 元视为 1 元，把 1.40 元至 1.79 元视为 1.50 元，等等，如果把产品调价以后，价格仍在原来的范围之内，就不易为消费者知觉，从而也就更容易为消费者接受；并且，产品的调价频率不宜过快，幅度不宜过大，否则会引起消费者的反感；另外，提供的系列产品差价不应过大，要给消费者留下价格合理的感觉，否则，消费者就有可能选择低价产品。

2. 整数定价策略。这种定价策略是指企业在定价时，采用合零凑数的方法，制定整数价格。这是因为在现代社会的市场上，产品越来越多，消费者往往只能利用价格辨别产品的质量，特别是一些消费者不太了解的产品，整数价格反而会提高产品的身价，使消费者产生"一分钱一分货"的购买意识，从而促进产品的销售。

3. 分等级定价策略。这种定价策略是指一些消费者有时不会感觉到价格的细微差别，消费者对许多产品的需求呈阶梯形状，因而企业就可以把产品分为几档，每一档确定一个价格，这种标价就可以使消费者觉得各种价格反映了产品质量上的差别，并可以简化其选购过程。

4. 声望定价策略。这种定价策略是指针对消费者"价高质必优"的心理，对在消费者心目中有信誉的产品制定较高的价格。这是因为价格档次常被当做产品质量的直观反映，特别是消费者在识别名优产品时，这种心理意识尤为强烈。因此，高价与性能优良、独具特色的名牌产品比较协调，更多地显示出产品的特色，使企业的产品给消费者留下优质的印象或使消费者感到购买这种产品可以提高自己的声望。一般来说，企业采用这种定价策略制定的价格，往往为本行业中同类产品中的较高价格甚至为市场中的最高价。

### （三）折扣价格策略

这是一种在产品的交易过程中，企业的基本标价不变，通过对实际价格的调整，把一部分价格转让给购买者，鼓励消费者大量购买自己的产品，促使消费者改变购买时间或鼓励消费者及时付款的价格策略。

1. 数量折扣。这是指产品的生产经营企业，为了鼓励产品购买者大量购买，根据购买者购买的数量给予一定的折扣。（1）累计数量折扣。这是指在一定时间内，产品购买者购买的总数超过一定数额时，企业按购买总数给予一定的折扣。一般情况下，随消费者购买数量的增多而折扣随之增大。(2) 非累计数量折扣。这是指企业规定产品购买者每次购买达到一定数量或者购买多种产品达到一定金额时给予的价格折扣，一次性购买数量越多，折扣就越大。

2. 季节折扣。这是指企业在淡季时给予产品购买者的折扣优惠。目的在于鼓励购买者淡季采购，以减少企业的仓储费用和资金占用。但是，这种折扣价格的最低优惠不应低于产品的成本。

### (四) 招徕定价策略

这种定价策略实质上是发挥促销导向的作用，以特殊价格吸引消费者，从整体上提高企业的销售收入和盈利。

1. 亏损价格。这是指企业在自己的产品结构中，把某些产品的价格定得很低，甚至亏损，以价格低廉迎合消费者的"求廉"心态而招徕顾客，借机带动和扩大其他产品的销售。

2. 特殊事件价格。这是指企业在某些节日、季节或在本地区举行特殊活动的时候，适度降低产品的价格以刺激消费者，招徕生意，提高销售量。一般来说，采用这种策略必须要有相应的广告宣传配合，才可能将这一特殊事件和信息传递给广大的消费者。

---

**案例阅读**

#### 沃尔玛的低成本战术和"低价"战略

沃尔玛的低成本战术是在"低价"战略指导下长期奉行的竞争策略。在经营策略上，沃尔玛的定位很清晰，就是低收入的当地居民。针对这批居民，沃尔玛提供给他们的不仅仅是"低价"，还有归宿感和忠诚感。1983年，沃尔玛创立了"山姆会员店"，这个会员店是一种会员制商店，没有柜台，所有商品以低价的批发形式出售，这种方式使沃尔玛基本上没有多少利润，却将大批消费者牢牢吸引在其周围，令对手无可奈何。

管理专家认为，沃尔玛的"低成本"只是一种结果和表象，它的背后是出色的后勤物流配送（存货补充）能力和吸引客户忠诚的经营能力。沃尔玛的低成本是从环环相扣的支持系统中完成的。为什么沃尔玛的库存房可以在非常短的时间内补充到85%的存货？为什么沃尔玛商店从发出订单到它的商品补充完毕，整个过程平均只需要两天？秘密就在于沃尔玛为了实现商店、配送中心与供应商之间的动态配合，做了三个方面的投资管理：第一，投资建立了一套专用卫星系统直接向4 000家供应商传递销售点数据，并由公司统一安装电视会议系统，帮助分店经理之间交流市场信息；第二，要求它的高级管理人员创造一种环境，使分店的经理主动了解市场、把握市场；第三，通过员工持股计划、损耗奖励计划与利润共享计划，激励员工对顾客的要求作出回应。沃尔玛之所以能够持续增长并成长为世界企业500强的老大，根本原因在于它运用的"先战术后战略"的原则不是片面的，也不是独立的，无论从内容还是手段上，沃尔玛的战略战术都是围绕生存发展展开的，而且战略手段和战术手段都立足于低成本，这也是沃尔玛核心竞争能力之所在。实际上，企业竞争只要抓住企业生存这一根本，战略战术的运用也就没有谁先谁后的差别。

（资料来源：邓正红著：《企业生存准则》，东方出版社2006年版）

讨论：沃尔玛的"低成本"战术和"低价"战略为什么能够成功？

### 五、完善商品促销策略

市场经济越活跃，越要求有较强的促销手段和正确的促销策略，运用人员及非人员促销，实现店铺的营销目标。店铺的运转离不开店铺的促销策略。它具体包括人员推销、广告宣传、营业推广、公共关系等四个方面策略的组合运用。经济有效的促销组合，是在运转中对不同促销方式的运用特点和成本加以了解、分析、整合后实现的。企业欲求经济而有效的促销组合，必须对不同促销方式的运用特点和成本加以了解。

**促销组合最基本的策略就是推拉策略。**

- **推式策略**是着眼于积极地上门把本企业产品直接推向目标市场，表现为在销售渠道中，每一个环节都对下一个环节主动出击，强化顾客的购买动机，说服顾客迅速采取购买行动。这种策略显然是以人员推销为主，辅之以上门开展营业推广活动、公共关系活动等。

- **拉式策略**则是立足于直接激发最终消费者对购买本店商品的兴趣和欲望，最终达到把消费者拉引到店铺身边来的目的。这种策略是以广告宣传和营业推广为主，辅之以公关活动等。

上述两种策略都不失为店铺营销者兼顾的策略。

促销是提升人气最快捷、最有效的方法，但前提是一定要懂得促销的方法，否则就有可能适得其反。

1. 做好促销前的宣传工作。"酒香也怕巷子深"，再好的促销方式消费者不知晓，也只能"胎死腹中"。做好促销前的宣传工作是促销达到目的的前提。一般而言，一个店面的辐射力因其自身实力的强弱也有大小之分，在店面辐射范围之外的宣传工作只能是浪费钱财，起不到什么实质性的作用。促销宣传要在店面的辐射范围之内，针对目标消费者进行。对于实力雄厚的商场，可运用电视广告、强势媒体，全方位、多渠道地向消费者传递信息；而一般的中小店面则无需"大动干戈"，在商店周围散发传单，充分利用店内广播、海报、店招等资源，或者运用宣传车等工具，就能达到相应的目的。

2. 巧定促销政策。促销方式的合理与否直接关系到促销效果的好坏，在制定促销政策的时候，一定要先对目标顾客市场进行调查，有一个整体上的把握，然后有针对性地制定相关的政策，这样才能收到较好的效果。

（1）低价吸引。"创意药店"的老板把一种售价为200元的药膏，以特低价80元出售，消息一传出，人们便蜂拥而至，于是药店名声大振，生意兴隆，门庭若市。这种药膏卖出去的越多，看上去是亏空越大，但实际上药店盈利却达到了空前的水平。原因在于前来购买药膏的人，认为该店其他药品也是最便宜的，都顺便买了一些，而其他药品的盈利远远抵消了药膏的亏空。一亏多赢，既创出了药店的知名度，又赚了钱，药店可谓名利双收。

（2）发挥附赠品的魅力。在武汉一家麦当劳店内，每逢节假日都座无虚席，这到底是什么原因呢？原来吸引用餐者的不单单是卫生、便捷以及可口的快餐，对小朋友吸引力更大的是玩具赠品，每种玩具都样式各异、创意新奇。孩子们的需求带来了全家的消费，孩子玩具到手了，高兴了，家长多掏一点钱也是心甘情愿的。赠品的造价本来就不高，由于数量大，成本更低，快餐店用少量免费赠品带来了丰厚的回报。

（3）集点消费。现在不少商场推出了会员制，发行优惠卡，当顾客在店里购物达到一定数量时，就可以得到一定的返利。如累计购满100元返利20元，购满200元则返利50

元，以实物或购物券的形式兑现，吸引了不少消费者前来购买，并有效地培养了顾客的忠诚度。利用集点消费的促销方式关键是要讲信誉，承诺的政策一定要兑现，让消费者得到切实的好处。

(4) 注意创新。时代在变，但是很多商店的促销却"一成不变"，因循守旧的促销方式成了"聋子的耳朵"，所以促销方式一定要以新取胜，只有新才有活力，只有新才能更多地吸引消费者的"眼球"。"毛驴拉磨"——这种只有在农村才能见到的场景，最近却出现在北京一家新开张的餐厅里。一块青石碾盘固定在进门的地方，一头戴着眼罩的灰毛驴不停地围着碾盘转圈，事先放好的粮食不一会儿就被碾成了碎末，如有顾客需要，这些粮食就会加工成可口的美食。而且在碾盘的不远处还有一口水井，上面架起了辘轳，可以直接从井中打水。不时，有好奇者过来一试身手，围着毛驴、水井拍照的更是大有人在。毛驴拉磨进餐厅的创意使长期生活在高楼大厦中的人们开了眼界，更使餐厅人气陡增，顾客盈门。

> **案例阅读**
>
> ### 食客自己定价
>
> 曾经有家餐馆，他们让食客根据自己对菜品的满意程度定价，先吃后定，定多少收多少。此举一出，食客盈门是自然的，餐馆赔本也是自然的。据记者报道，90%以上的食客都吃得呼儿嗨哟，但这并不妨碍他们定出了比成本价还低的价，普遍只付了不及成本的10%，有的只是象征性地付一两个硬币，有的干脆连硬币都不付，一副"吃大户"的模样。消息曝出，媒体抓到了热点，一个商业行为上升为一场道德讨论，见诸报端的，无不是对国人素质之低的切齿痛斥。
>
> 餐馆老板难道有病，愿意做赔本的买卖？其实，餐馆老板清醒得很，这只不过是一个策划、一种促销手段而已，等到他的餐馆声名鹊起，等到食客尝出了味道，他再按市场行情收费不迟。
>
> (资料来源：古古：《穷人缺什么》，当代中国出版社 2005 年版)
>
> **想一想**：餐馆老板的促销手段有没有效果？

如今，促销花样越来越多，但是只有符合顾客的心理和需求的方式才可能收到良好的效果。成功的广告创意，一是出之以"新"；二是诱之以"利"；三是言之以"简"；四是动之以"情"；五是明之以"信"。一般说来，商店应结合产品的性质、不同方式的特点以及消费者的购物习惯等因素，选择合适的方式，以新取胜，并确定合理的期限。但不管是哪一种方式，促销过程中一定要杜绝虚假，否则就会损害了商店的信誉，只能"搬起石头砸了自己的脚"。同时，在促销的过程中，不要忽视中后期的宣传，一方面令消费者感到商家兑现行为的可信性，一方面引起更多消费者的注意和购买欲望，另一个重要的方面则是重视商店的良好形象，形成良好的口碑，以此换来更多的顾客。

### 六、熟悉顾客的需求，建立店铺的商誉

顾客的需求是店铺经营的出发点，而顾客的需求是复杂多变的，并且是多层次的。恩格斯曾经把消费资料分为生存资料、享受资料和发展资料。相应地，人们的需求也可以分为生

存的需要、享受的需要、发展的需要三个方面。在生产力水平较低的地方，大部分消费者为获得基本的生存资料而劳动，因此他们的主要需求是基本的食物、衣着、住房和其他与生存相关的商品。在这种市场上，消费者对商品的选择不很复杂，因而需要的销售技术也比较简单。随着生产力的提高和生活条件的改善，消费需求将不断变化，市场也越来越复杂。特别当人们的闲暇时间增多以后，享受发展方面的需求也就越来越多，观赏商品、礼品商品等就成了营销的发展方向。由于每个店铺都有自己的特殊性，只有在店铺运转中经营者才能熟悉自己的顾客的需求。

在店铺运转中经营者逐步熟悉了顾客的需求，并一直坚持诚实守信的原则，千方百计地满足顾客的需求，顾客对经营者的经营要素的评价就会越来越好，渐渐地就会给经营者带来了好的名誉，经营者的好名誉就会产生商誉，即优势交易机会和交易条件。信誉产生的根本因素，对于店铺而言是它的长期存在，存在本身就是信誉证明，就有信誉的影响力，从而具有潜在的权威性。

## 技能训练与思考

### 一、问题与思考

1. 创业过程中"运转"的内涵是什么？
2. 创业过程中"运转"的意义有哪些？
3. 实现店铺运转的基本途径有哪些？
4. 店铺的产品组合方式主要有哪几种？
5. 店铺经营者应该怎样收集、利用市场信息？
6. 会做事的人有哪些做事的特点？
7. 在运转中如何培育人力资源的能力？

### 二、实训要求

1. 以"运转是店铺创业的第一目标"为题进行演讲准备。演讲时间5—10分钟。
2. 分组讨论：如何理解"人才是具有自主、自律、自强、自立特征的人"这句话？
3. 读小故事，写小感想。

**动物园的骆驼**

在动物园里的小骆驼问妈妈："妈妈妈妈，为什么我们的睫毛那么长？"骆驼妈妈说："当风沙来的时候，长长的睫毛可以让我们在风暴中都能看得到方向。"小骆驼又问："妈妈妈妈，为什么我们的背那么驼，丑死了！"骆驼妈妈说："这个叫驼峰，可以帮我们储存大量的水和养分，让我们能够在沙漠中耐受十几天的无水无食条件。"小骆驼又问："妈妈妈妈，为什么我们的脚掌那么厚？"骆驼妈妈说："那可以让我们重重的身子不至于陷在软软的沙子里，便于长途跋涉啊。"小骆驼高兴坏了："哇，原来这么有用啊！可是妈妈，为什么我们还在动物园里，不去沙漠远足呢？"

【要求】根据这个小故事，写一个与"人才使用"有关的100字左右的小感想。

4. 案例分析。

### 原价销售

被誉为"日本绳索大王"的岛村宁次以五角钱的单价大量购进麻绳，然后以五角钱的单价卖给东京附近的纸袋工厂，从而赢得了"岛村宁次的绳索真便宜"的好名声，于是订单源源不断。一年后岛村便拿着购货单对订户道："这是我一年来购买绳索的收据。这一年我一分钱也没有赚你们的，长此下去，我只好破产了。"订户为岛村的诚信折服，情愿给岛村订单的单价增加5分钱。岛村又拿着顾客购货单据找到供应商道："一年来，我是一分钱也没有赚到，只是给您做了义务推销员，再干下去，我真是受不了了"。供应商翻阅着原价卖出去的单据，感动不已，于是每根绳索降低五分钱供货。如此一来，每根绳索就赚一角钱，利润已经相当可观。没过几年，岛村成为腰缠万贯的富商。岛村宁次后来深有感触地认为，只有那些胆识谋略过人的企业家才敢用开始时吃亏，而后便占大便宜的"原价销售法"。

（资料来源：《市场营销案例》2007年第2期20页）。

【分析】 岛村宁次的原价销售给你什么启示，为什么原价销售能够带来丰厚的利润？

# 第 8 章 店铺创业的过渡阶段

**学习目标**
- ☐ 熟悉店铺的市场营销组合策略和市场定位策略
- ☐ 掌握店铺管理的目标、内容、方法和工具

## 案例阅读

### 特色店铺的"易地生存"

**败：低价好香水却难卖**

不到30岁的宋爽创业前一直是一家公司的白领，厌倦了朝九晚五的职场生活之后，她非常向往开家特色小店的自由生活。像很多白领女孩一样，宋爽一直对香水有特别的嗜好，所以她毫不犹豫地选择了开一家"香水加油站"。对这个刚时兴起来的项目，她很有信心。俗话说，水往低处流，货往高价卖。如果能用更低的成本满足同等质量的产品或服务，低价替代物的出现就会产生赚钱的机会。香水加油站由于省去了高昂的品牌香水的包装费用，在质量同等的情况下，价钱却很低，而且投资额要比开设专卖店小得多。前期市场调查的结果让宋爽觉得这个项目肯定赚钱无忧。于是，宋爽投资10万元租下一个居民区里的门脸店铺，开办了一家香水加油站，销售散装香水。消费者买回去的进口香水用完了，可以随时到这里花较少的价钱（与原装的整瓶香水相比）添加香水。宋爽进的散装香水绝对是正牌货，品质无欺，她想当然地认为，这样相对廉价的好香水肯定能够获得普通消费者的欢迎，而且市场更大，获利也更多。可是，开业之后，香水加油站接连几个月的经营都处于亏损状态。

**反思：没有找到目标顾客群**

宋爽反思自己创业的全过程，终于发现是店铺的选址出了问题。当初为了节省投资，降低风险，所以她选择的店址是一个10年前建造的老居民区。开业前她忽略了当地居民构成的调查，然而这一点非常重要。附近老居民区里居住的大多是普通工薪人员和一些退休老人，他们对香水的消费需求非常少。宋爽终于认识到，这一次之所以失败，最关键的一点就是没有找到合适的客户，也就是目标顾客群。香水加油站中的高档香水价格虽然比专卖店低，但还涉及一个消费习惯问题。目前在我国具有高档香水消费习惯的主

要人群仍然是生活水平较高的群体，只有选择他们才能保证较高的销售量。而宋爽选址在平民社区，虽然能得到一部分低收入顾客的认可，但顾客总量很少，消费频率也很低，利润总额也就难以保障。应当选偏高档的住宅小区开店。因为那里的顾客群具备高档香水的消费能力和消费习惯，同时又对价格有所关注。

**胜：换个地方转败为胜**

发现了自己的失误之后，宋爽决定亡羊补牢。她把这家店以较低的价格转让出去，又追加投资十几万元把香水加油站开到了一个高档小区。事前，她做了充分的顾客群调查，这个新建社区有几十座楼，可以商住两用，人员组成以年轻白领居多，正是香水消费的潜在顾客群。宋爽还了解到，附近没有第二家香水加油站，一些公司女孩只能到远处的大商场购买香水或者给香水加油。如今，香水加油站就开在社区里，对她们来说，方便了很多。为了"抓住"这些顾客，满足她们的"小资情调"，宋爽还投其所好对店铺进行了精心布置，把风格优雅的货架放在四周靠墙，陈列各种名牌的香水，在店堂中间放置沙发茶几，摆放各种时尚杂志。同时添置了皮肤测试仪器，对每个消费者使用何种香水可以科学测试。小小的香水加油站成了一间女性沙龙。现在，小区里的女士有事没事都喜欢到香水加油站里来坐坐，互相交流穿着、化妆、美容、使用香水等方面的经验，当然也要购买适合自己的香水。通过一段时间的经营，宋爽和不少顾客交上了朋友，于是她在老顾客中开始推行会员制，不但香水有折扣，还定期有小礼品赠送，这样一来，固定客户越来越多。易地经营一年之后，宋爽终于可以轻轻松松地赚钱了，每月盈利两万多元。

（资料来源：张鹏："特色店铺的'易地生存原则'"，《北京晚报》，2009年6月21日）

**想一想：** 同一个人经营同样的特色商品，为什么在彼地亏本，在此地轻松赚钱？

运转本身就意味着一个项目的初级规模业已形成，不再是逐个地解决比较单一的问题，而是面对一个系统。管理的问题便自然地提到日程。投资者向管理者的过渡在运转中完成。店铺创业的运转阶段，生存是企业的头等大事，是第一要务，企业的经营、管理在遵循法律、政策、法规的前提下，只要有利于店铺的生存，都应大胆尝试，不拘泥于所谓理想状态下的制度和规范。但是，当店铺已经持续运转、开始获利、生存下来之后，店铺已经有了一定的物质积淀和市场基础。面对一个系统，店铺必须提升经营管理的水平，店铺创业者就要向店铺经营者、管理者过渡。

# 第一节　在运转中向常规经营过渡

在创业的运转阶段，做事要讲实际，重效果，经营管理上不应拘泥于所谓的"章法"，管理上粗放、不设限、不按规矩出牌，灵活机动，能以变应变，善于因时、因地、因事、因人采取不同的措施。但是，创业家并不一定能够成为优秀的企业家，创业时，更多的是需要创业者的个人能力与胆识，而经营一个具有一定规模和实力的企业，更需要的是规范的管理、群体意识和团队协作。因此，伴随着新创企业的成长，创业家需要向企业家的角色转换。经过实验、探索、培育、运转以后，店铺如何向长期的、相对稳定的常规经营过渡呢？

### 一、从应用单一营销策略到逐步实施市场营销组合策略

在创业的运转阶段，店铺经营必须靠业绩说话，而良好的业绩又必须有良好的销售，因此，必须注重分析客户需求、市场走势，根据客户需求生产、销售产品，通过销售结果分析客户需求的变化。重视运用良好的经营机制，刺激员工绩效的提升，经营中采用了大量的产品策略、价格策略、促销策略、公共关系策略等。然而，店铺经营者主要根据自身的资源能力，容易从某个单方面的因素来考虑营销上的市场竞争力取向。当运转持续进行，店铺的初级规模业已形成，不再是逐个解决比较单一的问题，而是面对一个系统，店铺的营销开始由单一的市场营销策略运用，转向整体营销，转向运用市场营销组合策略。

#### （一）市场营销组合的概念

所谓市场营销组合，也就是企业的综合营销方案，即企业对自己可控制的各种营销因素（产品质量、包装、价格、服务、广告、渠道和企业形象等等）的优化组合和综合运用，使各种营销因素协调配合，扬长避短，发挥优势，以便更好地实现营销目标。市场营销学者把各种营销因素归纳为四大类：产品、价格、地点和促销，简称"4P"。所谓营销组合，也就是这"4P"的适当组合与搭配，它体现着现代市场营销观念指导下的整体营销思想。

#### （二）市场营销组合战略的特点

1. 市场营销组合具有选择性。市场营销组合因素是企业内部可以控制的因素，作为市场营销策略与手段，企业就有自己的选择性，经营企业可以自由选择企业经营的产品结构，可根据市场需求自行定价，自行选择分销渠道，自由选择广告媒体、营销推广的措施和推销方法等。

2. 营销组合具有多变性。市场营销组合中的各因素，都不是静态的，而是动态的、多变的。所以说，市场营销组合是一种动态组合。这是因为"四大策略"的每一项中，都包括许多因素，企业制定的市场营销组合，只要其中有一个因素发生变化，就会出现新的组合。因此，企业在制定市场营销组合时，必须认真研究企业的内外环境因素，如果有的因素发生变化，要及时修订市场营销组合，以适应变化多端的市场。

#### （三）店铺的营销组合因素

通过总结许多店铺的营销经验，结合长期的市场营销实践，可以把营销组合理解为"人"、"店"、"货"、"价"、"势"和"流"等六大营销组合因素，它们彼此相联，互动融合，让整个营销系统活跃起来（见图8-1）。

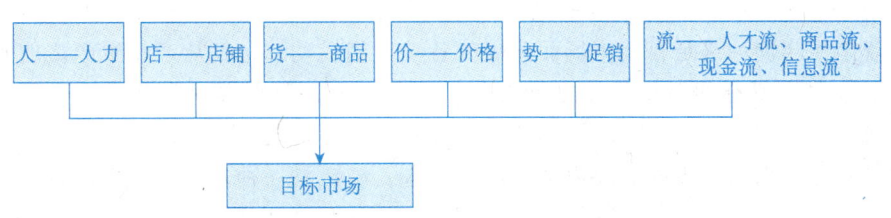

图8-1 店铺的市场营销组合因素

1. "人"，这是互动的因素，可以是企业人，也可以是消费者。人是六字营销组合中最基本的因素。一个店铺的好坏成败，完全是由老板和员工的素质及形象决定的。有些类型的

店铺，如化妆品专卖店、服饰专卖店等，在其他素质相近的条件下，店员的外貌好坏直接影响到店铺的销售量。要注重培养、挖掘、发挥广大员工在各项工作与企业活动中的积极性、主动性和创造性，使企业"人气"旺起来。

2．"店"，市场份额这块"蛋糕"是通过各式各样的店铺来切割的，是通过店铺来方便顾客实现交易的，店铺是直接与消费者对接的地方，也是为品牌积累口碑的地方，业绩好的店铺更是企业利润积累的地方，形象店还是不错的立体空间广告，并不比其他媒体作用逊色多少。要通过名称定位去确定产品在消费者心中的位置，让名称推动商品销售。店铺的设计是店铺形象的重要组成部分。如今是开店致胜的时代，谁的店多，谁的品牌实力就有了最基本的保证。经验表明，店铺创业首先要集中精力、脚踏实地地做好一个店，并根据成功经验写成一个"傻瓜手册"，在此基础上才可以做连锁。

3．"货"，就是商品。它是指能提供给市场并用于满足人们某种欲望和需要的任何事物，它包括实物、服务、场所、思想或立意、计策等。产品的整体概念包含核心产品、有形产品和附加产品三个层次。我们说"货如轮转"，货是营销的开始，货源的把关，货品齐全，关系到其他营销因素的有效展开。采购到好的商品也就等于销售了一半。餐饮和商品经营性店铺一定要有自己的"当家"商品。有效的产品线规划能创造出三种力量：产品力、组合力和联动力。

4．"价"，就是价格与价值。它不仅体现了物有所值、价廉物美的性价比，而且体现了货的品牌附加值。恶性的价格战是没有出路的，品牌辉煌的标志就是商品的附加值，即价值的实现。"低价"只是一种结果和表象，它的背后是出色的后勤物流配送（存货补充）能力和吸引客户忠诚的经营能力。

5．"势"，就是势头。这往往是通过广告宣传、促销推广等方式来造势实现，方便消费者认知购买，建立与杂牌不同的品牌区隔，本质上也是一种服务行为。势往往表现在店的环境上，这又分为内、外环境。店务软硬件的开发就是分析了县市商圈的内外环境来实现的。广告要能引起消费者心灵的共鸣，形成消费者对商品的心理渴望，从而推动现实销售。服务管理必须使店铺的结构合理化，最大可能地使顾客方便地与店铺做生意。

6．"流"，就是商品流、信息流、现金流、人才流等。流就是输入与输出，关系到各个方面的运转问题，是营销系统的生命脉络，此"流"枯竭，店铺是无法做大、做强的。

市场营销组合是一个系统，不能只用某一个因素，要综合应用，相互配合使用。在制定营销战略时，既可以将"人"、"店"、"货"、"价"、"势"和"流"六字设计成营销组合战略；也可以根据产品和市场特点，分别重点使用其中某两个或某几个因素设计成相应的营销组合战略。

整体营销指店铺为满足目标市场而开展的各项营销活动，包括从产品生产之前到产品售出之后的全过程中所有的活动要紧密配合，协调统一。店铺的整体营销是品牌商出"价"把"货"通过开"店"利用"人"、"势"等从渠道"流"向消费者，这个过程是为店铺品牌增值的过程。如果把上述六大要素融会贯通起来，应该是一种良好的营销组合策略。

## 二、在店铺运转中完善市场定位

现代管理大师彼得·德鲁克关于"本企业是一个什么企业"、"本企业应该是一个什么企业"、"本企业将是一个什么企业"的著名"三问"，是关于企业生命终极意义的历史追问，它是引导我们完成企业市场定位的三道基本命题。要提升店面的人气，首先要清楚商店的目标市场是什么，目标顾客又是谁，都有哪些人来店里购物，这就涉及到商店的定位问题。

### （一）市场定位的内容和形式

1. 市场定位的概念。市场定位是指企业根据竞争者现有产品、在市场上所处的位置，针对顾客对该类产品某些特征或属性的重视程度，为本企业产品塑造与众不同的、给人印象鲜明的形象，并将这种形象生动地传递给顾客，从而使该产品在市场上确定适当的位置。其实质是使本企业与其他企业严格区分开来，使顾客明显感觉和认识到这种差别，从而在顾客心目中占有特殊的位置。商店只有明确了定位之后，才能更加懂得消费者的需求，更好地满足目标客户，从而赢得他们的青睐。

业务定位在创业之前肯定是有的，但最终的业务定位往往与当初的定位不同，这种情况很多。而最终的业务定位是在运转中发现，在等待中遇到，在存在中完成的。

例如，有一个大学毕业生，在一个大工业区开了一家小打印社。一台电脑、一个复印机，主要是打印名片和文字材料。整天零打碎敲、守株待兔，靠很低的利润存活着。一天，有一个电厂要召开职工大代表大会和年终表彰大会，有一批东西要印，对质量和时间要求得很严。她们苦干了几个日夜，按时保质地交了货。这件事情启发了她——一个以企业、机关为主要服务对象，走出门去揽活的经营思路产生了，从此，打印社按照这一模式很快就发展起来了。

2. 市场定位的内容。

（1）产品定位：侧重于产品实体定位（质量/成本/特征/性能/可靠性/款式/……）。（2）企业定位：即企业形象塑造（品牌/员工能力/知识/言表/可信度）。（3）竞争定位：确定企业相对于竞争者的市场位置，如七喜汽水在广告中称它是"非可乐"饮料，暗示其他可乐饮料中含有咖啡因，对消费者健康有害。（4）目标市场定位：确定企业的目标顾客群。市场定位可分为对现有产品的再定位和对潜在产品的预定位。

### 案例阅读

#### 集中火力猛攻"降火"

如今人们都很熟悉一句广告语："怕上火，喝王老吉。" 2003年是王老吉饮料的旺年，这一年王老吉饮料突然火了起来，飞身上了超市、饭店、饮料机的销量榜，延续至今，仍势不可挡。据统计，2005年，王老吉销量超过25亿罐，是2002年销量的1.8亿罐的14倍。这个骄人成绩是依靠王老吉在品牌战略上的成功而取得的。王老吉是一个卖了许多年的凉茶，不同于新产品，现在的王老吉和以前并没有两样，这三年市场的扩大、火爆，不是由产品本身引发的。消费者购买王老吉大多是因为王老吉的降火功能，王老吉的成功是品牌找准了定位。他们一方面利用中华民族沉淀了几千年的中药文化底蕴，消费者一看饮料成分，从心里就认可了王老吉的降火功效，这是王老吉能从可乐、雪碧等其他饮料中杀出的特色法宝；另一方面，王老吉的品牌宣传紧密结合了自身的优势，把王老吉降火这一理念很有效地嵌入消费群体之中。至此，王老吉掌控了消费者购买心理，使品牌在消费者心目中占据有利位置，直接影响了消费者的购买决策。

（资料来源：王友海："王老吉的事件营销"，《市场营销案例》，2009年第12期）

**讨论**：王老吉采用的定位战略为什么能够取得成功？

不同类型的商店有不同的经营定位。食杂店的经营定位，主要是商品类型的选择，日用性商品是食杂店保持稳定客源的主要商品，一般占全店营业额的50%以上，消耗性商品的销售量也比较大，偶然性商品和应急性商品的销售量相对较少。便利店在商品定位方面，必须塑造鲜明的特色，提供顾客即刻需要的商品，突出便利性。

中心商业区专业店的经营定位，应以中高档商品为主，强调商品的精品形象；非中心商业区专业店的经营定位，应以大众化的商品为主，避免高度专业化，应该采取中等价格策略；居民商业区专业店，应该有鲜明的生活特色，店型应以食品店、花店、乳品店、蔬菜店、水果店为主，还要避免经营范围过窄，尽量满足各层次顾客的需要。

3. 市场定位的形式。

（1）产品差别化，即从产品质量、产品款式等方面实现差别，寻求产品特征是产品差别化经常使用的手段。（2）服务差别化，即是向目标市场提供与竞争者不同的优异服务。店铺的竞争力较好地体现在对顾客的服务上，市场差别化就越容易实现。（3）人员差别化，即通过聘用和培训比竞争者更为优秀的人员以获取差别优势。（4）形象差异化，即在产品的核心部分与竞争者雷同的情况下，塑造不同的产品形象以获取差别优势（见图8-2）。

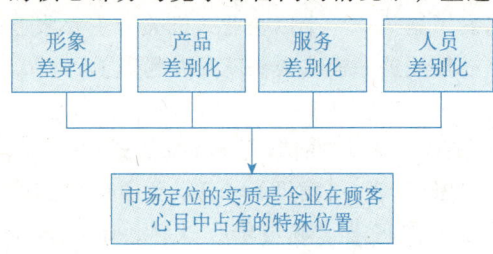

图8-2 市场定位的形式

在终端销售中，起决定性因素的就是"位置"及店铺选址，国外的大型零售终端如沃尔玛、家乐福、麦当劳、肯德基等都在选址上有成形完善的模式和流程。其实"选址"的本质是公司产品和服务的一种定位，是定位的一个具体化元素。

要提升商店的良好形象首先就要结合商店的实际情况，对所在社区居民的收入状况、消费习惯、购买方式等进行调查，确定商店的定位。例如，星级酒店的定位是政府要员、企事业单位老总、外宾、成功人士等，而一般餐馆的定位则是大众型，主要面对工薪族、学生族等，双方提升商店的良好形象的措施自然会有天壤之别。如果把商店定位为中低档，则应以经营中低档商品为主，主要面对工薪族、学生族、打工族等，对于高消费的"白领"一族就不必花什么精力，甚至可以舍弃。

### （二）市场定位的步骤

市场定位的关键是店铺要设法在自己的产品上找出比竞争者更具有竞争优势的特性，而要找出这种特性只能在店铺运转中寻找。竞争优势一般有两种基本类型：一是价格竞争优势，就是在同样的条件下比竞争者定出更低的价格，这要求店铺采取一切努力来降低单位成本。二是偏好竞争优势，即能够提供确定的特色来满足顾客的特定偏好，这就要求店铺采取一切努力在产品特色上下工夫。因此，企业市场定位的全过程（见图8-3）可以通过以下三大步骤来完成：

1. 分析目标市场的现状，确认本店铺潜在的竞争优势。这一步骤的中心任务是要回答以下三个问题：一是竞争对手产品定位如何？二是目标市场上顾客欲望满足程度如何以及还需要什么？三是针对竞争者的市场定位和潜在顾客的真正需要的利

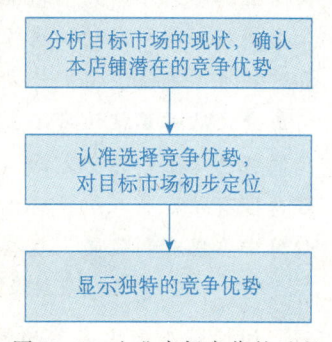

图8-3 企业市场定位的过程

益，要求企业应该及能够做什么？要回答这三个问题，店铺的市场营销人员必须通过一切调研手段，系统地设计、搜索、分析并报告有关上述问题的资料和研究结果。通过回答上述三个问题，店铺就可以从中把握和确定自己的潜在竞争优势在哪里。

2. 准确地选择竞争优势，对目标市场初步定位。竞争优势表明店铺能够胜过竞争对手的能力。这种能力既可以是现有的，也可以是潜在的。选择竞争优势实际上就是一个店铺与竞争者在各方面实力相比较的过程。比较的指标应是一个完整的体系，只有这样，才能准确地选择相对竞争优势。通常的方法是分析、比较店铺与竞争者在经营管理、技术开发、采购、市场营销、财务和产品等六个方面究竟哪些是强项，哪些是弱项。借此选出最适合本企业的优势项目，以初步确定企业在目标市场上所处的位置。

3. 显示独特的竞争优势。这一步骤的主要任务是企业要通过一系列的宣传促销活动，将其独特的竞争优势准确传播给潜在顾客，并在顾客心目中留下深刻印象。为此，店铺首先应使目标顾客了解、知道、熟悉、认同、喜欢和偏爱本店铺的市场定位，在顾客心目中建立与该定位相一致的形象。其次，店铺通过各种努力强化目标顾客形象，保持目标顾客的了解，稳定目标顾客的态度和加深目标顾客的感情来巩固与市场相一致的形象。最后，店铺应注意目标顾客对其市场定位理解出现的偏差或由于店铺市场定位宣传上的失误而造成的目标顾客模糊、混乱和误会，及时纠正与市场定位不一致的形象。

（三）市场定位的策略

1. 避强定位策略：是指店铺力图避免与实力最强的或较强的其他企业直接发生竞争，而将自己的产品定位于另一市场区域内，使自己的产品在某些特征或属性方面与最强或较强的对手有着比较显著的区别。

> **案例阅读**
>
> ### 万贝银行的市场定位
>
> 万贝银行是荷兰较为典型的中等规模的商业银行。由于其资金实力与荷兰三个金融巨头相差悬殊，因而其只能以该银行累积数十年的专有技术优势资源为支撑，奉行补缺市场定位战略。尽管按照现行荷兰金融法，万贝银行完全可以经营零售银行业务，但该行从未试图涉足零售银行业务领域。其核心业务之一——私人银行业务是一种对服务质量要求高、需要专门技术支撑的具有高回报的银行业务。而且，私人银行业务非常适合中等规模银行受资本规模约束和成本考虑不能广设分支机构的特性。事实上，万贝银行在荷兰只设了三家分行。为了更好地在竞争激烈的市场上谋求生存和发展，万贝银行只确立了两个核心业务——贸易和商品融资，这两项业务是该行引人注目的核心业务，万贝银行成为该类投资银行业务领域的佼佼者。
>
> （资料来源：吴鸣："论中国商业银行的市场定位战略"，《上海投资》，1998年第6期）
>
> **想一想**：万贝银行的市场定位属于哪一种定位策略？

2. 迎头定位策略：是指店铺根据自身的实力，为占据较佳的市场位置，不惜与市场上占支配地位的、实力最强或较强的竞争对手发生正面竞争，而使自己的产品进入与对手相同的市场位置。

3. 创新定位策略：寻找新的尚未被占领但有潜在市场需求的位置，填补市场上的空缺，生产经营市场上没有的、具备某种特色的产品。采用这种定位方式时，公司应明确创新定位所需要的产品在技术上、经济上是否可行，有无足够的市场容量，能否为公司带来合理而持续的盈利。如日本索尼公司的索尼随身听等一批新产品正是填补了市场上迷你电子产品的空缺，并进行不断地创新，使得索尼公司即使在二战时期也能够迅速地发展，一跃而成为世界级的跨国公司。

> **案例阅读**
>
> **施乐公司的定位创新**
>
> 在施乐公司初创时期，他们的技术一个小时只能复印15张，后来制造出了复印速度非常快、可以达到1个小时复印1 000张的施乐复印机，但价格非常贵，每台复印机比原来贵10倍。虽然其产品质量非常好，但没有人要。他们就以租赁的方式，每个月给租复印机的企业规定一个基本的工作量，比如，每天复印达不到2 000张，每张收费5美分；如果每天复印超过2 000张，每张收费4美分。通过这样的方式，施乐公司迅速拓宽了市场。十几年的时间，施乐公司就从一家小公司变成了世界500强。
>
> （资料来源：《市场营销案例》，2010年第2期，第51页）

4. 重新定位策略：店铺在选定了市场定位目标后，如定位不准确或虽然开始定位得当，但市场情况发生变化时，如遇到竞争者定位与本公司接近，侵占了本公司部分市场，或由于某种原因消费者或用户的偏好发生了变化，转移到竞争者方面时，就应该考虑重新定位。重新定位是以退为进的策略，目的是为了实施更有效的定位。例如，万宝路香烟刚进入市场时，是以女性为目标市场，它推出的口号是："像5月的天气一样温和"。然而，尽管当时美国吸烟人数年年都在上升，万宝路的销路却始终平平。后来，广告大师李奥贝纳为其进行了广告策划，他将万宝路重新定位为男子汉香烟，并将它与最具男子汉气概的西部牛仔形象联系起来，树立了万宝路自由、野性与冒险的形象，从众多的香烟品牌中脱颖而出。自20世纪80年代中期到现在，万宝路一直居世界各品牌香烟销量的首位，成为全球香烟市场的领导品牌。

### 三、在店铺运转中确立店铺的核心理念

企业培育核心理念，实质上也是对企业进行定位，找出企业存在、发展的主要理由，准确而合理地确定企业在经济发展中的地位和作用。企业的核心价值观作为企业文化的精神层面，指明了企业存在的意义和根本目的，决定了企业努力的大方向。它是企业核心竞争力的牵引力、催化剂和助推力。企业定位的核心是明确企业目的和实现企业目的应始终遵循的理念。

核心理念的产生和发展表示为：核—心—理—念。"核"代表物质，"心"代表感悟，"理"代表思维，"念"代表行为（执着的行动或者行为）。研究核心理念，应该从"心"开始，从"理"上去把握，从"知"的层次来看，"心"是感知，"理"是认知，认知就是把企业的实践、理论、行为和文化最基本的规律和特征概括出来。通过企业文化建设，把核心理念固化下来，长期传承下去。因为不改自己的初衷、理念，同仁堂、全聚德等百年老店才能够历久弥香。同仁堂注重"德、诚、信"的理念：德，养生经济的经营宗旨，"可以养

生,可以经世者,惟医药为最"。有对联为:"同气同生,福民济世;仁心仁术,医国医人";诚,精益求精的敬业精神,"炮制虽繁必不省人工,品味虽贵必不减物力";信,童叟无欺的职业道德。正因为有了"德、诚、信"的理念,同仁堂美名远播,有口皆碑,历经磨难,经久不衰,至今已有330多年的历史。养生堂掌舵人钟睒睒认为:"生意就是企业,生就是生成,意就是意义,生命的意义就是生意,生存的意义就是生命,企业的最高境界不是大,而是久远"。为了企业长远的生存,企业要牢记核心理念,坚持走自己的路。

店铺的运转是具有持久性、实战性、考验性的具有生存压力的实践,是面对多种要素及其相互关系,包括选择、取舍、排列、组合的实践,是把资源生化为新的统一体,打造资本优势的实践,店铺在运转中为资本增长奠定了根基。在店铺的运转中,当店铺的市场定位已经完成,店铺独特的竞争优势已经得到显示,店铺的一切运转已经在明确定位的基础上运行;同时,在制定店铺的营销策略时,店铺已经将"人"、"店"、"货"、"价"、"势"和"流"六方面的营销因素综合考虑,营销策略已经转向整体营销,转向运用市场营销组合策略;如果创业进程已经推进到用商店的销售收入补偿全部耗费、商店已经能够赚钱这个"点",那么,可以确定开发的具体商店创业项目已经存活了。店铺必须能够获利,才有存在的价值,开店的最终目的是赢利。增加赢利是店铺创业目标中最具有综合能力的目标。当店铺已经越过能够赢利这个点,店铺就走向了正常的经营活动,创业过程就转向了以赢利为目的的持续久远的经营发展过程。

## 第二节 在运转中向常规管理过渡

按店铺发展阶段来看,大致分为成长型店铺和成熟型店铺。成长型店铺最基本的问题是活下去,胜者英雄败者寇。在这种背景下,很多创业者及其团队成员"高才低就",往往既是投资人、管理者,还是销售人员,甚至还是产品设计者,店铺管理最根本的是靠个人能力,靠"因人的执行"。所谓因人的执行是在创业期企业人才资源相对稀缺的情况下,执行力依附的是创业者及其团队成员的个人能力而不是组织。因此往往是有了合适的人(所谓能人),再去创造合适的位置。中小店铺度过了生存期,成熟了,需要健康持续的发展,这时候需要核心团队,要制定和实施公司战略,需要"授权的执行"。授权的执行就是在组织和制度的保证下,设计合适的位置(编制),通过内部提拔和外部招聘,将合适的人放到合适的位置,执行力依附的是组织而不是个人。在过渡阶段,店铺在运转中逐步从"因人的执行"转向"授权的执行"。当然,这种转变是有条件的。

### 一、在店铺运转中明确管理的目标,创造管理内容与方法

创业时期是以绩效论成败而非过程论成败,希望通过规范、完美的过程设计来达到运转、赚钱的结果是不切实际的。在要么生存、要么被淘汰的竞争狂潮中,只有以市场、客户为导向原则下的灵活应变并让店铺运转起来才是真的。对于体制陷阱,创业者所承担和付出

的代价往往是巨大的，如繁杂制度下牺牲的机会成本，过分强调流程下的沟通成本，维护制度运营的管理成本，等等。实践告诉我们，现实总是现实，只有运转了，才是有效的；只有运转了，才是真实的。

运转的持续使投资者明确并把握管理目标是市场提供的，管理内容与方法是在店铺运转中创造出来的，管理重点是系统运转决定的，管理工具是简单的制度。投资目标与投资者能力的矛盾在运转中得到了解决。运转持续的本身就是成熟的证明。当投资目标与投资者能力的矛盾在运转中得到初步解决，创业者向管理者的过渡就基本完成了。

### （一）管理目标是市场提供的

管理目标应该来自哪里？只要店铺运转起来，管理目标就由市场决定，市场决定店铺的管理目标，是因为店铺的产品、服务是市场的一个部分。市场是巨大的存在，店铺对市场的关系只能是适应，当然不排斥引导，引导是积极的适应。市场会不断地启发、刺激管理者，直接提出问题，逼迫管理者把产品做得更优、更廉、更有特色，目标便由此产生。预期目标的检验也在市场。市场就是店铺的领导，也是考评机构，它会给管理者予以公正的考评。市场不仅提出并检验目标，还能提出解决问题的办法，创业者只要花时间、下工夫体察最直接的消费者，不断地与他们进行沟通，办法就有了。这可能是最有意义的信息对称，也最可能获得创意与灵感。

### （二）管理内容与方法是在店铺运转中创造出来的

店铺管理的基本内容主要包括店员管理、资金管理、技术设施管理、采购管理、销售管理、物流配送管理、库存管理等等。在创业时期，企业的管理在遵循法律、政策、法规的前提下，只要有利于店铺的生存，都应大胆尝试，不应拘泥于所谓理想状态下的制度和规范。成功的创业起步，要求开始不急于仿效大公司的制度化。开始创业就先强调：创业创新、优质服务、乐观豁达、不断学习。创业就是要小、简单、反应快、切得准；创新就是不怕失败，为此也要乐观豁达；不断学习是学习型组织的必然要求。当店铺人多了、机构庞杂了，企业的文化就从开始的简单高效向适度规模管理转化。在创业的前期阶段，面对的资源问题、要素问题、必要的探索和实验等问题，都是比较单一的问题，而一旦店铺进入整体运转，则是资源要素的综合问题，是各个部分的联系问题，是串联起来运动的问题，是一个系统的问题。这就产生了管理的需要，产生了管理幅度和层次问题。有了要管的东西才有了管理的问题。

管理学家从企业管理的实践中总结了大量的管理方法（见图8-4），主要有：

(1) 分权管理：分权就是转交责任，一个上级不是什么决策都自己作，而是将确定的工作委托给他的下级，让他们有一定的判断和独立处理工作的范围，同时也承担一部分责任。提高下级的工作意愿和工作效率。

(2) 漫步管理：最高领导不埋头在办公室里而尽可能地经常让下属看见他——就像"漫步"那样在企业转悠。企业领导从第一手（直接从职工那里）获知，职工有什么烦恼和企业流程在哪里卡住了。

(3) 结果管理：上级把要得到的结果放在工作的中心。在目标管理中给定目标。

(4) 目标管理：上级给出一个他的下属要达到的（上级）目标。

(5) 例外管理：领导只对例外的情况才亲自进行决策。

(6) 参与管理：下级参与有些问题，尤其是与他本人有关的问题的决策。这些管理方法都是可以借鉴和应用的。但是，每种方法都有其适用条件，要根据各个企业的运转状况来选择。

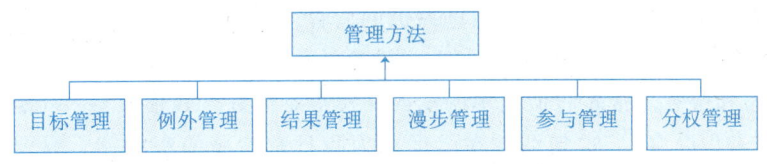

图8-4 管理方法分类

管理方法是由实践得来的，多数情况下不能套用现成的方法。做得好的企业，成功之路都不一样。不用刻意模仿他人，一切靠从特定的实际出发，从产品、技术、规模、发展阶段、资金状况、人员素质的特点出发去创造，绝对不可能照搬书本，像守株待兔似地等待事情的发生，以便对号入座。

### 二、在店铺运转中明确管理重点，制定简单的制度

#### （一）管理重点是系统运转决定的

从企业管理理论研究与实践应用来看，20世纪60年代，成功企业的管理重点放在生产环节的管理上，70年代更重视市场营销的管理，80年代偏向资产运营的管理，90年代以来，则强调以发挥人的潜力为主的人力资源（HR）管理。最近，在新的人力资源管理理念中，"心理管理"又被提到了一个更为重要的位置。

具体到一个店铺的管理重点，则是由店铺这个系统决定的。因为店铺是一个运转的系统，强调生存能力、竞争能力、技术、销售、人才、资金是管理的重点，都是对的。那么，管理的重点在哪里？哪里有问题哪里就是重点；哪个环节薄弱哪里就是重点；哪个部分造成循环阻滞、影响系统均衡运动，哪里就是重点。

#### （二）管理工具是简单的制度

店铺的管理制度应该是：确定店铺这个系统中各个相对独立部分的目标、常规事务、边界以及与其他部分关系的明确规则。有了这个制度，当事人知道自己要干什么——不必事事交代；遇到事情如何处理——不必事事请求；交界处责任关系清楚——避免推诿拖延，相互不作为；对事故、偏差、错误的预警——减少和杜绝错误的重犯；为绩效评价找到依据。所以，制度是管理的工具。

作为管理工具的制度必须是简单的。在企业经营和组织管理上，要获得高效，最有效的方式就是诸事简洁。当企业处于一个纷繁复杂的环境时，采取从简切入，化繁为简，以简驭繁的思路和方法，往往可以避免繁中添乱，巧妙化解矛盾，从而取得奇效、高效。所谓简单管理就是在企业运作过程中，对事物进行去伪存真、由此及彼、由表及里的分析，准确找到并把握事物的规律，删繁就简，把企业理念转化为实际行动。

简单管理的几个关键点是：立足事实，贯通表里；深入本质，把握规律；删繁就简，直截了当，提高效率；强调执行，即把企业理念转化为实际行动。简单管理实际上就是把"复杂事务简单化"的一种思维方式，本质上它是一种执行理念，解决的是众多企业普遍存在的"知行不合一"、"理念在天上飘，行为在地上爬"的矛盾。

简单是一种行之有效的思维方式，使事情简单化并不意味着更大的工作量而是要求采取

不同的途径工作。

简单仅仅是工作中自我维持的反馈，简单化使责任、信任、自由、管理与控制都一目了然，使每个人更多地自主决策——虽然世界仍创造着无尽的选择。用友软件公司的创业者王文京说："其实企业的经营很具体、很实在，没有什么特别玄妙、特别深不可测的东西，最基本的还是产品和服务。很多看似简单的东西其实很难做好。我很欣赏一位台湾企业家说过的一句话：'按常识办事'。这句话现在已经成为我日常参照的座右铭。只要把常识的东西做好，企业一定很好。"简单之所以有效，就是因为它基于人性和常识，而非公司逻辑。

中国有句俗话：没有规矩，不成方圆。其意思就是说，没有规则（即制度）的约束，人类的行为就会陷入混乱。没有制度，就没有办法和依据来惩戒员工，因此是管理者的过失；有了制度而没有惩戒他，是执行者和监督者的过失；一而再、再而三地犯错，又一而再、再而三地被惩戒，那就是员工的过失。对于一个规范管理的公司，不容许员工犯错是对的。即使一次犯错，立即开除也说得过去。但还是有前提的，这至少包括两点：一是员工已经接受过相关的培训，这至少包括员工规范和技术技能的学习；二是在该员工之前，相同的或者相关的错误没有被放纵。

### 三、在店铺运转中增强店铺的执行力和落实力

在店铺运转中遇到的经营策略问题、管理问题，最后都要落到制度的执行上面去，企业的生存要靠扎扎实实的执行来实现，以实践证明，落实是决策的落脚点。落实出生产力，落实出竞争力。一个分工明确、目标明确的团队的整体执行力是十分强大的。

**案例阅读**

#### 西安杨森的"雁文化"：团结合作，保持默契

西安杨森制药公司在团队的整体执行力的打造过程中，提出了"雁文化"的合作理念：雁群是一支完美的团队，是由许多有着共同目标的大雁组成的。雁群内部有明确的分工，有负责觅食和照顾老幼的青壮年大雁，有负责安排休息和调整体力的领头雁，有负责安全的放哨雁。放哨雁在别的大雁进食的时候不吃不喝，领头雁带头搏击。据科学研究表明，大雁组队飞行要比单独飞行提速22%。

西安杨森的任何一个销售区域、办事处、培训部或者某一产品小组，都是一个团队。公司在搞活动、绩效考核和奖励方面，都很注意以团队为单位，目的就是使工作人员学会在团队中求得个人的最佳发展。总裁庄祥兴认为："雁文化"的实质就是团队的合作精神，雁阵中的每只雁展翅高飞时，都获得了来自同伴的"向上之风"，只有团队内成员齐心协力、互相帮助，才能实现团队的目标。

西安杨森的员工学习大雁的精神，进行自我管理、互相帮助，他们相互间构建了一种"责任群"：团队中的任何一个人都负有帮助别人的责任，同时也享有被帮助的权利。只有建立了和谐的责任群，才能让落实工作顺利有效地进行下去。

（资料来源：吴能文著：《落实力就是战斗力》，新世界出版社2008年版）

**想一想**：一个团结合作的团队为什么能够有很强的执行力？

依靠"责任群"引导整个团队自我管理的制度，使每个员工自觉自愿地落实责任，使团队力量整体得到优化，从而获得更大的战斗力。

### 四、居安思危，永远保持创业精神

一个商店的销售收入只能补偿其全部耗费的商店，其生命力依然不强。不能因为已经能够赚钱就逐渐松懈下来。海尔集团的创始人张瑞敏谈到海尔发展时感慨道："这些年来，我总感觉可用一个字来概括——惧。市场竞争太残酷了，只有居安思危的人才能在竞争中取胜。"恐惧是一种不良心态，而居安思危使"惧"成为不惧的新起点。惧，是审时度势的理性思考，是在超前意识前提下的反思，是不敢懈怠、兢兢业业、勇于进取的积极心态。华为集团的任正非在《华为的冬天》里说："创业难，守业难，知难不难……唯有惧者才能生存！"惧，已经成为强者的制胜之道。

管理学上有则著名的"青蛙寓言"：在寒冷的冬天，一只青蛙发现一个装有热水的杯子很暖和，马上跳了进去，水太热了，足以把青蛙烫死，于是，它用更快的速度跳了出来，也很为自己的机敏感到骄傲；不久，青蛙又发现一个装有水的杯子，这回他接受了教训，先试了试水温，水不烫，而且很暖和，青蛙满意地跳了进去，舒适地享受起来，全然没有想到这是一个正在加热的杯子，水不断升温，当青蛙发现水温太热时，已失去了跳出来的力量……

"蛙死温水"现象道出缺少危机感的危害性，说明了在一种渐变的环境中，即使已经很成功、很强大，如果不能保持清醒的头脑和敏锐的感知力且对新变化作出快速反应，而是贪图享受，安逸于成功的现状，那么当感觉到环境的变化已经使自己不得不有所行动时，也许会发现，行动的最佳时期早已错过，所有的行动只是徒劳，等待你的只是悲哀、遗憾和无法估计的损失。

不让温水烫死，学会从温水中逃生，不做"安乐死"的青蛙，这是"青蛙寓言"揭示的深刻道理。生于忧患，死于安乐。市场竞争不是一帆风顺的，企业危机随时存在，经营压力相伴而生，如果企业缺乏危机意识，感受不到各种压力的存在，最终将难逃"安乐死"的厄运。

总之，在过渡阶段，店铺在运转中逐步从"因人的执行"转向"授权的执行"，经营中遇到的策略问题、管理问题，最后都落到制度的执行上面去。此时，创业进程已经推进到用商店的销售收入补偿全部耗费、商店已经能够赚钱这个"点"，越过这个点，是店铺正常的管理活动，是以营利为目的的持续久远的经营管理发展过程。在这个过程中，店铺的创业者、管理者应该居安思危，永远保持创业精神，牢记市场"唯有惧者才能生存"。

## 技能训练与思考

### 一、问题与思考

1. 在过渡阶段，创业者应该在经营运转中完成哪两大转变？
2. 什么是市场营销组合？市场营销组合战略有哪些特点？
3. 店铺的营销组合因素有哪些？怎样确定店铺的市场营销组合战略？

4. 什么是市场定位？市场定位的步骤有哪几步？
5. 市场定位的策略有哪些？实施市场定位策略的根据又有哪些？
6. 什么是"因人的执行"？为什么在创业阶段会以"因人的执行"为主要的执行方式？
7. 什么是"授权的执行"？在创业的过渡阶段，为什么要逐步从"因人的执行"转向"授权的执行"？
8. 为什么说管理的内容与方法是在运转中创造的？
9. 为什么说管理工具是在运转中找到的？

## 二、实训要求

1. 以"管理方法是在店铺运转中创造出来的"为题进行演讲准备。演讲时间 5~10 分钟。
2. 分组讨论：如何理解"投资目标与投资者能力矛盾的解决是店铺成熟的标志"？
3. 读故事，写感想：

### 乞丐与商人

一位乞丐在地铁出口卖铅笔，一位商人匆匆而过，向乞丐杯子里投入几枚硬币，但忘了取铅笔。过了一会儿，这位商人返回，取了一根铅笔，对乞丐说"对不起，我忘了拿铅笔，因为你我毕竟都是商人。"然后匆匆离去。几年以后，这位商人参加一个高级酒会时，一位衣冠楚楚的人士向他致谢，告诉商人说他就是当初卖铅笔的乞丐，他的生活改变，得益于商人的那句话："你我都是商人。"而在这之前，他只把自己看成一个乞丐。

【要求】 根据这个小故事，写一个与"定位"有关的100字左右的感想。

### 长老和椅子

一位德高望重的长老，在寺院的高墙边发现一把座椅，他知道有人借此越墙到寺外。长老搬走了椅子，凭感觉在这儿等候。午夜，外出的小和尚爬上墙，再跳到"椅子"上，他觉得"椅子"不似先前那般硬，软软的甚至有点弹性。落地后小和尚定睛一看，才知道椅子已经变成了长老，原来是长老用脊梁来承接他的。小和尚怆惶离去，以后的一段日子，他诚惶诚恐等候着长老的发落。但长老并没有这样做，压根儿没提及这事。小和尚从长老的宽容中获得启示，再也没有去翻墙，若干年后他成为这儿的住持。

【要求】 根据这个小故事，写一个与"管理"有关的100字左右的感想。

4. 案例分析：

> **案例阅读**
>
> ### 金嗓子喉宝
>
> 金嗓子喉宝，是一种由广西金嗓子制药厂利用中国草药生产的保健咽喉糖含片。广西金嗓子制药厂原来是生产糖果的柳州市糖果二厂。在20世纪90年代初，该厂面临较大困难，几乎倒闭，然而，自从金嗓子喉宝问世以来，不仅扭亏为盈，而且年销售额近3亿元，并保持着迅猛的发展趋势。其成功的原因很多，其中最重要的原因是实施了正确的市场细分、目标市场选择和市场定位战略。

(1) 市场细分。咽喉含片均为药粉压制而成，一含即溶，很难在咽喉部较长时间保持药效。而急性咽喉炎和咽喉不适者如不能长时间施药，则很难治愈。润喉糖虽然不会即溶但无治疗作用。这些产品之间存在一个空缺，即中间型治疗保健产品。由于环境污染加剧，空气质量恶化，气候变化无常，吸烟嗜酒者增加，用嗓过度者、患咽炎者、咽喉不适者日益增多，对咽喉治疗保健药的潜在需求大增。

(2) 目标市场选择。对此类产品可能有需求的消费者的一般特征是：有一定工资收入的中年男性、烟酒爱好者、爱唱歌者、教师、导游。从竞争产品来看，原有的名牌均已占统治地位，草珊瑚、西瓜霜、健民咽喉片等已占有市场份额的大部分，知名度高。

(3) 市场定位。由于存在很大的市场（潜在的和现实的），金嗓子企业决定生产金嗓子产品，顾客定位为男性且有一定收入者。为此，企业采取了高质量、高价格的策略，使金嗓子成为身份的象征。另外，该企业还注意到竞争对手均为老名牌、实力雄厚，因此企业采取差异化策略：产品差异化、价格差异化，避实就虚，扬长避短。兵书上讲，"有备而战"，"不打无准备之仗"，金嗓子就这样在充分准备后戎装上阵，唱响全国！

**分析：** 金嗓子喉宝的成功是通过哪些策略的实施来实现的？店铺经营是否可以借鉴这些策略？

# 第 9 章 网上开店

**学习目标**
- □ 了解网上开店的意义和经营方式
- □ 知道网上开店的条件和优势
- □ 熟悉网上开店的流程和规范
- □ 掌握网上开店各环节的操作技能

## 案例阅读

### 从卖废品小伙到月进两万的淘宝店主

2006年，复读了两次的杨甫刚考入了高职后，一直不安于教室、饭堂、图书馆三点一线生活，他希望做点小生意。刚开始时，他准备收易拉罐去卖：易拉罐市价每个1角5分钱，他以5分钱的价格收购，然后卖出去，每个能赚1角钱。然而这种在他看来既能够清洁宿舍，还能赚点零花钱的美差，宿舍的保安说什么都不给放行，"大学生捡垃圾，还读什么大学？"无奈，杨甫刚转而选择推销袜子，除了传到耳边的冷言冷语，"闭门羹"也经常碰到，重要的是袜子始终没有太大的销路。

2007年5月，在学校老师一次无意的指点后，杨甫刚用自己当月的500元生活费、一辆旧自行车，开始了他在淘宝网上的创业生涯。他就读学校的所在地，正是中国小商品集散地——义乌，他在市场上一次精选了50多款生活类小商品，并将照片传到店内试销，没想到第二天就有人订购了一款小饰品。"除掉运费，我只能赚5角钱。"这种很多人不屑一顾的小订单，却成了他的第一单生意，让他印象特别深刻。由于店小，平时货物卖的不多，额度也不大。但无论订购货物多少，他每天都按时发货，让他这个名为"嘟嘟靓妆小铺"的小网店的好评率竟达到了惊人的100%。

杨甫刚淘宝店的业务量不断扩大，他找来三个同学帮忙，以便能够维持小店的正常运转。随着小店赢利的增多，一起合伙经营的同学就提出了分钱的想法。随着小店的资金积累得越多，大家分钱的想法也就越强烈，此时小店累积的十几万元资金，足以让这几个涉世未深的年轻人眼晕了，分道扬镳成了最终的选择。分家后的资金不到原来的一

# 第 9 章 网上开店

半,但杨甫刚并没有轻易放弃,而是在经营策略上作出了调整:只做化妆品生意,他的小店的商品已经从开始起步的 50 多种,增加到现在的 719 种。

没想到这一次偶然的调整,成了小店的转折点,杨甫刚的小店发展驶入高速路,每天 100 多笔订单、平均每月 20 多万元的销售额、平均 4 万元的纯利润让人咂舌,网店开始向两皇冠、三皇冠"冲刺"。于是杨甫刚又开始招人,只不过,这次他是以"绝对老板"的身份进行的。如今,三皇冠小店的 9 个工作人员在 130 平方米的店内紧张地忙碌着。

小店经营何以风生水起?杨甫刚表示,开网店首先要做个有心人,他会随时关注网络上的热门商品,并及时补充商品上架,曾经有一个月售出 7 000 多个瑜伽垫,就是让他这样挖掘出来的。其次,要设置好每件商品的关键字。有些客户有明确的购买意向,会进行商品搜索,特别商品更要用心,要让客户能够快速搜索到商品,才能提高成交概率。再次要拿到低进价产品。"以前很好的进货渠道比较少,但我这人有个习惯,节假日给供货商一个短信,平常打个电话咨询一下行情,相互了解之后,大家也就成了交心的朋友,即使资金周转不过来,杨甫刚也可以顺利地从供应商那里赊货,就是对方没有货,也会提供其他货源。无论对待顾客,还是对待供应商都应该以诚信为本,网店更应该如此。

由于杨甫刚在校期间成功的网店成绩,得到他们学院贾少华副校长的大力支持,尽管他的专业成绩不是很理想,还是成为该校的"创业英雄",不仅多次在新闻媒体进行专题报道,还走进央视的"实话实说"节目,成为了全国青年学生的创业标杆。

(资料来源:佚名:"金嗓子喉宝八年一个声音,能否'一响到底'?"《成功营销》,2003 年第 1 期)

**想一想**:网店在经营上应该怎样扩大销量?网店创业的模式适合哪些人?

对于当今很多国人来说,电脑与互联网已经成为工作与生活不可或缺的工具,网上购物越来越成为商品销售最重要的渠道之一。据中国互联网信息中心的统计数据表明,截止 2009 年 6 月 30 日,我国互联网有效受众达 3.1 亿,利用手机上网的人数也达到 1.55 亿。随着电脑的普及与互联网的迅猛发展,网上购物的规模和金额也在高速增长。

2003 年我国网上购物仅为 16.20 亿元,2008 年猛增至 1 220.10 亿元。巨大的市场需求,不仅促进了我国互联网和电子商务产业的发展,也为个人与企业的网上创业开店带来了崭新的商机。网上开店因启动资金少、不需要什么库存、进入门槛低,在当前金融危机就业形势十分严峻的背景下,很多大中专学生纷纷下海,加入网上创业大军。

在各种类型的购物网站中,提供网上开店服务的 CtoC、BtoC 网站以其服务的适用性和可行性,得到了诸多网民的认可,网上开店以其低成本、低启动资金、快捷的交易方式得到许多创业者的青睐,许多人在网上开店,通过网上销售商品赚取利润,越来越多的网友,准备加入到网上开店的队伍中来。

由于网上开店的主体有很多,本章主要介绍个人网上开店的内容。

# 第一节  网上开店概述

## 一、网上开店的定义

网上开店是指经营者在互联网上注册一个虚拟的商店（以下简称"网店"），将待售商品的信息发布到网页上，对商品感兴趣的浏览者通过网上或网下的支付方式向经营者付款，经营者通过邮寄、快递或其他物流模式，将商品发送给购买者的一种商品销售方式。

网上开店是一种在互联网时代的背景下诞生的新型销售方式，区别于网下的传统商业模式，与大规模的网上商城及零星的个人用品网上拍卖相比，网上开店投入不大、经营方式灵活，可以为经营者提供不错的利润空间，成为许多人的创业途径。

## 二、网上开店的方式

目前，网上开店主要有三种方式：

1. 在专业的大型网站上注册会员，开设个人网店。像易趣、淘宝、易购、一拍等许多大型专业网站都向个人提供网上开店服务，只用支付少量的相应费用（网店租金、商品登录费、网上广告费、商品交易费等），就可以拥有个人的网店，进行网上销售。这种方式的网上开店相当于到一些大的商场租用一个店铺或柜台，借助大商场的影响和人气做生意，目前网上开店基本都是采用这种方式。

2. 自立门户型的网上开店。经营者自己亲自动手或者委托他人进行网店的设计，网店的经营与大型的购物类网站没有关系，完全依靠经营者个人的宣传吸引浏览者。

自立门户型的网店的建设方式有两种：一是完全根据商品销售的需要进行个性化设计，需要进行注册域名、租用空间、网页设计、程序开发等一系列工作，个性化较好，费用较高；二是向一些网络公司购买自助式网站模块，操作简单，费用较低，但是缺乏个性化。自立门户型的网店建设费用较高，同时还需要投入足够的时间和金钱进行网站宣传，优点是网店内容不需要像第一种类型的那样受到固定格式的限制，也不必交纳诸如商品交易费之类的费用。这一类网店相当于路边的小店，如何吸引浏览者进入自己的网店，完全依靠经营者自己的推广。

3. 前两种方式的结合，既在大型网站上开设网店，又有独立的商品销售网站。这种方式将前两者的优点集合，不足之处是投入相对较高。

许多实体商店经营者认识到网络的作用，开始通过网上销售商品，而一些网上开店取得不错收益的经营者也会考虑在网下开一个实体店，两者相结合，销售效果相当不错。

## 三、网上开店的经营方式

如果正在考虑网上开店，应该根据个人的实际情况，选择一种适合自己的经营方式。网上开店的经营方式主要有以下三种：

1. 网上开店与网下开店相结合的经营方式。此种网店因为有网下店铺的支持，在商品的价位、销售的技巧方面都更高一筹，也容易取得消费者的认可信任。

2. 全职经营网店。经营者将全部精力都投入到网站的经营上，将网上开店作为自己的全部工作，将网店的收入作为个人收入的主要来源。

3. 兼职经营网店。经营者将经营网店作为自己的副业，比如，现在许多在校学生利用课余时间经营网店。也有一些职场人员利用工作的便利开设网店，增加收入来源。

### 四、网上开店的优势

显而易见，网上开店之所以大行其道，是因为网上开店具有一些优势，主要表现在以下几方面：

#### （一）开店成本极低

网上开店与开实体店相比综合成本较低：许多大型购物网站提供租金极低的网店，有的甚至免费提供，只是收取少量商品的上架费和交易费；网店可以根据顾客的订单再去进货，不会因为积货占用大量资金；网店经营主要是通过网络进行，基本不需要水、电、管理费等方面的支出；网店不需要专人时时看守，节省了人力方面的投资。

#### （二）经营方式灵活

网店的经营是借助互联网进行经营，经营者可以全职经营，也可以兼职经营，网店不需要专人时时看守，营业时间也比较灵活，只要可以对浏览者的咨询给予及时的回复，就不影响经营。

网上开店不需要像开实体店那样，必须要经过严格的注册登记手续，网店在商品销售之前甚至可以不需要存货或者只需要少量存货，因此可以随时转换经营其他商品，可以进退自如，没有包袱。

#### （三）网上开店基本不受营业时间、营业地点、营业面积这些传统因素的限制

网上开店，只要服务器不出问题，可以一天24小时、一年365天不停地运营，无论刮风下雨，无论白天晚上，无需专人值班看店，都可照常营业，消费者可以在任何时间登陆网站进行购物。

网上开店基本不受经营地点的限制，网店的流量来自网上，因此，即使网店的经营者在一个小胡同里也不会影响到网店的经营。

网店的商品数量也不像实体商店那样，生意大小常常受店面面积限制，只要经营者愿意，网店可以摆上成千上万种商品。

#### （四）网店的消费者范围是极广泛的

网店开在互联网上，只要是上网的人群，都有可能成为商品的浏览者和购买者，这个范围可以是全国的网民，甚至全球的网民。只要网店的商品有特色，宣传得当，价格合理，经营得法，网店每天将会有不错的访问流量，大大增加销售机会，取得良好的销售收入。

#### （五）网上开店的风险

网上开店虽然有许多优势，但是作为一种需要投入资金与精力的经济行为，网上开店也存在着一定的风险，主要表现在：目前，中国的网上购物与网上销售市场还处于起步发展阶段，如果经营的产品不对路，价位不合理，没有良好的销售信用，解决不好支付与送货环节

的问题，网上开店很可能出现销售打不开局面，无法从中获利，反而要赔上时间、精力和投入的现象。

### 五、网上开店的条件

不是所有人都适合网上开店，不是所有商品都适合个人网上开店销售。如果网上开店是以赚钱为目的，在网上开店之前，就应该分析自己是不是具备网上开店的条件。

#### （一）选择适宜网上开店销售的商品

要在网上开店，首先就要有适宜网络销售的商品，并非所有适宜网上销售的商品都适合个人开店销售。根据业内人士的建议，适合网上开店销售的商品一般具备下面的条件：

1. 体积较小：主要是方便运输，降低运输的成本。
2. 附加值较高：价值低过运费的单件商品是不适合网上销售的。
3. 具备独特性或时尚性：网店销售不错的商品往往都是独具特色或者十分时尚的。
4. 价格较合理：如果网下可以用相同的价格买到，就不会有人在网上购买。
5. 通过网站了解就可以激起浏览者的购买欲：如果这件商品必须要亲自见到，才可以达到购买所需要的信任，那么就不适合在网上开店销售。
6. 网下没有，只有网上才能买到，比如，外贸订单产品或者直接从国外带回来的产品。

根据以上条件，目前适宜在网上开店销售的商品主要包括首饰、数码产品、电脑硬件、手机及配件、保健品、成人用品、服饰、化妆品、工艺品、体育与旅游用品等等。

所以，网上开店要放弃一些不适合个人网上销售的商品，同时网上开店也要注意遵守国家法律法规，不要销售以下商品：

1. 法律法规禁止或限制销售的商品，如武器弹药、管制刀具、文物、淫秽品、毒品。
2. 假冒伪劣商品。
3. 其他不适合网上销售的商品，如医疗器械、药品、股票、债券和抵押品、偷盗品、走私品或者以其他非法来源获得的商品。
4. 用户不具有所有权或支配权的商品。

#### （二）网上开店需要的个人能力

要开一个赚钱的网店，需要经营者有良好的个人能力。

1. 良好的市场判断能力，可以选择出适销对路的商品。
2. 良好的价格分析能力，既要进到价格更低的商品，又要将商品标出一个适宜的出售价格。
3. 良好的网络推广能力，可以通过各种方式让更多的浏览者进入自己的网店，而不坐等顾客上门。
4. 敏锐的市场观察力，可以随时把握市场的变化，据此调整自己的经营商品和经营方式。
5. 热情的服务意识，可以通过良好的售后服务建立起自己忠实的客户群体。

#### （三）适宜网上开店的人群

目前，在网上开店的人群主要分布在以下几个方面：

1. 在校学生。在校学生主要是指大学生，因为学业压力较低，可以有时间进行商品采购和网上交易。

2. 自由职业者。网上开店因为手续简单、投资较少、容易操作,成为许多自由职业者的选择。

3. 网下开店经营者。许多有实体店面的经营者在网上也开店,将生意渠道扩展到网上,增加一个销售渠道。

4. 收藏爱好者。收藏者的收藏品往往都是市场上不容易看到的,开一个网店进行销售,通常效果不错。

5. 拥有特别进货渠道的经营者。一些有特别进货渠道的人在网上开店效果都不错,因为进货渠道特别,比如,海关罚没品、国外带回来的商品,这些商品通常价格比较低,或者在国内不常见,可以取得不错的收入。

### (四) 网上开店的投入准备

网上开店需要一定的投入准备,主要包括:

1. 硬件:可以上网的电脑、扫描仪、数码相机、联系电话,不一定非要全部配置,但要尽量配齐,方便经营。

2. 软件:安全稳定的电子邮箱、有效的网下通信地址、网上的即时通讯工具(MSN、QQ、阿里旺旺等)。

## 第二节 网上开店流程和规范

随着网络购物日趋红火,网店已成为另一种新型经济和职业。有好多公司职员辞去工作,专业在家开店,他们月收入平均在3 000~6 000元之间,更有不少卖家月收入高达万元以上,因为轻松、灵活、方便的买卖流程,网络销售和购买正渗透在我们每个人的生活中!如何开一家网店呢?我们现以国内网上零售最著名的淘宝网为例,介绍网上开店的基本流程和方法。

淘宝网开店的流程如图9-1所示。

图9-1 淘宝网开店流程图

### 一、开店注册工作

#### (一) 注册成为淘宝会员

1. 填写信息:注册淘宝会员名,可以按以下方式来操作:

(1) 登陆淘宝网,点击页面顶部"免费注册"(见图9-2)。

(2) 进入注册页面,填写会员名和密码。

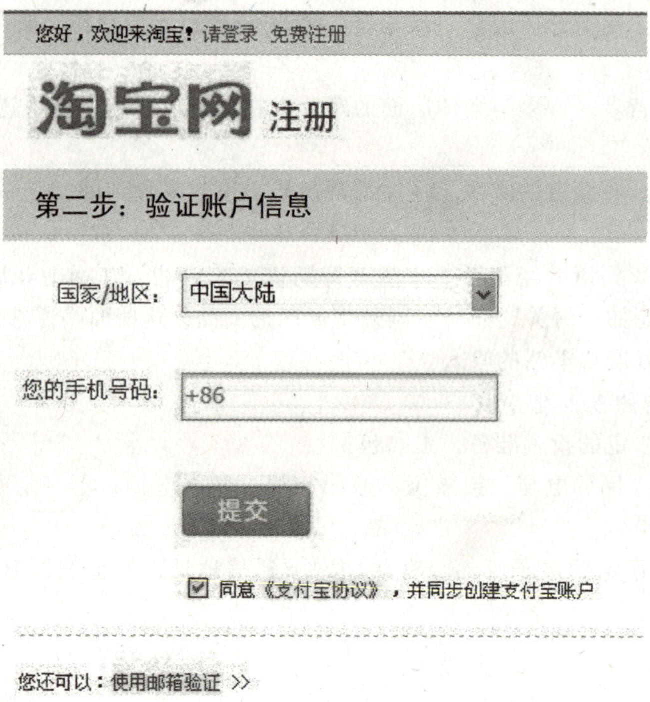

图9-2 淘宝网免费注册网页

(3) 将校验码填入右侧的输入框中。
(4) 仔细阅读淘宝网服务协议,点击"同意以下协议并注册"。
2. 验证账户信息。只需填入你的手机号码,点击"提交"即可。
3. 验证手机号码。提交手机号码后一分钟内就可在手机上收到校验码,将校验码正确输入框中后,点击"验证"即可(见图9-3)。如果你在一分钟内没有在手机上收到校验码的短信息,请点击"重新发送校验码",或返回更改手机号码。

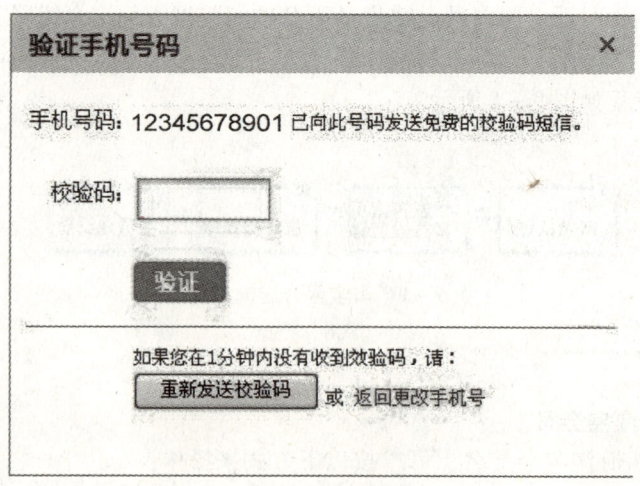

图9-3 完成淘宝注册网页

4. 淘宝账户注册成功（见图9-4）！

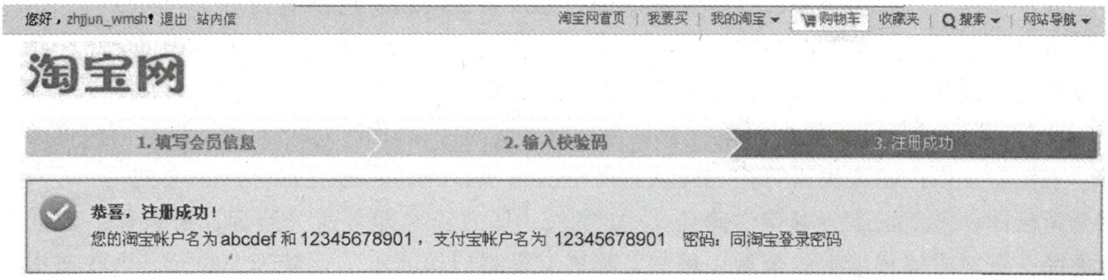

图 9-4 淘宝账户注册成功网页

**提示**：淘宝规定，注册使用淘宝的用户须年满18岁，且免费注册中提供的邮箱将成为支付宝账号！

### （二）认识支付宝及其注册流程

1. 认识支付宝。支付宝交易服务从2003年10月在淘宝网推出，致力于为中国电子商务提供各种安全、方便、个性化的在线支付解决方案。目前除淘宝和阿里巴巴之外，支持使用支付宝交易服务的商家已经超过20万家；用户覆盖了整个CtoC、BtoC以及BtoB领域，涵盖了虚拟游戏、数码通讯、商业服务、机票等行业。支付宝以其在电子商务支付领域先进的技术、风险管理与控制等能力赢得银行等合作伙伴的认同：目前已和国内工商银行、建设银行、农业银行、招商银行等各大商业银行以及VISA国际组织等各大金融机构建立了战略合作，成为银行在网上支付领域极为信任的合作伙伴。

2. 支付宝注册的好处。

（1）买家使用的好处：

a. 货款先支付在支付宝，收货满意后才付钱给卖家，安全放心。

b. 不必跑银行汇款，网上在线支付，方便简单。

c. 付款成功后，即时到账，卖家可以立刻发货，快速高效。

d. 在线支付，交易手续费全免。

（2）卖家使用的好处：

a. 不必去银行查账了，支付宝告诉你买家是否已付款；可以立刻发货，省心、省力、省时。

b. 账目分明，交易管理帮你清晰地记录每笔交易的交易状态，即使有多个买家汇入同样的金额也能区分清楚。

c. 支付宝认证是卖家信誉的保证。

3. 支付宝个人实名验证。打开淘宝网页面，ID登陆后，点击页面上方"我的淘宝"。

点击蓝色的"请点击这里"按钮进行支付宝个人实名认证，接受条款后，便会看到一个界面，这便是支付宝个人认证所需要的三个步骤：

第一步，填写个人信息：此步要求申请者如实填写个人的姓名（不可修改）、联系地址和固定电话或者手机（可修改）。

第二步，提交身份证件：此步要求你提交个人身份证的扫描件，申请者把身份证扫描件和身份证号上传后即可。注意：使用新电子IC身份证的需要把身份证两面都扫描上传上去。

第三步，银行账户核实：此步要求填写银行开户名、开户银行、银行卡号、开户支行名、开户银行所在省份及城市这些资料。因为涉及金钱问题，应准确填写。

资料都提交后，前两个步骤的状态会变为："您的信息已提交，点此修改资料"，我们可以随时修改我们能够修改的信息。第三部分银行账户核实的状态会变为："等待支付宝公司汇款"。为了验证你所提交的银行卡是否有效，支付宝公司会在2~3个工作日内向你的银行卡上汇1元以内的人民币等待你确认它所汇的金额，此时，第三部分状态会变为："支付宝公司已向你卡上汇款，等待你确认。"如果确认钱数正确即可通过验证，所以你一定要查清你提交资料时银行卡上的余额。例如，你提交资料时银行卡上余额为500元，当状态提示为"支付宝公司已向你卡上汇款，等待你确认"后，你便可以去查一下卡上的钱了，假如你查后发现余额变为500.15元，这就说明支付宝公司向你的银行卡上汇了0.15元，你只需要进入确认页面输入0.15元，点击确认即可！

提示：

（1）三个步骤中所提交的姓名必须一致。

（2）在进行第三步时，一定要查清你提交银行卡时卡内的余额。

（3）为了方便你查询卡上余额，并在申请成功后对支付宝充值，建议你把所提交的银行卡开通网上银行，避免老去银行的麻烦。

以上三个审核通过后，支付宝个人实名认证便通过了，你就可以以一个独立的有权个体在淘宝上进行交易活动了！

4. 支付宝激活。使用支付宝之前，需要对自己的支付宝进行账户激活。点击"点此激活支付宝账户"按钮，进入支付宝登陆界面，再输入支付宝登陆密码和页面验证码，进入信息填写页面，我们开个人店铺就选择个人，填写好个人信息和设置好支付宝账户信息后，点击"保存并立即启用支付宝账户"按钮，即可看见系统提示：恭喜！您已成为支付宝会员！

因淘宝会员名注册时选择了自动创建支付宝账号，所以只需激活支付宝账户就可以了。登录淘宝网——我的淘宝——支付宝专区，点"账户管理"（见图9-5）。

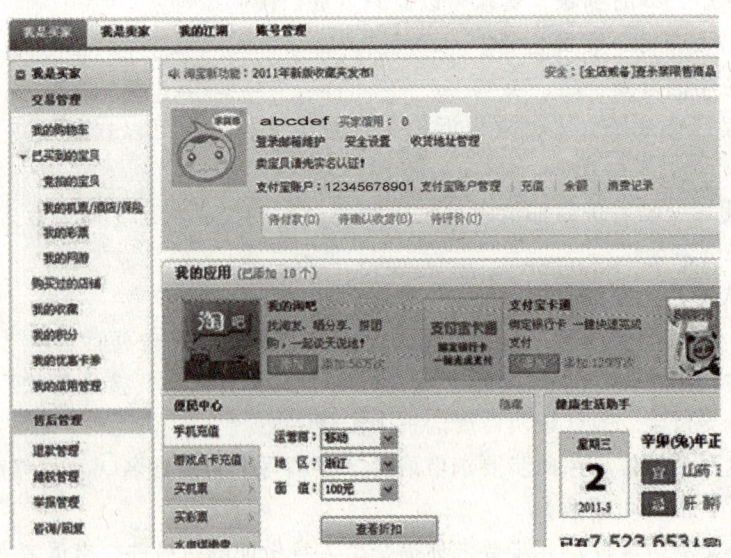

图9-5 支付宝账户管理页面

5. 支付宝账户状态为"未激活",点击"点此激活",填写信息,保存并立即启用支付宝账户(见图9-6)。

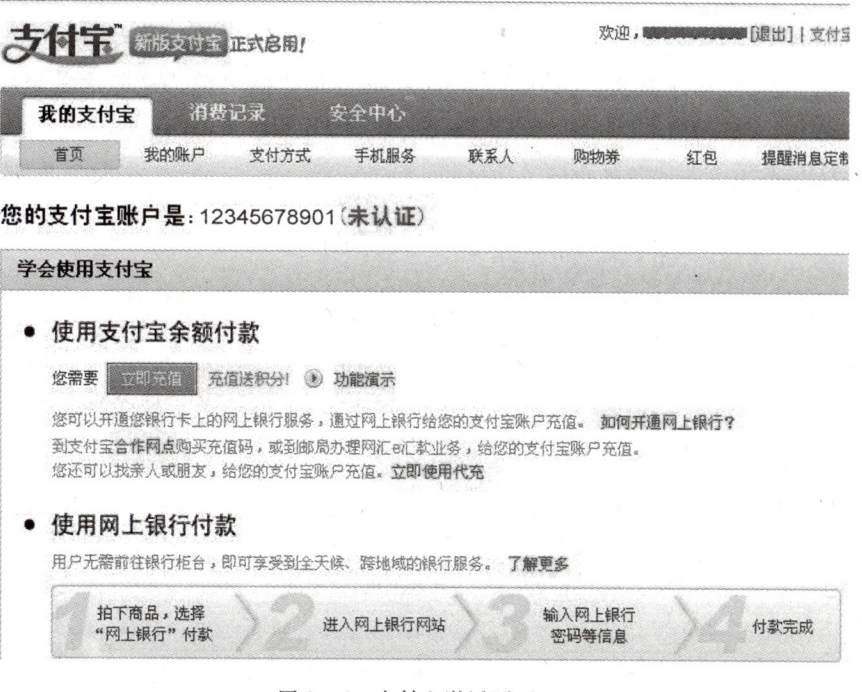

图9-6 支付宝激活页面

6. 恭喜!您已成为支付宝会员(见图9-7)。

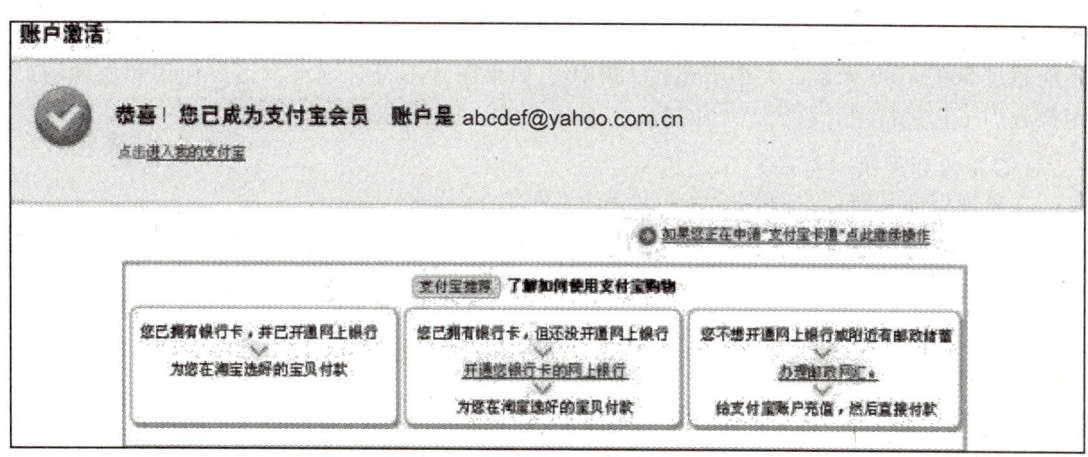

图9-7 支付宝账户激活成功页面

提示:

(1) 个人信息所提交的真人姓名和证件号码上的姓名必须一致,请如实填写,个人信息在本次提交后无法修改,填写错误会影响您的付款或收款!

(2) 设置支付宝账户信息时,登陆密码和支付密码不能相同,且注册时密码较多,需要我们牢记,否则无法完成交易!(建议最好用笔记下来,以免忘记或者弄错)。

## 二、免费开店

### (一) 进货、拍图

淘宝网开店前期工作完成任务后，就要开始申请店铺。但按淘宝网的规定，在淘宝网开店前必须至少发布 10 件商品（见图 9-8）。没有申请店铺之前，这些商品当作单品出售；申请到店铺后，就可以将它们放入店铺中出售，因而这 10 件单品差不多既是取得开店资格的必要条件，又是演练商品发布的最初彩排。

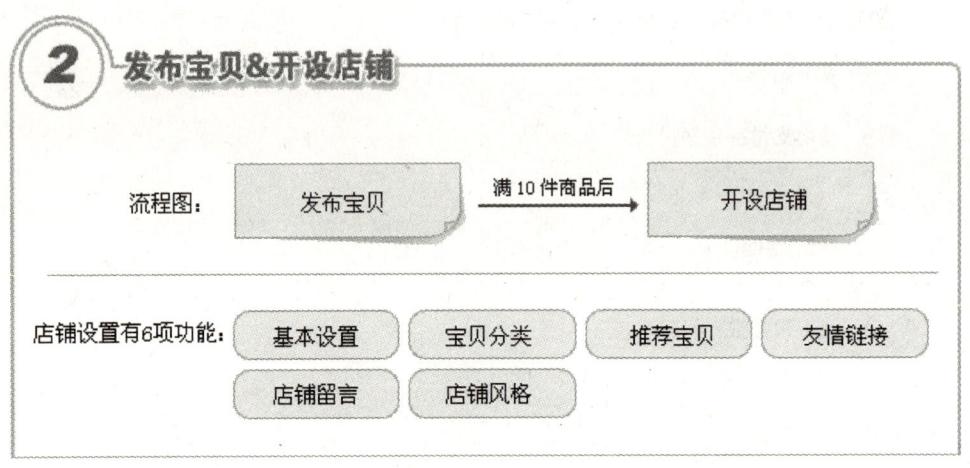

图 9-8

经过注册和身份验证之后，就要忙着准备待发布的至少 10 件商品，而且要确认自己有经销或代理的货源，或自己生产或自己拥有所有权的商品。为了将销售的宝贝更直观地展示在消费者面前，图片的拍摄至关重要，而且淘宝网规定，商品图片必须是 jpg 或 gif 格式，不能超过 500×500 像素，大小不超过 120KB。如果图片不符合规定，最好使用相应的图形图像处理工具进行图片格式、大小转换，比如，Photoshop、ACDSee 等等。

### (二) 发布宝贝 (商品)

在整理好商品资料、图片后，可以开始发布第一个宝贝。

第一步，登录淘宝网，在页面上方点击"我要卖"。在打开的页面中，可以选择"一口价"或"拍卖"两种发布方式，一般选择单击"一口价"。

第二步，选择类目，根据自己的商品选择合适的类目。比如，选择了女鞋的宝贝详情。单击"选好了，继续"按钮继续下一步。

第三步，填写宝贝信息，这一步非常重要。

首先，在"宝贝信息"区域取一个好的标题，单击"浏览"按钮来上传宝贝图片，输入宝贝描述信息、宝贝数量、开始时间、有效期等："开始时间"建议你选择"立刻"，"有效期"建议你选择"7 天"，物品"新旧程度"新的物品你选择为"全新"，半旧的物品就选"二手"。

接着，在"交易条件"区域输入宝贝的售价、所在地、运费、付款方式等内容。初学者"运费"建议你选择为"买家承担运费"，具体邮费可以根据物品的实际重量以及收货人的平均远近来确定，也可以参考你选择的物流公司的网站提供的有关邮费的详细资料；其他信息保持默认设置即可，比如，默认使用支付宝支付等。

最后,单击"确认无误,提交"按钮来发布该宝贝。

如果发布成功,下面会出现一个成功页面。点击"这里"可以查看发布的宝贝页面,点击"继续发布宝贝"可以继续发布宝贝。

提示:如果没有通过个人实名认证和支付宝认证,可以发布宝贝,但是宝贝只能发布到"仓库里的宝贝"中,买家是看不到的。只有通过认证,才可以上架销售。"一口价"有固定价格,买家可以立即购买;"拍卖"无底价起拍,让买家竞价购买。在买家没有出价时,如果要修改发布的宝贝信息,可以到"我的淘宝——我是卖家。出售中的宝贝"中进行编辑、修改。

宝贝在发布完成后,到有效期结束时还有商品未出售,自动存入仓库,最好进行定期更新、添加,如果店内商品少于10件商品,店铺将会被系统删除。

如果一次发布多件商品,要花费好多时间,可以使用"淘宝助理"或"光影魔术手"来发布商品。下面以"淘宝助理"为例,简要说明一下使用"淘宝助理"发布商品的具体步骤:

1. 打开"淘宝助理",然后进行更新,目的是为了让"淘宝助理"里面的店铺类目和网上店铺里面的一致。

2. 更新完成之后,用鼠标选中"宝贝模板",选择"新建宝贝"/"空白模板",新建一个宝贝模板(如宝贝模版文件夹内有宝贝,那么这些宝贝可以作为模版,供您在下拉菜单里进行选择)(见图9-9)。

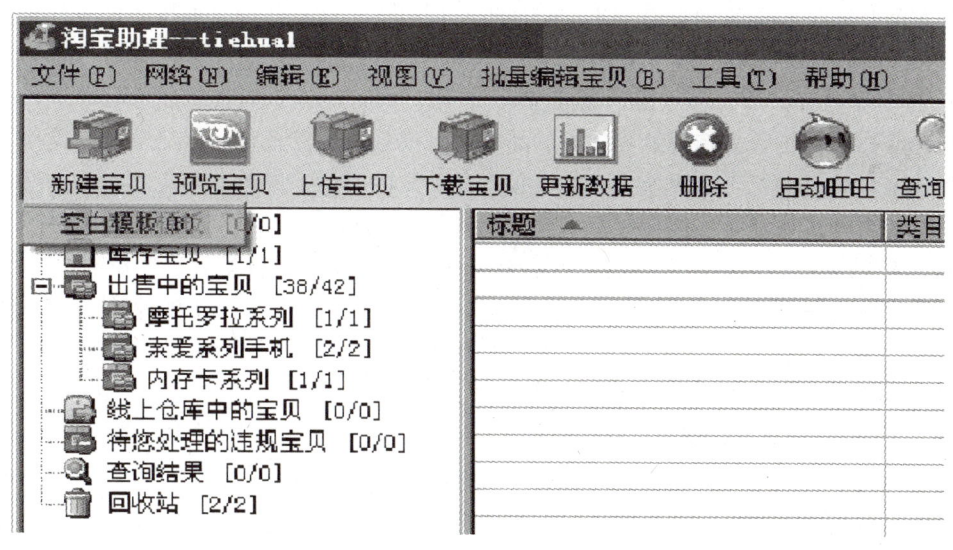

图 9-9

3. 点击"新建宝贝"后,会弹出一个"编辑单个宝贝"菜单。输入商品相关信息,包括:(1)宝贝名称、宝贝类目、店内类目、新旧程度及网店所在地等基本的宝贝信息;(2)输入出售方式、宝贝数量、有效期、付款方式以及其他信息。编辑好后再检查几遍,看一下有没有什么漏掉或者写错的地方,没有问题后单击保存到"淘宝助理"的"库存宝贝"中,如图9-10所示。

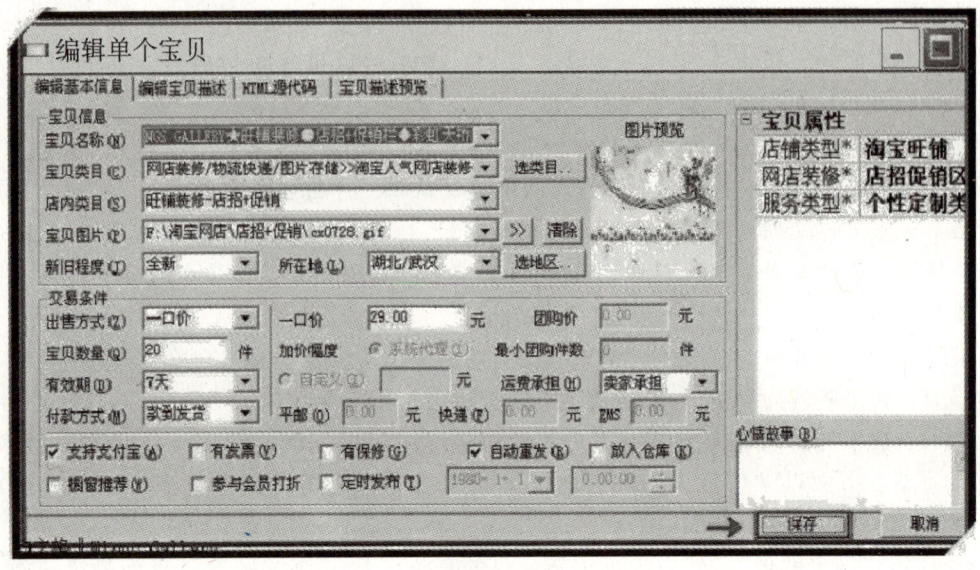

图 9-10

4. 基本信息编辑完后,就要开始编辑"宝贝描述"了。点中"编辑宝贝描述",编辑方法类似于 word 版本。把自己的宝贝描述模板的 html 代码复制到 html 源代码那里,建议大家在开店之初就选好适合自己的宝贝描述模板,不然以后再更换的话,是非常麻烦的,尤其是宝贝数量特别多时。复制好后,再点击编辑宝贝描述,这样你的宝贝描述模板就会显示出来。

5. 选中库存宝贝后,再点击"新建宝贝",刚才做好的宝贝模板就显示出来了。此时不能再选择空白模板了,要选择刚刚做好的那个宝贝模板。运用模板可以简单重复操作,如再发布新的宝贝,只要点击选择刚做好的模板,在弹出的对话框中改动相应的项目并保存。同理,其他要发布的商品都可以保存到"淘宝助理"中的"库存宝贝"中。

6. 把你的宝贝都编辑好,存放在库存宝贝中,累积到一定数量后,选择"上传宝贝",在随后弹出的对话框中单击"确定"按钮,商品就开始往上传了,几秒钟的工夫,建好的宝贝就会全部传上去了,比单独一个一个地发布快多了!

(三) 获取免费店铺

淘宝为通过认证的会员提供了免费开店的机会,只要你发布 10 个以上的宝贝,就可以拥有一间属于自己的店铺和独立网址。在这个网页上你可以放上所有的宝贝,并且根据自己的风格来进行布置。

申请个人店铺的操作步骤如下:

1. 进入"我的淘宝"页面并登录,单击"我是卖家/开店铺"下面的"免费开店"页面后,弹出如图 9-11 所示的页面。

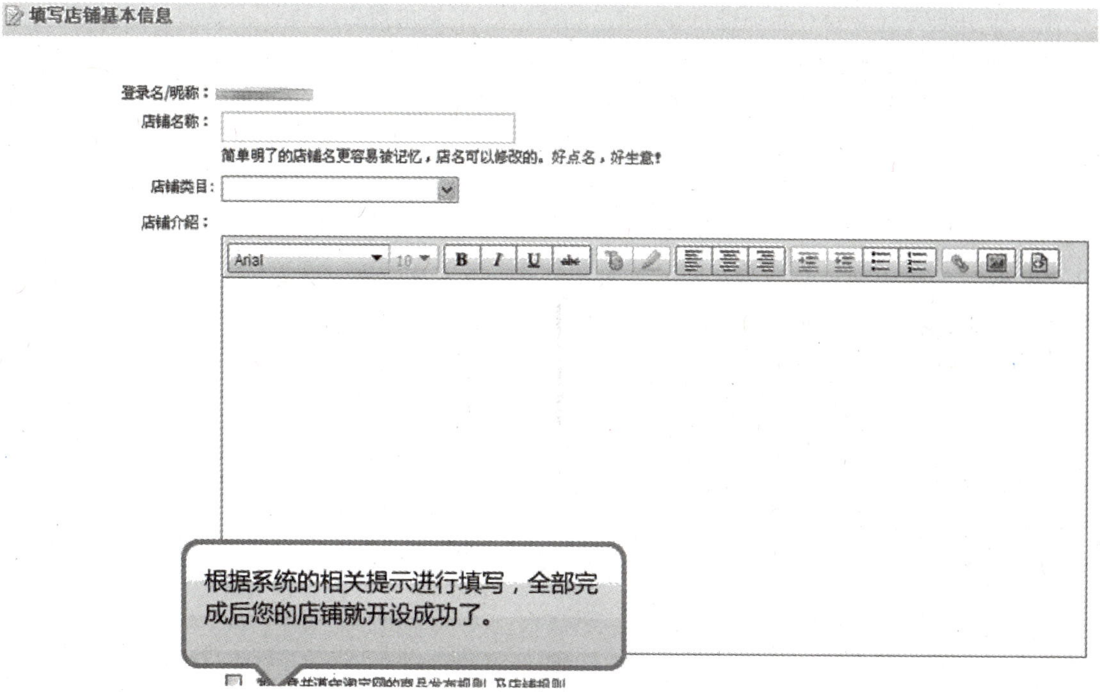

图 9–11　申请开店页面

2．填写相关信息：

（1）登录名/昵称：系统已经根据卖家的注册信息自动给出。

（2）店铺名称：输入店名，店名要求新颖独特、顺口好记。

（3）在下拉列表中，选择店铺所属的类别，即店铺的主要经营范围。

（4）店铺介绍：输入与店铺相关的介绍信息。

3．以上信息输入完毕后，单击"提交"按钮提交信息，即可获取免费店铺，申请成功后，店铺的地址会显示在页面下方。

提示：

（1）在上传货品时，有"一口价"和"拍卖价"之分。"一口价"就是你定的那个价格，就是别人直接购买的实际价格；而"拍卖价"是从你的起拍价格开始，在 7 天内或者 14 天内有买家出价，7 天或者 14 天过后，出价最高者获得你的物品。因为拍卖有很多方法要学，所以在开店之初，建议初学的卖家以"一口价"上传物品。

（2）在进行物品上架之前，需要对物品在淘宝上进行分类，建议初学者尽量把分类选择正确，因为淘宝系统会根据商品名称的关键字自动对网店的物品进行扫描工作，如果分类错得太大，店内物品会被自动下架，当自然季度（如 1—3 月）内，由于违反商品发布规则，累计满 30 件将会被处罚限制交易 1 周，满 60 件会限制交易 1 个月。

（3）建议卖家在上物品时尽量更换为自己的个性名称，比如，名称前加上修饰语等，这个可以增加买卖的成交率。

### 三、店铺装修

在免费开店之后，买家可以获得一个属于自己的空间。与传统店铺一样，为了能够正常营业、吸引顾客，需要对店铺进行相应的"装修"，主要包括店标设计、宝贝分类、推荐宝贝、店铺风格等。

### （一）基本设置

当点击"免费开店"后，就会进入"我的店铺管理"的"基本设置"页面（也可以在点击"免费开店"后，通过点击"我的淘宝"→"管理我的店铺"→"基本设置"进入）。网店开办人要尽可能给自己的店铺想一个有个性、新奇或者让别人一看就知道你卖什么的店铺名！在"店铺类别"里面选择你想要卖的物品类型的大分类，在"主营项目"里面填具体的小类型，同时也可以在"店铺介绍"里面大致介绍一下你的小店，让买家看到后对你的店铺感兴趣，可以增加买卖的成交率！

### （二）设计店标

可以给自己的店铺上传一个"店标"。店标图片是店铺的标示，一个好的店标图片可以提高店铺的浏览率。目前店标图片支持 gif 和 jpg 格式，大小限制在 80K 以内，尺寸为：100×100px。你可以在网上搜索一下这个大小的个性图片，会使用 photoshop 的朋友也可以根据自己的要求制作。图片准备好后，点击浏览，把图片传上去即可。

### （三）发布公告

在"公告"区域输入店铺公告内容，比如，"欢迎光临本店！"，单击"预览"按钮可以查看到效果，还可以把自己的"公告"内写上内容，这些内容在修改后将在店铺的公告栏内滚动，这样买家进入你的店铺就可以看见你要发布的店铺信息。比如，最新进了哪些新东西，有什么优惠，以及写上你的联系方式，买家在想要买物品时和你联系等。一个个性化的店铺公告，能吸引买家的注意力，达到更好的促销效果。

### （四）宝贝分类

给宝贝进行分类，是为了方便买家查找。在打开的"管理我的店铺"页面中，可以在左侧点击"宝贝分类"；接着输入新分类名称，比如，"文房四宝"，并输入排序号（表示排列位置），单击"确定"按钮即可添加。单击对应分类后面的"宝贝列表"按钮，可以通过搜索关键字，来添加发布的宝贝，进行分类管理。

### （五）店铺风格

不同的店铺风格适合不同的宝贝。具体操作步骤为：（1）在打开的"管理我的店铺"页面中，进入"店铺管理"，选择"店铺风格"链接。（2）在"选择风格模板"下拉列表中"默认"、"骇客天地"、"粉红女郎"、"绿野仙踪"、"金色池塘"、"怀旧经典"、"瑞雪丰年"和"我爱狗狗"8种可选模板中选择一种风格。如经营玩具、动漫、书籍等商品的店铺，可选择"绿野仙踪"的风格模板，一般选择色彩淡雅，给买家看起来舒适的风格的感觉。具体操作时右侧会显示预览画面，选中单击"确定"按钮，就可以应用这个风格。

### （六）推荐宝贝

淘宝提供的"推荐宝贝"功能可以将你最好的 6 件宝贝拿出来推荐，在店铺的明显位置进行展示。只要打开"管理我的店铺"页面，在左侧点击"推荐宝贝"，就可以在打开的页面中选择推荐的宝贝，单击"推荐"按钮即可。

在店铺装修之后，一个焕然一新的页面出现在面前。

### 四、网上销售

#### (一) 淘宝网用户使用支付宝交易流程

买家在淘宝网上找到喜欢的宝贝,点击"立即购买",输入购买的数量、选择运送方式、校验代码、选择收货地址;确认无误后点击"确认无误,购买"。核对拍下的宝贝信息;确认无误后,选择付款方式。还可以选用"购物车"程序进行购买。买家拍下后,卖家可以在已卖出的商品中看到交易状态为"等待买家付款"。

在买家付款之前,双方可以用淘宝旺旺、站内信件、E-mail 等各种实时、非实时工具进行协商。卖家还可以进入支付宝交易管理中,重新调整物流的承运商和调整给买家的折扣。找到需要修改价格的商品,点击"修改交易价格"。可选择修改物流承运商和调整给买家的折扣。修改成功,系统会发送一封包含本次交易信息修改内容的邮件给买家确认。

当买家付款到支付宝后,系统会通知卖家发货。卖家可以自己找物流承运商发货,核对交易信息无误后,输入承运公司名称和承运单号码,点击"确认发货"。

卖家也可以选择支付宝推荐的物流承运商发货,核对交易信息无误后,输入物流来上门取货的时间及取货地址,点击"通知物流公司上门取货",系统会根据物流公司的反馈自动确认已发货,买家看到的交易状态会变为"卖家已发货,等待买家确认"。如果系统没有自动确认已发货,卖家可以在"交易管理"中查询本次交易,填入承运单号码,点击"确认发货"。完成发货,系统会发送一封包含发货相关物流信息的邮件给买家。

买家确认收到货后,交易状态会显示为"交易成功",支付宝会将钱打入卖家的"支付宝账户"。如果交易双方相当信任,可以发起"即时到账交易",在买家完成付款后直接到达卖家的"支付宝账户"中。此交易过程不受"支付宝交易"保护,交易风险自担。

淘宝网购物流程如图 9-12 所示。

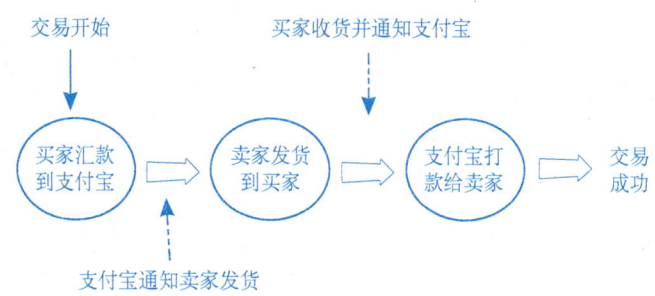

图 9-12 淘宝网购物流程

#### (二) 淘宝交易状态超时规则

淘宝支付宝作为电子交易中的第三人先收取货款,以促买卖合同生效履行,起到鉴证人和担保人的作用,避免了大部分交钱拿不到货,发货收不到钱的情况,提高了交易成功率。

超时规则是为了避免货款不确定的状态。淘宝认为,网络交易必须能够促进交易效率的提高,这是一个基本的命题。

1. 等待买家付款。自创建交易时起或卖家最后修改时间后 7 天买家逾期不付款,默认关闭交易。

2. 等待卖家发货。自支付宝收到买家付款一天后卖家逾期不发货，允许买家申请退款。

3. 等待买家确认收货。自卖家发货之日3（虚拟物品）/10（快递）/30（平邮）天后买家逾期不确认收货，也没有申请退款，默认完成交易，付款给卖家。如用快递发货10天后，买家仍未确认收到货，也未申请退款，支付宝将自动打款给卖家。此规则适用于支付宝推荐物流之外的所有快递。邮寄方式根据卖家在网上登记的为准。

4. 等待买家确认收货。自买家签收3天后（卖家使用支付宝推荐物流时），买家逾期不确认收货，也没有申请退款，默认完成交易，付款给卖家。

### （三）淘宝买家申请退款规则

1. 卖家同意退款，等待买家退货。等待卖家确认退货自卖家发货之日3（虚拟物品）/10（快递）/30（平邮）天后，或自买家签收3（卖家使用支付宝推荐物流时）天到期后，系统会要求卖家上传凭证。自要求卖家上传凭证之日后14天卖家已发货，买家已申请退款并声明未收到货，卖家逾期未上传凭证，默认完成退款，按退款协议退款给买家。

2. 等待卖家同意退款协议。自本退款单上次修改之日后15天卖家逾期不响应退款申请，默认达成退款协议，按退款协议退款给买家。

3. 卖家拒绝买家条件，等待买家修改条件。自本退款单上次修改之日后15天买家逾期未修改退款协议，默认关闭退款，付款给卖家。

4. 卖家同意退款，等待买家退货。自本退款单上次修改之日后15天买家逾期未退货，默认关闭退款，付款给卖家。

5. 等待卖家收货。买家发出退货之日3（虚拟物品）/10（快递）/30（平邮）天后卖家逾期未确认收货，默认完成退款，按退款协议退款给买家。

## 五、网店的宣传与推广

### （一）网店宣传与推广的方式

1. 论坛宣传。在论坛宣传的主要方法就是通过发广告帖和利用签名档。

前者可以在各省或各大城市的论坛上进行，如果有允许发布广告的板块，可以发广告帖，内容一定要详细，商品图片一定要精美，并保持定期更新和置顶。

后者可以在论坛上更改签名档，更改为自己小店的网址、店标、宣传语以及店名等。发布一些精美的帖子，以便让有兴趣的朋友，通过你的签名档访问你的小店。

论坛里暗藏着许多潜在买家，所以千万不要忽略了这里的作用。记得把自己的头像和签名档设置好，并且做得好看一些，动人一些。再配合上好的帖子，无论是首帖，还是回帖，别人都能注意到你。

2. 交换链接。在开店初期，为了提升人气，可以和热门的店铺交换链接，这样可以利用不花钱的广告宣传自己的小店。比如，淘宝网就提供了最多35个友情链接，添加的方法很简单：

首先，通过淘宝的搜索功能，搜索所有的店铺，记下热门店铺的掌柜名称。

接着，登录 http://www.taobao.com/help/wangwang/wangwang.php 下载淘宝买家、卖家交流工具——"淘宝旺旺"，添加这些热门店铺的掌柜名称，并提出交换链接的请求。

如果答应交换，最后，打开"我的淘宝——我是卖家——管理我的店铺"，在左侧点击"友情链接"，然后输入掌柜名称，单击"增加"按钮即可。

通过交换店铺连接，可以形成一个小的网络，能够增进彼此的影响力。尽量选择和你不是相同类别的，一方面不存在竞争，另一方面，还能很好地相互促进。此外，很多人生意好，都是因为旺旺常在线，因为有了这个便利的工具，非常方便双方的沟通。当你不在电脑旁，请改变状态为"离开"或者"其他"，同时，记得放一个自动回复。这样的好处是，如果对方收到了自动回复，就知道你不在，暂时就不会继续发消息给你。

3. 橱窗推荐。淘宝提供的"橱窗推荐"功能是为卖家提供的特色功能，当买家选择搜索或点击"我要买"根据类目搜索时，橱窗推荐宝贝就会出现在搜索结果页面中。要设置"橱窗推荐"功能，可以打开"我的淘宝——我是卖家——出售中的宝贝"，选择要推荐到橱窗中的宝贝（已经推荐到店铺首页的宝贝不能再进行橱窗推荐，即有"推荐"标记），单击"橱窗推荐"按钮即可。

4. 向家人和朋友推荐。如果你在淘宝开店铺了，你的家人知道吗？你的同学，你的朋友知道吗？一定要在第一时间告诉他们，因为你告诉了100个人，每个人还会告诉更多的人，一传十，十传百，会有无数的人短时间就知道你开店铺了。

5. 联合促销。单纯的友情链接，只是摆在店铺首页，作用是有限的。而如果几个卖家合作，搞联合促销就能起到不一样的效果。尽可能找互补性质的店。比如，摄影书籍专卖和数码相机专卖店合作。在彼此的宝贝页面挂上对方的推荐宝贝，如果可能，加上吸引人的文字介绍。

6. 寻找买家。生意不是等来的，很多时候我们可以去寻找买家。有些买家喜欢用求购的方式，那么，你可以多去看看求购集市，看他们是否正在求购你正在出售的宝贝。去一些相关不相关的论坛看看，通过别人的文章了解对方的爱好。找对买家，就成功一半了。

7. 参加活动。淘宝每天都会有很多活动，要多留意最新动态。征文、义卖，你可以赞助奖品或者捐赠。这就和厂商赞助体育赛事一样，可以实现双赢。做一个活跃分子，让更多的人知道你。

8. 加入商盟。商盟是由某一个城市的卖家，或者某一类卖家自由组成的。需要先向淘宝提出申请，通过之后就可以以一个集体的形象出现了。加入商盟有很多好处，能够认识很多卖家，盟主会定期组织聚会或者培训交流，对于新人来说，是最快的成长方式。

9. 印制名片。印制一张属于你自己的名片，给买家邮寄宝贝的时候不妨塞几张名片进去，好看的话，会被对方收藏的，还可能推荐给别人。

10. 奇招制胜。每个城市的电台都有点歌节目，人们经常打电话点歌，最后总会附带着说：欢迎光临×××，我们的地址是×××，电话是×××。大家也不妨想想，自己周围是否可以利用的资源呢？

11. 趣味广告。一所学校门口有两个卖煎饼的，一家总是吆喝，而他对面那个则采取了不同的策略，找了一块黑板，上书：煎饼果子沉默是金；过年前后，他的黑板换成：煎饼果子常回家看看；有阵子不知道那人去了哪里，再回来的时候，他的黑板换成了：煎饼果子重出江湖……

（二）网店宣传与推广的技巧

1. 充分利用宝贝关键词。

（1）尽量包括各类买家可能搜索的关键词。参考首页和分类广告中的关键词。而且每当淘宝改变搜索关键词的时候，只要这个关键词能跟自己的商品沾边，应尽快把商品的名称修改一下。淘宝首页的宝贝类目，每一种分类都有几个热门的关键字，尤其是橙色的，应该充分利用。

（2）使用热门字：正版、韩流、明星、促销、优惠活动、特价宝贝等。要黑体显示，显示其强烈的号召力。

（3）确保卖点集中，不要太深奥、太有创造性，应简要而有吸引力。

（4）店名：尽可能包含较多的关键词，如女性、时尚、创意、家居、饰品等。也可在适宜的时机加上广告语"打折"、"促销"、"情人节"、"圣诞节"等。

（5）另外，关键词的排列位置也很重要。

2. 控制宝贝上架时间。淘宝宝贝排列默认规则是剩余时间少的宝贝排最前。

（1）选择7天为宝贝的发布时间，不要选14天。

（2）每天保持一定量的宝贝上架。店里的宝贝要经常更新，就算没有生意，也要常常弄点新东西放上货架，并把自己积压的产品做个了断，只有让有限的资金不停快速流动，才会带来滚滚利润。

（3）利用每天浏览量最高的时间段上架，也就是中午15：00—17：00，晚上20：00—22：00。同时注意不同宝贝的热卖时段。5分钟上架一件商品。商品名称可以成系列，然后安排登陆的时候也算好间隔，让买家从商品列表中容易发现你的规范和用心。

（4）周末热卖的多在接近周末分期上架。让宝贝在周末剩余一天内均匀分布在各个页面。每一个商品都是一个广告位。

（5）可以购买店铺流量管理好帮手：计数器。

3. 设置好宝贝推荐。

（1）充分利用可以推荐6个宝贝的权力，推荐最好看或者最便宜的，或者下架时间快到的。

（2）根据自己的信用程度（比如5心），每天推荐30款宝贝，一定要推荐剩余时间最少的宝贝。

（3）在你的网页上，使用不同的促销方法，增加整体信息。在网页的顶部、中部和底部都进行着促销。

（4）利用好促销活动：

①老顾客二次消费享受贵宾价格。

②拍卖，选择自己库存充足的货来做拍卖（一定要保证商品质量和数量），拍卖在淘宝有个专区的，有相当一部分客户是专门去那里淘宝贝的。

4. 增加宝贝数量，合理分类。

（1）宝贝数量与浏览量成正比。每天下架宝贝越多，被浏览几率越大。

（2）每个小店建议经营一类物品，同时利用分类栏合理分类。

（3）注意分类图宽度（宽度应该在113像素以内）。

5. 店铺风格一致。

（1）保持照片风格一致，色调一致，做到赏心悦目。

（2）店铺风格配合宝贝，个人比较喜欢简洁明快的。

6. 拍卖：一元拍+荷兰拍：拍卖吸引人气。

（1）一天一件。下架时间同样控制在浏览高峰期。

（2）不要怕亏本，尽选廉价的，目的是吸引浏览量，进而增加小店其他宝贝被浏览的几率。

（3）拍卖的宝贝越漂亮越好，而且尽可能展示宝贝的质量、款式、做工等方面的细节。

7. 泡淘宝论坛。这是最有效的方法。头像和签名档有自己的特色，会吸引买家的好奇心，进入你的店铺，也许就会看上哪个宝贝。

（1）多发好贴，如果能够被收入精华贴当然更好。有人回复，马上去联系表示感谢，也算多认识个淘友，建立自己更广的交际圈。

（2）回帖，多回原创贴和精华贴，尽量保持在第一页，最好是15楼，这样每个回帖的人很自然地会看到你的签名档。

（3）也可到各省的省站论坛、各个大城市的城市论坛和各种专业论坛。如果该论坛有部分栏目可以发广告（比如，二手交易区、跳蚤市场之类的），就要精心制作一份精美的帖子，发到论坛上，并保持定期更新和顶，让你的帖子始终处在栏目的第一页。如果该论坛不让你发广告贴，没关系，把自己商品的精美图片放上去，只当贴图玩，让大家欣赏（例如，精美的玩具、漂亮的衣服、时尚的电子产品等等），自然就会有感兴趣的朋友通过你签名档的地址到你店里参观啦。

（4）挖掘旧帖子的潜力，特别是精华帖，回复问题。每当写出一篇新的帖子，把以前帖子的链接拷贝进去，给别人回帖时也可以加上自己帖子的链接。

（5）善用个人空间。除了你的个人空间的主页面之外，在右下方的原创推荐里也可以看到你的原创帖。还可以通过添加好友，把你好友的帖子也展现出来，其道理和店铺链接是一样的。

（6）交换精华帖。好帖的链接同店铺链接同理：就是把精华帖的链接交换拷贝到对方的帖子里。

（7）到女人社区发帖子：

①准备好女人喜欢的有关贴子，如服装、饰品，转发到这些社区，在上面贴上自己的店址。

②选择流量大的社区，像雅虎、163、搜狐都有女人社区，且每天流量都超过百万。

③注意不要直接发广告，会被删的。多动脑筋，会想到两全其美的办法的。

（8）群发邮件或在 BBS 聊天室邀请他们进入你的店铺：

①BBS 聊天：谦虚地请他们给你的店铺提一些宝贵的建议，同时在与他们聊天之际，可以把您店铺特色的内容大肆宣传一番，以引起网友们足够的兴趣和注意，但不要过分，以免引起别人的反感。

②可以利用邮件群发工具把店铺的情况发到网友的邮箱。

提示：

①标题建议：吸引人、简单明了。不要欺骗人。

②内容建议：采用 HTML 格式比较好，另外排版一定要清晰。

（9）老客户口碑相传。

①服务好每个客户，与他们建立朋友关系。

②商店名字不能太长，不能有奇怪的符号。

③店铺主营关键字或店铺类型设置正确。

④用户名最好能用汉字，而且好记。

### 六、宝贝出售后

在宝贝售出之后，会收到相应的售出提醒信息，此时需要主动联系买家，要求买家支付货款，进行发货以及交易完成后的评价或投诉等。

#### （一）查看已卖出的宝贝

如果有买家购买宝贝，淘宝网会通过"淘宝旺旺"、电子邮件等方式通知卖家。卖家也可以登录淘宝网，打开"我的淘宝—我是卖家—已卖出的宝贝"。在"联络买家"区域点击"给我留言"可以通过"淘宝旺旺"给买家留言；如果买家没有使用"淘宝旺旺"，也可以记下买家 ID，然后发站内信件。

#### （二）联系交易事宜

买卖双方联系之后，约定货款支付、发货方式。为了保证买卖双方的利益，货款支付方式建议选择支付宝支付方式。

#### （三）付款、发货

为了防止货到不付款的情况，卖家在卖宝贝的时候一般采用"款到发货"方式。

首先，要求买家付款，一般通过支付宝支付。支付货款之后，卖家可以打开"我的淘宝—我是卖家—已卖出的宝贝"查询，如果发现交易状态显示为"买家已付款，等待卖家发货"，说明支付宝已经收到汇款，这个时候卖家就可以放心发货给买家。

提示：对于使用支付宝交易的卖家，可以打开"我的淘宝—支付宝专区—交易管理"，在其中对进行的交易进行管理，比如，交易查询、退款管理等。

买家在收到卖家的货物后，在交易状态中进行确认，最后淘宝将会打款到卖家的支付宝账户中。这样，就完成了交易。别忘了，还要和买家保持联系，这样可以增加再次访问你的小店、购买宝贝的机会。

#### （四）评价、投诉

在完成交易之后，买家和卖家都可以打开"我的淘宝"进行评价，卖家可以打开"我的淘宝—我是卖家—已卖出的宝贝"，在卖出的宝贝中点击"评价"，根据实际情况选择好评、中评或差评，还可以输入文字内容。

提示：如何成为淘宝信誉度比较高的星级店主？

要成为淘宝的星级店主，信用度至少为4分。卖家信用度得分的依据是每次使用支付宝成功交易一次后买家的评价，如果是"好评"加一分，"中评"不加分，"差评"扣一分。所以要成为星级店主，切记要诚信服务。如果出现网上成交不买、收货不付款等情况，卖家都可以打开"我的淘宝—信用管理中我要举报"进行投诉、举报，不过需要搜集发货凭证、买家签收凭证、旺旺截屏等证据。

虽然说网上开店零成本、低风险，但是没做成一笔买卖、"关门大吉"的例子也比比皆是。要让自己的小店在网上得以生存，最重要的就是"诚信"，只有诚信才能赢得买家的心，获得良好的信用评价，这样才能发展起来！

# 第9章 网上开店

## 技能训练与思考

### 一、问题与思考：

1. 什么是网上开店？网上开店有哪些方式？
2. 网上开店需要具备哪些条件？
3. 在淘宝网开店有哪些程序？
4. 淘宝网用户使用支付宝交易有哪些程序？
5. 网店宣传与推广有哪些方式？

### 二、案例分析

#### 网上办废品收购站

2005年7月，吴聪喆从沈阳工程学院信息技术专业毕业后想寻求一份与企业管理相关的工作，几次应聘不如意后，萌生了自己创业的想法。可是他一无项目，二无资金。就在这个时候，小吴在网上看到江浙也有同样情况的学生自主创业，他们在网上办的废品收购站效果还不错。自己学的是信息技术专业，喜欢的是企业管理，如果也能够办一个废品收购网站，那不是正好可以发挥自己的专长吗！主意拿定后，小吴就在朋友的帮助下，由父母赞助1000元，在网上正式注册域名并成立了自己的网站，在10月17日开通了"沈阳在线收废网"，成立了沈阳第一家在线收废网，不到7平米的门厅就成了他的办公室加卧室。

网站虽然办起来了，可是吴聪喆面临的问题才刚刚开始，首先就是如何推介自己的网站，让更多的人了解自己，了解这个新兴的领域。毫无推广资金的小吴想起了"论坛"以及"网络"这个丰富的资源库，他在沈阳当地比较知名的生活论坛上发贴宣传，鼓励大家都来点击自己的网站。经过一段时间的辛勤耕耘，终于有了不错的开始，不仅有很多朋友在回贴中给了他信心和鼓励，更有一些手持资金的"投资家"找上门来。这所有的一切不仅仅让小吴有了点底气，也让暗自为其悬心的父母放心一些。

虽然有了好的办法、有了合作伙伴，但小吴还需要一支灵活机动的上门服务队伍来实现其基本的物流运作。一开始小吴把主意打到了下岗工人的身上，他认为，下岗工人没有就业机会，不如通过自己来整合其资源，由自己提供信息和高价的回收平台，在每个区域安排1~2名下岗工人定点回收，通过回收组织的方式搭建双赢的队伍。想法非常好，可是到实行的时候却遇到了困难，一来是下岗工人没有接触过废品回收的行业，除去面子问题，更担心每个才几分钱的瓶瓶罐罐到底能赚多少钱；二来大家以前都是在工厂或企业打工，习惯了有保证的收入方式。小吴当时十分着急和为难，甚至把脑筋动到了外地那些专职收废品者身上，对方虽然明了这方面的利润，却不愿受到他的束缚和限制，所以也没有成功。

正当小吴一筹莫展的时候，小区门口一张招收下岗工人再就业的通知给了他机遇，吴聪喆根据上面的地址和电话找到沈阳市再生资源协会。令他没想到的是，再生资源协会下属的再就业分会的领导当场拍板："可以支持！"有了政府的支持，有了专业的队伍，小吴终于建起自己的运营物流网,在沈阳的每个小区设有专门培训过的人员进行废品回收。"沈阳在线收废网"不再是一个空荡荡的网页,而是实实在在的一个运营体系了。

目前沈阳在线收废网已收到几十条废品出售信息,经过两个多月的运营,有了非常微薄的盈利,小吴相信可以通过自己的努力,让更多的人认识到环保的重要性和废品中有宝可寻的观念。

(资料来源:李宁宁:《从垃圾中寻找财富》,《市场营销案例》,2006年第5期)

【分析】
(1) 吴聪喆应该如何推介自己的"沈阳在线收废网"?
(2) "沈阳在线收废网"应该采取什么样的经营业务流程?
(3) 简谈吴聪喆应该如何解决网上支付和物流配送问题?

**三、尝试在淘宝网、百度有啊等网站开设一家自己的网站,具体要求如下:**

1. 熟悉网站开店的注册和认证流程。
2. 有自己经营的商品、店名与简易装修设计。
3. 尝试做营业推广,并试图做成几笔网上生意。

# 参考文献

1. 赵延忱：《民富论》，机械工业出版社2007年版。
2. 任子龙：《牛根生谈创业》，海天出版社2008年版。
3. 孙富鑫：《史玉柱谈创业》，海天出版社2009年版。
4. 杨晨烁：《俞敏洪谈创业》，海天出版社2009年版。
5. 赵延忱：《创业资金解决之道》，企业管理出版社2008年版。
6. 斯默尔：《创业人员第一本书》，中国民航出版社2003年版。
7. 钱雨竹：《开一家赚钱的专卖店》，中国物资出版社2008年版。
8. 李纯、甘亚平：《入世后中国前沿问题分析》，中国商业出版社2001年版。
9. 毛丹耀：《营销其实很简单》，金城出版社2005年版。
10. 李华伦：《公共关系实务基础》，云南民族出版社2007年版。
11. 中石：《如何练就经商的本事》，当代世界出版社2003年版。
12. 李昌麒：《经济法学》，中国政法大学出版社2002年版。
13. 张卓奇：《市场营销基础知识》，中国财政经济出版社2002年版。
14. 王在全：《一生的理财计划》，北京大学出版社2007年版。
15. 蒋乃平：《职业生涯规划》，高等教育出版社2009年版。
16. 东方策划咨询中心：《经商金点子》，企业管理出版社1999年版。
17. 朱甫：《马云谈创业》，海天出版社2008年版。
18. 邓正红：《企业生存准则》，东方出版社2008年版。
19. 林凌一：《小公司经营技巧》，中国纺织出版社2004年版。
20. 于富荣、赵彦：《草根创业：零售业创业路线图》，中国经济出版社2010年版。
21. ［美］迈克尔·利维：《零售管理》（第四版），人民邮电出版社2004年版。
22. ［英］Peter J. McGoldrick：《零售营销》（第2版），裴亮等译，机械工业出版2004年版。
23. ［美］M.J. 埃策尔、B.J. 沃克、W.J. 斯坦顿著，张平淡、牛海鹏译：《新时代的市场营销》（第13版），企业管理出版社2004年版。
24. ［美］威拉德·R. 安德：《零售商的定位策略：持续赢利的商业模式》，电子工业出版社2005年版。
25. ［美］帕科·昂德希尔：《顾客为什么购买》，中信出版社2004年版。
26. ［美］加里·E. 霍金斯：《零售店如何盈利：针对顾客满意的差异化策略》，机械工业出版社2005年版。
27. 陈军、王荣耀：《终端营销实战手册》，广东经济出版社2005年版。

28. 黄安民、王君之、王晓旭：《零售企业赢利模式》，中华工商联合会出版社2005年版。
29. 程莉、郑越编：《品类管理实践》，电子工业出版社2006年版。
30. 肖建中：《王牌店长—经理十项全能训练》，北京大学出版社2005年版。
31. 王蓁：《终端为什么缺货》，清华大学出版社2006年版。
32. 安吉·唐、莎拉·林著，路大永译：《零售店日常经营管理》，中国人民大学出版社2006年版。
33. 王先庆：《零售企业员工培训》，广东经济出版社2004年版。
34. 禹来：《零售卖场设计与管理》，广东经济出版社2004年版。
35. 王先庆：《沃尔玛零售方法》，广东经济出版社2004年版。
36. 文成、韩颖《超市经营管理一点通》，中国经济出版社2004年版。
37. 侯东，倪兴梅：《助你开一家人气旺铺》，机械工业出版社2006年版。
38. 陈广：《家乐福超市攻略》，南方出版社2004年版。
39. ［日］甲田佑三著，于广涛（译）：《卖场设计151诀窍》，科学出版社2004年版。
40. 王吉方：《连锁经营管理教程》，中国经济出版社2005年版。
41. 国家信息中心中国经济信息网著，《2004中国行业发展报告（零售业）》，中国经济出版社2005年版。
42. 刘永中、金才兵：《金牌零售店员的15堂必修课》，南方出版社2005年版。
43. 刘永中、金才兵：《店铺销售7个黄金法则》，南方出版社2005年版。
44. 张建安：《老字号财智传奇》，百花文艺出版社2005年版。
45. 杨哲、方敏：《商场超市安全与防损管理》，海天出版社2004年版。
46. 杨哲、梁冬梅：《商场超市店长与员工培训》，海天出版社2004年版。
47. 熊飞、李军等：《创办一个企业》，机械工业出版社2005年版。
48. 吴一夫：《开店管店转店最新实用手册》，中国言实出版社2006年版。
49. 樊福生：《店铺业务》，中国财政经济出版社2007年版。
50. 彭天怀：《中等职校学生创业能力的培养》，云南大学出版社2003年版。
51. 张光忠：《创业圣经》，中国财政经济出版社2002年版。
52. 刘世英、谢文辉著：《在路上：笑傲江湖》，中国民主法制出版社2007年版。
53. 北京100089信箱025分箱编委会：《市场营销案例》，2007年第1期至2010年第9期。